PAUL TÜRKS

PHILIPP NERI

Paul Türks

Philipp Neri

Prophet der Freude

VERLAG NEUE STADT
MÜNCHEN · ZÜRICH · WIEN

Ein Buch aus der Reihe
Große Gestalten des Glaubens

2. Auflage der Neuausgabe, 2007

Umschlaggestaltung und Satz: Neue-Stadt-Graphik
Druck: Freiburger Graphische Betriebe, Freiburg i. Br.
ISBN 978-3-87996-553-3

Vorwort

Wenn man hört, dass kein anderer als Goethe auf seiner berühmten Reise durch Italien Philipp Neri für sich entdeckt hat, ihn sogar „meinen Heiligen" nennt, wird man neugierig. Dass die Römer Philipp Neri als ihren zweiten Apostel verehren und auf der ganzen Welt unzählige Anekdoten von ihm erzählt werden – auch das lässt einen ungewöhnlichen Menschen erkennen, der nicht nur für seine Zeit damals, sondern auch heute noch Interesse weckt.

Philipp Neri lebte in einer Zeit des weltgeschichtlichen Umbruchs: Das Lebensgefühl der Renaissance stellte den Menschen in den Mittelpunkt des Weltalls. Der Stolz auf Entdeckungen und Errungenschaften führte zu einer Selbstherrlichkeit, die sich völlig von Gott gelöst hatte. Philipp war ein Kind seiner Zeit; mitten in Rom nahm er teil an den Erfahrungen seiner Mitmenschen und ihrer Sehnsucht nach Glück. Aber das bunte Treiben Roms erfüllte ihn nicht. Philipp stieß vor zur eigentlichen Quelle des Glücks, er machte eine Erfahrung, die sein ganzes Leben verändert und fortan bestimmt hat. Ähnlich wie Paulus, Franz von Assisi oder Blaise Pascal war er von Gott getroffen worden. Die Liebe Christi hatte ihn überwältigt wie ein Feuer, das ansteckt und erleuchtet, das erwärmt und froh macht. Sie machte ihn zum Heiligen der Freude.

Dieses Feuer der Liebe Gottes, das Philipp erfasst hat, kann er nicht für sich behalten. Es treibt ihn auf die Straßen und Gassen Roms, vor allem zur Jugend, die ihm in Scharen nachzieht. Die Liebe drängt ihn in die Hospitäler zu den Kranken, und diese Liebe macht er zur einzigen „Regel", die die Gemeinschaft seines Oratoriums bindet.

Immer noch wirkt die Ansteckung dieses „Propheten der Freude" fort. Auch heute gibt das „geistliche Viereck" – Demut, Liebe, Gebet und Freude – Richtung und Halt für den Menschen, der unterwegs ist und Wahrheit und Orientierung sucht.

Paul Türks

Inhalt

Abkürzungen

A	Addington
B	Bacci
BF	Bacci, engl. übers. v. Faber
BM	Birgitta Münster
Bou	Bouyer
C	Capecelatro
Ci	Cistellini
D	Dörfler
G	Gallonio
Ge	George
L	Libero
M	Maynard
MR	Massime e Ricordi
MRF	Massime e Ricordi, übers. v. Faber
Mtt	Matthews
N	Newman
P	Pastor
PB	Ponnelle-Bordet (engl. 1979)
PB (f)	Ponnelle-Bordet (frz. 1928)
P. P.	Primo Processo
Ri	Ricordi
T	Trevor

Philipps Jugend in Florenz

Am frühen Morgen des 26. Mai 1595, dem Tag nach Fronleichnam, starb Philipp Neri in Rom. Mehr als 60 Jahre zuvor war er von Florenz nach Rom gekommen und ist nie mehr in seine Vaterstadt zurückgekehrt.

Als ihm jemand vorschlug, doch wieder einmal Florenz zu besuchen, wo noch einige Verwandte lebten, gab Philipp die merkwürdige Antwort: „In Florenz werde ich gehenkt werden, und in Rom werde ich durch die Straßen geschleift.“ An diese rätselhafte Prophezeiung des „heiligen Spaßmachers“ hat wohl mancher gedacht, als 1622 nach der Heiligsprechung in Rom eine Seidenfahne mit dem Bild des Heiligen unter der Kuppel von Santa Maria del Fiore in Florenz aufgezogen wurde. Und 1640 erfüllte sich die zweite Hälfte des Wortes, als die große Statue Philipps mit Winden von der Lungare in die Sakristei der Chiesa Nuova gezogen wurde. Jedenfalls ist es eine Tatsache, dass Philipp, der als junger Mann nach Rom gekommen war, „niemals mehr in seine Vaterstadt zurückkehren wollte. Auch ging er nie irgendwo anders hin, in einen anderen Ort, eine Stadt, eine andere Gegend, in ein Schloss oder irgendwohin zur Erholung. Nein, er blieb in Rom bis zu seinem Lebensende“ (P. P. Consolini I. 42; IV. 187; III. 217).

Philipp (Filippo Romolo) Neri war geboren in Florenz am 21. Juli 1515 um 2 Uhr morgens und wurde am folgenden Tag im berühmten Baptisterium von San Giovanni getauft. Er hatte eine Schwester, die einige Jahre älter war, und seine zweite Schwester Elisabetta kam drei Jahre später auf die Welt. Als Philipp fünf Jahre alt war, wurde sein Bruder Antonio geboren, der aber kurz darauf starb. Auch die Mutter ist bald nach der Geburt ihres jüngsten Kindes gestorben.

So schwer dieser Verlust der Mutterliebe war, so glücklich fügte es sich, dass „die alte Stiefmutter seines Vaters", Alessandra di Michele Lensi, eine fröhliche Natur hatte und dem kleinen Philipp besonders zugetan war. Es wird berichtet, dass sie beim Abschied Philipps kaum zu trösten war und dass sie immer wieder von ihm sprach, besonders als sie krank wurde und zum Sterben kam.

Der Vater war von anderer Art. Er gehörte als Notar zwar zu einem gehobenen Stand und war stolz auf sein Familienwappen mit den drei goldenen Sternen auf blauem Grund. Dass er kein großes Vermögen zusammenbringen konnte, hat wohl mehrere Gründe. In Florenz gab es damals eine große Zahl von Notaren. Als ein Sympathisant Savonarolas hatte er unter der Herrschaft der Medici nicht viel Aussichten. Aber der eigentliche Grund saß tiefer: Seine verborgene Leidenschaft war die Alchimie. Dazu kamen mit den Jahren Skrupel, die sein Leben verdüsterten. Als er starb, hinterließ er einen erbärmlichen Nachlass: ein paar Küchengeräte, eine kupferne Uhr, einige Bilder, den abgetragenen Talar. Bevor Philipp zu seinem Onkel nach Süden aufbrach, hatte der Vater ihm ein Blatt mit dem Stammbaum der Familie geschenkt. Für Philipp hatte er keinen Wert; er zerriss ihn.

Als Philipp fünf Jahre alt war, zog die Familie aus der Innenstadt auf die andere Seite des Flusses Arno nach San Giorgio um. Dieser Stadtteil liegt auf einem Hang am Flussufer und bietet seinen Bewohnern das einzigartige Panorama der prächtigen Stadt. In der klaren Luft heben sich vor dem violett schimmernden Hintergrund des Monte Morello die imposante Kuppel von Santa Maria del Fiore, der wuchtige Turm der

Signoria, die Türme von Santa Croce und des Bargello ab. Über den unruhigen Fluss wölben sich die hoch geschwungenen Brücken, darunter die des Ponte Vecchio mit seinen Goldschmiedeläden – ein Anblick, der noch immer den Besucher von Florenz entzückt.

Wir haben keine Zeugnisse darüber, wie dieses einzigartige Panorama auf den jungen Philipp gewirkt hat. Aber der weite Blick, den er damals über die schöne Stadt schweifen ließ, ist ihm zu eigen geblieben. Auch in Rom hat er später immer wieder den weiten Horizont gesucht. In San Girolamo und später in der Chiesa Nuova hat er sich hoch auf dem Dach eine Loggia eingerichtet. Dorthin zog er sich immer wieder zum Gebet zurück, sah den Morgen über der Stadt anbrechen und sah, wie die Schatten länger wurden, und schließlich, wie der Mond oder das Licht der Sterne über den Häusern stand. Und auch in Rom liebte Philipp vor allem den Hang des Gianicolo, von wo er über den Tiber weit über die Stadt sehen konnte und den weiten Horizont des alten Rom mit seinen Kirchen und antiken Ruinen vor sich hatte.

Wenn Philipp von San Giorgio die entgegengesetzte Richtung einschlug, kam er bald durch das mit Fresken und Statuen geschmückte Stadttor ins Freie. Sogleich war er allein zwischen Weingärten und Olivenhainen, deren Grenzen von dunklen Zypressen markiert sind. Die Toskana gehört zu den schönsten Landschaften Italiens und hat ihren tiefen Eindruck auf Philipp hinterlassen. Auch später zog es Philipp immer wieder ins Freie: zuerst allein auf den langen Wegen zu den sieben alten Kirchen Roms, dann später mit seinen Gefährten in die großen Gärten und Parks („Villen") der Stadt.

Dennoch war Philipp vor allem ein Mensch der Stadt, und wie Sokrates in Athen, so blieb auch Philipp in Rom. Auf seinen Straßen und Plätzen war er zu Hause. Schon in seiner Jugend in Florenz fand man ihn oft in den weiten Hallen von Santa Croce mit den Fresken von Giotto oder in Santo Spirito oder im Dom. Vor allem aber zog es ihn stets nach San Marco zu den Dominikanern. Dort hatte der selige Fra Angelico den Kreuzgang, den Kapitelsaal und die Zellen ausgemalt. Es waren Bilder von sanfter, überirdischer Schönheit, gemalte Visionen, und es wurde berichtet, dass er manche auf den Knien gemalt hatte. Kein Wunder, dass von diesen Kunstwerken eine große spirituelle Ausstrahlung ausging.

Aber da gab es ein anderes Bild, nicht von Fra Angelico, sondern von Fra Bartolommeo, das Philipp in seinen Bann schlug. Es war ein Portrait von Savonarola, einer Gestalt, von der Philipp sein ganzes Leben nicht loskam. Das Portrait zeigt den großen Prediger mit Augen wie Feuerkohlen.

Savonarola war siebzehn Jahre vor der Geburt Philipps als Ketzer auf dem Rathausplatz in Florenz verbrannt worden. Wie kein anderer hatte er das Volk mit seinen Predigten in Aufruhr gebracht, unerbittlich die furchtbaren Schäden in der Kirche angeklagt, die Laster der Medici angeprangert und das Volk zur Buße und Bekehrung aufgerufen.

In San Marco zeigte man Philipp seine Zelle und seine Bibel. Philipp hat wohl sofort den großen Eiferer und Reformer in sein Herz geschlossen. Wir wissen, dass er in Rom ein Bild Savonarolas in seinem Zimmer hatte, und es wird berichtet, dass er selbst einen Heiligenschein um seinen Kopf gemalt habe. Philipp hat wohl verstanden, wie ernst es Savonarola mit der Reform der Kirche war und wie notwendig diese war. Savonarola hatte Recht: Reform der Kirche bedeutete Bekehrung und Rückkehr auch zum „Buch", zur Heiligen Schrift.

Das „Buch" wird eine wesentliche Rolle im Leben Philipps und im späteren Oratorium spielen. Auch die „Bekehrung" ist ein Wesensstück in Philipps Leben. Aber wie anders sorgte sich Philipp um die Bekehrung der Menschen! Vielleicht hatte er von dem kurzen harten Dialog zwischen Savonarola und Lorenzo Medici, „dem Prächtigen", gehört, der Savonarola an sein Sterbebett gerufen hatte: „Du musst bereuen", sagte der Mönch, und Lorenzo sagte, dass er bereue. „Du musst Florenz die Freiheit zurückgeben", worauf Lorenzo das Gesicht zur

Wand drehte und ohne Absolution starb. Wie anders Philipp, der nie ein Reformator sein wollte und der dann später im Beichtstuhl die Menschen zu Christus zurückholte. Bekehrung – das ist für Philipp etwas Positives, etwas Anziehendes, Hinwendung zu Christus, Hinwendung zur Freiheit.

Bei aller Verehrung Savonarolas – Philipp hatte in seiner eigenen Bibliothek Bücher mit Predigten Savonarolas – waren beide grundverschieden, was die humanistischen und ästhetischen Werte angeht. Savonarola sah das Negative, Gefährliche. Philipps Geist war offen und optimistisch. Auch das selbstsichere Eingreifen Savonarolas in politische Dinge war Philipp fremd, besonders dessen stolzer Ungehorsam gegenüber der kirchlichen Autorität. Wie anders reagierte Philipp, als ihm später auf dem Höhepunkt seiner Tätigkeit sein Werk verboten wurde, und das zu Unrecht!

Im Alter hatte Philipp einem Dominikaner aus Florenz gestanden: „Alles Gute, das es seit Beginn meines Lebens gibt, das habe ich von euren Vätern in San Marco bekommen." Als er das sagte, hatte er nicht nur an den großen und bleibenden Einfluss Savonarolas gedacht. P. Cistellini hat nachgewiesen, dass einige Wesenselemente des späteren Oratoriums auf die Erfahrungen Philipps in San Marco zurückgehen. Da gab es beispielsweise den berühmten Kinderkarneval, den Savonarola gefördert hatte. Es waren Prozessionen, bei denen Laudi (volkstümliche geistliche Gesänge) gesungen wurden, Prozessionen, die dazu dienten, barbarische Umzüge und Vergnügungen der damaligen Zeit aufzufangen. Vor allem aber hat Philipp in San Marco diese Laudi kennen gelernt, die er dann in Rom wieder bekannt gemacht hat und die später von den großen Musikern übernommen und gepflegt wurden. Diese volkstümlichen Gesänge wurden in Florenz seit Jahrhunderten gesungen und waren besonders in den Kirchen der Minderbrüder, also auch in San Marco, sehr beliebt. Bedenkt man die politische Situation – den Kampf gegen die Tyrannei der Medici, die große Pest, die Bedrohung durch das kaiserliche

Heer –, dann versteht man, wie passend gerade die Laudi des Jacopone da Todi sich aufdrängten mit ihrem dumpfen und erschütternden Refrain: „Vanità di vanità – Ogni cosa è vanità" („Eitelkeit – Eitelkeit – alles ist Eitelkeit").

Es war wahrhaftig eine schlimme Zeit: Die Stadt Florenz hatte das tyrannische Geschlecht der Medici vertrieben, musste sich aber schließlich von neuem unter ihr Joch beugen. Als Philipp zwölf Jahre alt war, zog die Armee des Kaisers heran, und Florenz lag an ihrem Weg. Das Volk war voller Schrecken und rannte in die Kirchen. Da kam die Nachricht, dass die fürchterliche Meute der Söldner an Florenz vorbei auf Rom hin ziehen würde. (Es war das Heer, das 1527 Rom in dem furchtbaren „Sacco di Roma" verwüstet hat.) Philipp, so berichtet Gallonio, habe mehrfach erzählt, dass auch er unter den Hörern des berühmten Predigers Baldolino war. Bei der Nachricht, das Heer ziehe vorüber und schone die Stadt, habe sich der Mönch kurz gesammelt, dann das Volk aufgefordert, mit lauter Stimme zu rufen: „Viva Cristo". Dann rief er: „Du sollst wissen, Florenz, dass Gott dich in diesem Moment befreit hat" (P. P. I 173). Von neuem wurde Christus zum König von Florenz proklamiert. Danach kamen die Medici, belagerten die Stadt und nahmen sie schließlich 1532 ein. Bald begann der Auszug vieler Florentiner, die das Regime nicht ertragen konnten oder wollten.

Es ist wohl kein Zufall, dass auch Philipp damals von Florenz fortging und nie mehr zurückkehrte. Ist es ein Wunder, dass die Erfahrung dieser Jahre in Philipp weiterwirkte? Die Erfahrung einer Republik unter der Herrschaft Christi, die Vorliebe für die demokratische Ordnung eines Gemeinwesens, die auch später im Oratorium so grundlegend sein sollte. Vor allem aber das leidenschaftliche Bekenntnis zu Christus als dem Herrn des eigenen Lebens. Wie sagte doch Philipp später: „Wer etwas anderes will als Christus, der weiß nicht, was er will" (MR 45).

Obwohl Philipp nach seinem Aufbruch aus Florenz fast jede Verbindung mit seiner Vaterstadt abgebrochen hatte, merkte man ihm bis zum Lebensende seine Herkunft aus Florenz an. Er leugnete sie auch nicht, fühlte sich im Gegenteil zu Hause unter den vielen Emigranten aus Florenz, die sich stolz „Nation" nannten. In Rom wohnte er lange Jahre bei einem Zollbeamten aus Florenz; die Florentiner der Altstadt gehörten zu den ersten Gefährten des Oratoriums; und zu den wichtigen Etappen beim Bau der Chiesa Nuova und zu großen Festen lud Philipp Kardinäle und Bischöfe aus Florenz ein.

Vor allem aber konnte er selbst den typischen Charme und Witz der Leute aus Florenz nicht verleugnen. Ponnelle-Bordet hat ihn treffend charakterisiert mit dem italienischen Wort „festività". Das bedeutet eine „überschwängliche gute Laune, eine Herzlichkeit im Zugang auf andere, Natürlichkeit im Umgang … eine Haltung, die sich auf alles – Menschen und Dinge – erstreckt, besonders aber in den Wechselfällen des Lebens zutage tritt. Im Alltag ist es das Freisein von Sorgen, … die Fähigkeit, all das, dem man keine Freude abgewinnen kann, zu einem Scherz umzudrehen. Als Mittel dazu dienen die ‚Schwänke', ‚Witze' und ‚drolligen Geschichten', flinke und lustige Entgegnungen, mit denen man sich aus der Affäre zieht" (PB 59).

Dieser typisch florentinische Witz hatte sich besonders im Buch eines Pfarrers aus der Nähe von Florenz verdichtet. Piovano Arlotto war Pfarrer in einer kleinen Gemeinde in der Nähe von Florenz, war viel gereist und vom Leben ziemlich gebeutelt worden. So hatte er eine treffliche Menschenkenntnis gewonnen und einen treffsicheren Spott. Er kam regelmäßig nach Florenz und hatte im Nu eine große Schar Freunde und Kumpanen um sich, die seine lauten Späße liebten. Obwohl man ihn mehrfach beim Bischof, dem heiligen Antonin, anschwärzte, konnte ihm niemand etwas Schlechtes nachsagen. Im Gegenteil: Neben seinen Späßen war seine selbstlose Güte bekannt. Er gab alles her, um die Not anderer zu lindern: Sein Biograf sagt, dass „dieser Mann mit seiner Güte und seinem Humor alle Menschen anzog und sie zu Brüdern, Vätern und Freunden machte“ (Baccini, 295). Nach seinem Tod hatte man seine Schwänke („Facetie“) gesammelt. Kein Wunder, dass dieses Buch zu einem von Philipps Lieblingsbüchern wurde! Noch heute bewahrt die Bibliothek der Vallicella dieses Buch, in dem Philipp immer wieder las. Dieser tiefgründige Humor, der alles Große dieser Welt auf sein richtiges Maß zurechtrückt und dadurch Freiheit und Heiterkeit schenkt, zeigt sich in der Inschrift, die Arlotto für sein Grabmal aussuchte: „Hier ruht Piovano Arlotto. Er ließ dieses Grabmal errichten für sich und alle, die hier hinein wollen.“

Wer die gar nicht so spärlichen Nachrichten über die Jugend Philipps zusammenträgt, erkennt bald bestimmte Leitmotive, die sein späteres Leben prägen: die eindringliche Einfachheit der Laudi, die republikanische Gesinnung, besser gesagt: seine Liebe zur Freiheit, die unbändige Fröhlichkeit und der witzige Humor seines Landsmannes Piovano Arlotto. All dies war getragen von einer tiefen mystischen Spiritualität, die er auch von Savonarola gelernt hatte und über die noch zu sprechen sein wird.

Natürlich hätte man gerne ein Bild des jungen Philipp aus Florenz. Tatsächlich gibt es in Rom ein Gemälde in der Galleria Doria von Federico Barocci, „das einen Jungen von zehn oder zwölf Jahren darstellt – ein sehr schöner, sehr eleganter Junge, der nach der damaligen Mode gekleidet ist und wirklich wie ein Engel aussieht“ (L 46). Auch Capecelatro sagt, es stelle den jungen Philipp dar, kann aber keine Beweise, sondern nur die Tradition als Beleg anführen. Dieses Bild stelle den „Pippo buono“ vor, sagt die Tradition und nennt damit den Namen, den man Philipp schon in seiner Jugend gegeben hatte. Dass er gut war, war noch mehr aufgefallen als seine Fröhlichkeit. Capecelatro schreibt, dass der Name „Pippo buono“ überall in Florenz bekannt war und dass er wieder auflebte, als man später von Philipps Wirken in Rom erzählte.

Die Zeitgenossen berichten, dass Philipp wohlgelitten war. Er hatte den schnellen Witz der Florentiner, darunter aber war er sehr feinfühlig und empfänglich für Schönheit. Dazu kam eine besonders damals seltene Empfindsamkeit für Sauberkeit und Reinheit. Bis in sein hohes Alter hat Philipp sich etwas von der Reinheit, Einfachheit und Unmittelbarkeit seiner Kindheit bewahrt. Manche seiner Gebete zeigen diese Direktheit einer kindlichen Frömmigkeit: „Lieber Herr, ich möchte den Weg wissen, der zum Himmel führt." „Was könnte ich denn tun, mein Jesus, um deinen Willen zu tun?" Da ist nichts Studiertes, Wohlgesetztes, sondern die Unmittelbarkeit des Herzens, die Direktheit eines Kindes auch noch beim alt gewordenen Philipp.

In San Germano

Im Jahre 1532/33 nahm Philipps Leben eine bedeutende Wende: Er verließ seine Vaterstadt Florenz für immer. Einige Gründe sind leicht zu erraten: Nach der erneuten Belagerung von Florenz befand sich die Familie in wirtschaftlichen Schwierigkeiten. Dazu kamen politische Motive: Die Medici übten ihre neue Macht rücksichtslos aus. Überall gab es Verfolgung, Vergeltungsaktionen gegen die früheren Gegner. Zu ihnen hatte auch Philipps Familie gehört. Da lag es nahe, sich des Onkels im Süden zu erinnern, der als Kaufmann in San Germano zwischen Rom und Neapel lebte und als sehr reich galt. Eigentlich war dieser „Onkel" nur ein Vetter des Vaters, und sein Reichtum erwies sich aus der Nähe als gar nicht bedeutend. Da er aber keine Kinder hatte, hoffte wohl der Vater Philipps, dass sein Sohn einmal das Vermögen des Onkels erben würde.

Philipp machte sich auf den Weg von immerhin 500 Kilometern. Er war achtzehn Jahre alt, nach dem Recht von Florenz volljährig. Der Vater konnte ihm nicht viel mitgeben, und die Verbindung zum Elternhaus scheint bald abgerissen zu sein. Die Dokumente berichten, dass ihm von daheim gelegentlich ein paar Hemden geschickt wurden, dass aber Philipp bald bat, man möge diese Sendungen einstellen. Philipp hatte Florenz für immer hinter sich gelassen. Einer Schwester sagte Philipp später, er wolle keine andere Heimat haben als den Himmel. Erst im hohen Alter scheinen Philipp die Erinnerungen an seine Kindheit wieder aufzuleuchten; spricht er doch in dem vorletzten Brief, den wir von ihm besitzen, von Florenz als seiner „Heimat“.

San Germano am Fuße des Monte Cassino ist heute ein unbedeutender Flecken. Damals aber war der Ort wichtig als Knotenpunkt der Verbindungsstraße von Rom nach Neapel und dem nahen Hafen von Gaeta. Dort hatte der Onkel sein Vermögen erworben, dort sollte Philipp seine Karriere als Kaufmann beginnen.

Wie sein tägliches Leben verlief, wissen wir nicht genau, wohl aber berichten seine frühen Biografen, dass Philipp oft unterwegs war zu verschiedenen Kirchen und einsamen Kapellen. Gewiss hat er auch die berühmte Benediktinerabtei Monte Cassino besucht. Nur ist es merkwürdig, dass die geschichtlichen Zeugnisse darüber nicht sehr zahlreich sind und vor allem aus späterer Zeit stammen. So schreibt Caietani 1641: „Philipp Neri, der Gründer der Kongregation des Oratoriums, hat die Grundlagen seiner hohen Vollkommenheit in San Germano und Monte Cassino gelegt. Dort hat er über drei Jahre hin den Geist der heiligen Tugend und der Frömmigkeit vor allem unter der Leitung des Eusebius von Eboli, eines der frömmsten Mönche von Monte Cassino und Adligen von Neapel, erworben“ (Lentini).

Aus dieser Zeit in Monte Cassino stammt wohl Philipps Liebe zur Liturgie und zu den Wüstenvätern. Dort lernte er auch die alte Form des Gemeinschaftslebens kennen und den Wert der „stabilitas loci“, der Sesshaftigkeit und Bindung an das eigene Haus, die ebenfalls eine große Rolle im Oratorium spielen sollte. Und der Wahlspruch der Benediktiner: „Nihil amori Christi praeponere“ („nichts der Liebe zu Christus vorziehen“) war gewiss ein Wort ganz nach dem Herzen Philipps. Dieses knappe Motto könnte besonders gut auf den Inhalt der inneren Krise hinweisen, in der sich Philipp damals befand. Dass Beruf und Vermögen seines Onkels ihn nicht halten konnten, war ihm bald deutlich geworden. Seine spätere Bemerkung: „Wenn ich Vermögen gewollt hätte, dann hätte ich ein reicher Mann sein können“, verrät, dass er sich seiner Schritte bewusst war.

Wie sich diese Entscheidung vollzogen hat, wissen wir nicht genau. Aber das ganze Leben Philipps zeigt merkwürdigerweise eine besondere Liebe zur Einsamkeit. Man hat geradezu von einem „Eremitenleben“ Philipps gesprochen. Dieser Zug zum Alleinsein wurde gerade während seines Aufenthalts in San Germano immer wieder sichtbar. Nach seiner Arbeit beim Onkel besuchte Philipp abgelegene Kirchen und Kapellen dieser Gegend. (Schon in Florenz hatte er diese Gewohnheit, und in Rom hat er an seinen Wallfahrten zu den sieben Hauptkirchen bis zu seinem Lebensende festgehalten.)

Es gibt in Gaeta einen Ort, den Philipp besonders liebte. Dort ragt ein Fels direkt am Meer in die Höhe. Aber dieser Fels ist durch zwei tiefe Risse bis auf den Grund gespalten. Die Legende sagt, dies sei beim Tod des Herrn am Karfreitag geschehen. Oben auf dem Felsen gibt es noch heute eine kleine Kirche zu Ehren der Heiligsten Dreifaltigkeit. Dort hat Philipp oft gebetet. Im 15. Jahrhundert war ein mächtiger Felsbrocken in einen der Felsspalten gestürzt und in der Mitte hängen geblieben. Auf diesen Felsblock hatte man eine Rundkapelle zu Ehren des gekreuzigten Herrn gebaut, und man konnte nur über eine Leiter aus Eisen zu dieser Kapelle gelangen. Diesen Ort liebte Philipp besonders. Dort war er ganz allein: Von dort ging sein Blick über das Meer, die Pontinischen Sümpfe, die blaue Kette des Apennins. „Hierhin“, schreibt Bacci, „zog sich Philipp zurück, um zu beten und über das Leiden des Herrn zu meditieren. Es geschah, dass er in diesen stillen Stunden mehr und mehr lernte, das Irdische hinter sich zu lassen ..., seine Tätigkeit aufzugeben und sich Gott anheim zu geben, und zwar so, dass er frei von Hindernissen Ihm dienen könne“ (BF 8).

Was dort geschehen ist, wissen wir nicht. Einige sprechen von einem mystischen Erlebnis. Andere meinen, dass dort im inneren Gebet und unter Führung des Gottesgeistes sein Entschluss gereift sei. Philipp selbst hat seinen Vertrauten gegenüber erwähnt, es habe in seinem Leben eine „Bekehrung" gegeben. Ob er ein Ereignis in der Kapelle von Gaeta gemeint hat, wissen wir nicht. Hat er doch selbst sein Innerstes nicht preisgeben wollen und oft gesagt: „Secretum meum mihi", „Mein Geheimnis bleibt mein eigen." Wohl hat sein geistlicher Sohn, Kardinal Newman, Recht, wenn er den Aufenthalt Philipps in Gaeta die zweite Bildungsstufe im Leben Philipps nennt.

Die Entscheidung Philipps in Gaeta hat seinem Leben eine Klarheit und Eindeutigkeit gegeben, die sein ganzes Dasein bestimmt hat: die Ausrichtung auf Christus. Dabei hat auch ein Buch eine Rolle gespielt, das früh zur Lieblingslektüre Philipps gehört und ihn sein ganzes Leben begleitet hat: die Lebensbeschreibung des seligen Colombini. Neben den Laudi des Jacopone da Todi und den Schwänken des Piovano Arlotto gehörte die Biografie Colombinis zur Handbibliothek Philipps.

Colombini war ein reicher Kaufmann aus Siena, der dort um 1350 lebte und auf merkwürdige Weise zu einer plötzlichen Bekehrung kam. Sein Biograf Belcari (1558) schreibt, Colombini habe gesehen, dass überall die wahre Liebe fehle, die Christus in den Menschen entfacht. Nun gebe es für ihn drei Mittel, um das zu ändern: „erstens, beständig von Jesus Christus, von seiner Liebe und von den großen Gütern der Seele zu sprechen – je mehr man laut davon spreche, desto mehr erwärme man sich selbst dafür. Zweitens, allen Geschöpfen große Liebe und Güte zu erweisen, ihnen Freude zu bringen und ihnen eine unbegrenzte Liebe zu zeigen. Drittens, sich große Abtötungen aufzuerlegen, die uns von uns selbst loslösen und frei machen". Sein Programm war radikal einfach: beständig den Namen Jesu verkünden in einer Welt, wo dauernd über alles geredet wird, nicht aber über das Wichtigste. So sprach Colombini immer von Jesus, gelegen oder ungelegen, zu Arm und Reich, nicht nur in der Kirche, sondern auch auf Plätzen und Straßen, zu Kindern und Gelehrten: „Es lebe Jesus." „Gelobt sei Christus." So erhielten Colombini und seine Gefährten bald den Namen „Jesuaten".

Philipp hat sich von der mystischen Glut, aber auch von der kindlichen Einfachheit Colombinis anstecken lassen. In Gaeta hat er sich ganz dem Herrn zur Verfügung gestellt. Später in Rom spricht auch er auf Plätzen und Straßen von Christus. Und viele seiner häufigen Stoßgebete, die Francesco Zazzara beim Prozess der Heiligsprechung vorgelegt hat, zeigen diese innige Vertrautheit und kindliche Direktheit: „Mein Jesus, ich möchte dich gern lieben!" „Was könnte ich nur tun, Jesus, um deinen Willen zu erfüllen?"

> „Wer etwas anderes ersehnt als Jesus Christus,
> der weiß nicht, was er ersehnt.
> Wer etwas anderes wünscht als Jesus Christus,
> der weiß nicht, was er wünscht.
> Wer für etwas anderes arbeitet als für Jesus Christus,
> der weiß nicht, für was er arbeitet."

Eines Tages erklärte Philipp seinem Onkel Romolo, dass er nicht bleiben könne, sondern nach Rom gehen müsse. Der Kirchenhistoriker von Pastor sagt von dieser Entscheidung: Es ist „ein Schritt, der genauso heroisch ist, wie Benedikt von Nursia und Franz von Assisi ihn taten, als sie der Welt und einem glänzenden Trugbild den Rücken kehrten".

Über die Dauer des Aufenthalts in Gaeta gibt es immer noch geteilte Meinungen. Seine Schwester sagt, Philipp habe mit 18 Jahren Florenz verlassen, also 1533. Andere nennen das Jahr 1532 als die Zeit seiner Ankunft in Rom. Philipp selbst sagt, seine Karriere als Kaufmann habe nur „wenige Tage" gedauert. Aber sagt nicht Bacci, dass sein Entschluss „allmählich" gereift sei, und spricht nicht sein Suchen bei den Benediktinern und in den einsamen Kirchen und Kapellen für eine Zeit, die länger als ein Jahr gedauert haben muss?

Philipp als Laie in Rom

Philipp nahm Abschied von seinem Onkel und ging nach Rom. Aus alten Stichen kennen wir das Bild Roms zur damaligen Zeit. Es war kleiner als Paris und London. Die Stadt erstreckte sich vor allem am tiefer gelegenen Tiberufer bis zum Kapitol hin. Weite Gebiete innerhalb der Mauern waren fast unbewohnt, und enge Straßen durchkreuzten die Wohnviertel. Überall gab es noch die mächtigen antiken Ruinen, große Kirchen, abgelegene Klöster – das Ganze eher ein deprimierender Anblick.

Vor allem nach dem furchtbaren „Sacco di Roma"! Nachdem der Papst mit Kaiser Karl V. gebrochen hatte, schickte dieser ein wildes Söldnerheer unter Georg von Frundsberg zur Belagerung nach Rom. Während Papst Clemens VII. sich in der Engelsburg verschanzt hatte, wurde Rom von der wilden Soldateska unter schrecklichen Grausamkeiten verwüstet. Viele Kirchen – auch die Peterskirche – waren entweiht worden, Kranke hatte man aus den Fenstern der Hospitäler geworfen, unersetzliche Dokumente, Bücher und Kunstschätze wurden vernichtet. Der Papst in der Engelsburg musste sich mit Gold freikaufen und sich demütigen lassen. Die Türken standen bereits vor Wien. In Deutschland eroberte die Reformation immer mehr Landstriche. Dennoch verschob der Papst das dringend notwendige Reformkonzil immer von neuem. Als er starb, war ganz England der römischen Kirche verloren gegangen.

1534 war dann Alessandro Farnese als Paul III. Papst geworden und regierte 15 Jahre. Er war ein typischer Renaissancepapst: ein Gönner der schönen Künste, aber auch ein Liebhaber üppiger Feste. Er war es, der 1536 wieder den Karneval einführte und damit den Römern Gelegenheit gab, das Trauma der Verwüstung von 1527 im Taumel wilder Feste zu vergessen. Wie seine Vorgänger war er im Nepotismus verstrickt, machte zwei Neffen im Alter von 14 und 16 Jahren zu Kardinälen. Zu seinen Gunsten muss dennoch gesagt werden, dass er ein großer Gönner bedeutender Humanisten war, und vor allem, dass er einige hervorragende Männer der Reform in hohe Ämter holte. Der bedeutendste war der Venezianer Contarini, den er zum Kardinal machte und der einer der wichtigsten Leute der Reform wurde. Dennoch bleibt das Urteil über Paul III. berechtigt: „Er hatte einen Charakter ohne moralische Hemmungen und einen Intellekt ohne Weisheit."

Eigenartig, dass die fünfzehn Jahre seiner Herrschaft fast genau die Zeit waren, die Philipp als Laie in Rom verbrachte. Philipp muss wohl bald eine Unterkunft gefunden haben, wobei die Beziehungen zu den Florentinern in Rom eine Rolle gespielt haben. In der Nähe des Pantheons wohnte Galeotto Caccia, der aus Florenz stammte und beim Zoll beschäftigt war. Bei ihm kam Philipp unter und wurde Hauslehrer seiner beiden Söhne. Als Bezahlung erhielt er ein bescheidenes Zimmer, das neben Bett und Tisch noch einen Stuhl und ein Bücherregal hatte. Eine Schnur, die quer durchs Zimmer gespannt wurde, diente als Kleiderschrank. Statt Geld erhielt Philipp einen Sack Korn, den er zum benachbarten Bäcker brachte, der ihm dafür täglich ein kleines Brot lieferte. Oft sah man ihn am Brunnen stehen, wo er seine Mahlzeiten einnahm: Brot, eine Handvoll Oliven, manchmal etwas Wein zum Wasser. Bis in sein hohes Alter hielt Philipp an dieser ärmlichen Ernährung fest. Er hatte sich bewusst für den Weg der Nachfolge in Armut und Bedürfnislosigkeit entschieden. Sein damaliges Leben schien sich auf zwei Ebenen zu bewegen. Äußerlich gesehen fiel er kaum auf unter den geschäftigen Landsleuten, die das offene Gesicht, die fröhliche und gesellige Art des ärmlich, aber immer sauber gekleideten jungen Mannes schätzten. Seine Schüler, die Söhne des Zollinspektors, machten gute Fortschritte nicht nur in der Schule. Beide wurden später Priester, einer bei den Kartäusern.

Obwohl Philipp von Natur aus schnell mit den verschiedensten Menschen in Kontakt kam, sie mit seiner Liebenswürdigkeit geradezu anzog, lebte er eher unauffällig und zurückgezogen. Neben seiner Tätigkeit als Erzieher hatte er eigene Studien begonnen und hörte an der Sapienza Philosophie und in Sant'Agostino Theologie. Wie lange diese Studien gedauert haben, ist nicht genau bekannt, vermutlich wenig mehr als ein Jahr. Aber es ist gut bezeugt, dass Philipp sein ganzes Leben hindurch Thomas von Aquin las und dass er mit den Gelehrten seiner Zeit später oft selbst über schwierige Probleme diskutieren konnte. Die späte Scholastik schätzte er nicht. Er selbst sagt von sich über diese Zeit, „er habe wenig studiert und nur wenig lernen können, weil er mit Gebet und anderen geistlichen Übungen beschäftigt war" (Zazzara in PB 82). Das ist ein Hinweis auf das mehr verborgene innere Leben, das Philipp damals führte. Später erst erfuhr man, was Philipp auf diesen Weg gebracht hatte. Da gab es in dem Vorlesungssaal von Sant'Agostino ein Kruzifix, das Philipps ganze Aufmerksamkeit gefangen nahm. Später gestand er einem Vertrauten, er habe immer hinschauen müssen und er habe dann nicht die Tränen zurückhalten können. Um die Aufmerksamkeit für seine Studienfächer war es dann geschehen. Darum brach er seine Studien ab und begann ein merkwürdiges Wanderleben. Mitten in der Großstadt Rom war er zum Eremiten geworden.

Wie sollen wir uns das vorstellen? Um 1535 gab es auf den Straßen Roms manch eigenartige Gestalten: Pilger, Mönche,

Großstadteremiten. Einer von ihnen, Bruder Matteo aus Umbrien, war nach Rom gekommen, hatte den Kapuzinerorden gegründet, wurde von den Franziskanern verfolgt und schließlich mit seinen Mönchen 1534 vom Papst aus der Stadt getrieben. Der Holländer Titelmans hatte seine Professur in Antwerpen aufgegeben, war nach Rom gegangen, wo er unheilbar Kranke pflegte und als Straßenprediger bald überall bekannt war.

Auch Philipp begann umherzuziehen, obwohl er seine Wohnung bei Caccia behielt. Sein Leben hatte kein geordnetes Programm, er ließ sich treiben von der inneren Glut seiner Christusnachfolge. Beim Heiligsprechungsprozess sagt Tarugi: „Viele Jahre lang lebte er das Leben eines Einsiedlers, aß einfache Nahrung, Obst und Brot, schlief in seinen Kleidern in Kirchen und ähnlichen geweihten Orten. Das Beten fiel ihm auf ganz natürliche Weise zu, dass man treffender sagen müsste, er wurde vom Heiligen Geist bewegt und hatte es nicht nötig, durch Meditieren die innere Glut zu entfachen" (PB 82). Auch durch sein Äußeres unterschied sich Philipp kaum von den anderen „Eremiten" in Rom. Er trug eine Art Kutte und in der Kapuze sein Brot und meist ein Buch.

Damals begann er seine Wallfahrten zu den sieben Hauptkirchen, zu denen die ehrwürdigsten Kirchen Roms gehören: St. Peter, St. Paul vor den Mauern, St. Sebastian auf der Via Appia, San Giovanni in Laterano, Santa Croce in Gerusalemme, San Lorenzo und Santa Maria Maggiore. Wer diese Kirchen besuchen wollte, war etwa acht Stunden unterwegs. Man kann sagen, dass alle diese Kirchen „Mutterkirchen" des Glaubens waren. Sie waren geheiligt durch Märtyrer und alte Tradition. Und das scheint Philipps Ziel in dieser Zeit gewesen zu sein: die Suche nach dem Ursprung, die Nähe zur Urkirche.

Während andere Eremiten als Straßenprediger die Aufmerksamkeit auf sich zogen, zog es Philipp immer mehr in die Einsamkeit. Gallonio, sein erster Biograf, sagt: „Er hatte ein starkes Verlangen nach Einsamkeit" (G 9). In Einsamkeit und

Gebet suchte Philipp seinen Weg: „Da er nicht sicher war, was der Herr von ihm wollte, verbrachte er ganze Nächte im Gebet“ (Gallonio). Wie stark sein Verlangen nach radikaler Nachfolge Jesu war, zeigt das Zeugnis seines vertrauten Schülers Tarugi im Heiligsprechungsprozess: „Da das Studium ihn beim geistlichen Leben und Gebet behinderte, das doch den ganzen Menschen und die eine oder andere Übung fordert, verkaufte (Philipp) alle seine Bücher, um nicht mehr zu studieren. Das war für ihn ein großes Opfer“ (P.P. III 379).

Einer der größten Biografen Philipps, Kardinal Capecelatro, sagt einfach und treffend: „Philipp hat sein Leben in Rom als ein Armer in Christus begonnen – das war alles.“ An diese Zeit seiner Nachfolge hat Philipp mit gewisser Wehmut zurückgedacht und seinen Vertrauten davon erzählt: „Er berichtete von seiner Jugend und wie er mit ein paar Groschen im Monat auskam. Und wie er allein in der Nacht zu den sieben Hauptkirchen zog und dort auch den Tag über blieb, ein kleines Brot in seiner Kapuze, was ihm als Nahrung genügte. Auch hatte er immer ein Buch bei sich, das er draußen im Freien im Mondlicht las“ (P. P. Tarugi III 386). Diesen Hang zur Einsamkeit wird Philipp sein ganzes Leben lang nicht los. Obwohl wir wenige Jahre später Philipp ständig unter Menschen finden – auf der Straße vor allem, in den Hospitälern, unter der Menge der Pilger, im Gespräch mit den Geschäftsleuten der „Florentiner Nation“ –, drängt es ihn immer zur Einsamkeit. Auch das ist ein Grund, warum er sich nicht von seiner Kammer in San Girolamo trennen konnte, warum er sich immer wieder zurückzog: von der Schar der Jungen, die er betreute, später sogar von den Versammlungen seiner eigenen Kommunität. Die Einsamkeit, in der er voll und ganz für den Herrn da war, war ihm besonders lieb gegen Ende seines Lebens – wenn er die Messe feierte, wenn er sich zur Nachtruhe rüstete. Aber darüber wird noch zu sprechen sein.

Philipps Pfingsten

Philipp zog es immer wieder in die Einsamkeit der Katakomben. Damals waren fast nur die Katakomben von St. Sebastian bekannt. Man nannte sie „Grotten“, und die Eingänge öffneten sich, wenn man an bestimmten Stellen neben der Kirche die Zweige der Büsche fortschob. Nach einem zeitgenössischen Bericht des venezianischen Gesandten hatten manche Leute, die dort eingestiegen waren, nicht mehr zurückgefunden, weil sie sich in den Gängen verirrt hatten oder das Licht erloschen war.

Für viele hatte der Weg nach St. Sebastian etwas Unheimliches, denn die Via Appia ist eine Gräberstraße. Links und rechts stehen die teilweise verwitterten Grabdenkmäler der heidnischen Römer, und auch zur Zeit Philipps glaubte man noch, dass dort die Geister der Toten als Dämonen umgingen.

Im Gegensatz dazu hatten die Katakomben, die Begräbnisstätten der frühen Christen, nichts Unheimliches. Hier lagen die Gebeine vieler Märtyrer, und so passte der Name „Coemeterium“ der Heiligen gut für diese Stätte (im Lateinischen bedeutet „Coemeterium“ Ruhestätte). Dort lagen die Gebeine der Christen in unterirdischen Gängen, die hier und da zu einer Nische erweitert waren. Auch für Philipp waren die Katakomben der Ruheort der frühen Christen, die auf die Auferstehung warteten. Er ging oft dorthin und verbrachte dort ganze Nächte im Gebet. Später sagte ein Dominikaner von der Minerva, Philipp habe zehn Jahre dort „gelebt“.

In den Katakomben von St. Sebastian geschah später etwas, das man mit Recht als „Philipps Pfingsten“ bezeichnet hat. Es war wie ein Einbruch des Göttlichen in sein Leben. Da mit diesem Ereignis die Jahre des Wartens und der Einsamkeit Philipps zu ihrem Höhepunkt kamen, soll bereits hier davon berichtet werden. Was war im Jahre 1544 in den Katakomben geschehen?

Philipp war damals wieder in dem kleinen Raum dieser Katakombe, wo heute noch ein Altar und sein Bild das Andenken bewahren, und betete kurz vor Pfingsten mit besonderer Hingabe, wie uns Gallonio, sein ältester Biograf, sagt. „Auch das gehörte zu den Gewohnheiten Philipps, jeden Tag besonders zum Heiligen Geist zu beten und ihn voller Demut um seine Gaben und Gnaden zu bitten ... Als er nun eines Tages im Jahre 1544 wieder voller Hingabe betete, spürte er plötzlich in seinem Herzen einen solchen Sturm der überwältigend großen Liebe des Heiligen Geistes, dass ihm das Herz in der Brust so heftig aufsprang, dass man dies auch äußerlich wahrnehmen konnte. Es schien, als wolle es den von Natur aus schweren Körper in die Höhe zum Himmel reißen“ (G 21f).

Nach dem Zeugnis von Pietro Consolini, einem besonderen Vertrauten Philipps in dessen letzten Lebensjahren, sah Philipp eine feurige Kugel in seinen Mund eindringen und spürte dann, wie sich seine Brust über dem Herzen ausweitete. So stark war die Empfindung des inneren Feuers, dass Philipp sich zur Erde warf und rief: „Genug, Herr, genug; ich kann nicht mehr ertragen.“ Capecelatro schreibt: „Sein Gebet war voll Liebe, aber da Liebe nie genug hat, hatte er um mehr und größere Liebe gebeten“ (C 159). Dieses Gebet war erhört worden. „Die Liebe zu Gott floss über von seiner Seele in seinen Leib und gab seinem Blut eine solch heftige Bewegung zum Herzen hin, dass es seine ganze Erscheinung zum Leuchten und Glühen brachte. Augen, Mund, Stirn ..., alles an ihm wird hell." Mit dieser Erfahrung der Gottesliebe wird Philipp von einer unbändigen Freude erfasst, „einer Freude, die ganz und gar aus der Gottesliebe kommt" (C 160).

Der Kirchenhistoriker von Pastor schreibt über dieses Ereignis: „Diese mystischen Zustände, die Philipp sein ganzes Leben lang begleiteten, erreichten ihren Höhepunkt an Pfingsten 1544 in einem Ereignis, das man mit den Wundmalen des heiligen Franz von Assisi vergleichen mag" (P IX 20). Dante nannte die Stigmata des heiligen Franz, die er 1224 zwei Jahre vor seinem Tod in den Alverner Bergen empfing, das „erhabenste Siegel" der Christusfrömmigkeit. Auch Philipp war von Gott in einer einzigartigen Weise gezeichnet worden.

Das ist wohl einer der Gründe, warum dieses Ereignis so wenig bekannt wurde. Der Hauptgrund liegt allerdings bei Philipp selbst. Sein Abscheu vor aller Art von Hochmut und Sich-groß-Tun ließ ihn bis kurz vor seinem Lebensende beharrlich über das Geschehene schweigen. Wohl hörte man ihn zuweilen in Andeutungen sprechen, aber immer wieder unterbrach er sich mit dem für ihn typischen Satz: „secretum meum mihi".

Und dieser Charakterzug, sein Persönlichstes und Innerstes zu verbergen, ist wohl schuld daran, dass Pietro Consolini, der Philipp besonders nahe stand und sein geistiger Erbe genannt werden kann, erst kurz vor seinem eigenen Tod (1643) seinem Mitbruder Sozzini mitteilte, was Philipp ihm anvertraut hatte. So sehr hatte sich Consolini von Philipps Liebe zur Demut prägen lassen, dass er es ablehnte, vor der Kommission des Prozesses zur Heiligsprechung auszusagen. Man musste ihn holen lassen. Er war auch nicht damit einverstanden, dass die Kongregation des Oratoriums sich an dem Prozess beteiligte, und sagte, Philipp selbst habe so etwas nie gewollt.

Nun gab es seit dem Pfingstereignis Philipps äußere Fakten, die auch Philipp nicht verbergen konnte, so peinlich ihm das oft war. Dazu gehörte vor allem ein Zittern und Schütteln des ganzen Körpers, das sich auf den Stuhl oder die Bank, auf der er kniete, übertrug. Zeitgenossen berichten, dass sich das heftige Pochen seines Herzens den Gegenständen um ihn herum geradezu mitteilte. Wenn er die Messe feierte, fürchtete man, dass er den Wein verschütte oder den Kelch umstoße, und er musste deshalb seine Ellenbogen auf dem Altar abstützen. Eindeutig war, dass dieser ungestüme Herzschlag sich immer dann meldete, wenn „sein Geist sich auf die göttlichen Dinge richtete, und sich wieder beruhigte, wenn er seinen Geist anderem zuwandte", wie sein Arzt Andrea Cesalpino sagte.

Noch eine andere merkwürdige Eigenschaft kannten seine Zeitgenossen: die innere Glut, die seinen ganzen Körper erhitzte und die Philipp sein ganzes Leben zu schaffen machte. Glut ist hier durchaus wörtlich und körperlich zu verstehen.[1] Es war eine innere Hitze, die ihn auch im Winter mit aufgeknöpfter Soutane gehen ließ. Die Fenster seines Zimmers standen auch im Winter offen, und auf seiner Loggia auf dem Dach verbrachte er ganze Nächte im Freien und betete. Selbst im Winter blieb er dort bis spät und stieg in aller Frühe wieder hinauf. Über diese Wärme, die vom Herzen Philipps ausstrahlte, gibt es viele Zeugnisse, vor allem von Leuten, die später bei Philipp zur Beichte gingen und die Philipp manchmal an sich zog und ans Herz drückte. Die Ärzte, die Philipp in seinem Alter behandelten, rätselten über dieses merkwürdige Phänomen. Noch mehr aber rätselten sie über eine andere physische Merkwürdigkeit. Philipp hatte nämlich über seinem Herzen eine faustgroße Schwellung, die sich allerdings seit dem Erlebnis in den Katakomben nie mehr veränderte. Ob-

1 In der Biografie des seligen Giovanni Colombini von Belcaro heißt es, dass Colombini nach seiner Bekehrung „vom göttlichen Feuer erwärmt war ...", und zwar so, dass die Liebe, die in seiner Brust brannte, so stark war, dass sie auch auf den Leib außen ausstrahlte, so dass er sein spärliches Gewand aufgeknöpft trug ... Als ihn ein Fremder fragte: „Ist Dir nicht kalt, Giovanni?" ..., nahm er dessen Hand, legte sie auf seine Brust ..., so dass der Fremde sagte: „Du hast so viel Wärme, dass ich meine Hand nicht dort halten kann" (37).

wohl einige der bekanntesten Ärzte der damaligen Zeit Philipp behandelt hatten, wussten sie keine Erklärung. Erst nach seinem Tod stellte unter anderem Andrea Cesalpino bei einer Autopsie die Ursache fest. Hier einige Sätze aus seinem Bericht: „Im Jahre 1593 wurde ich gerufen, weil Pater Philipp erkrankt war. Ich stellte einen starken Herzschlag bei diesem Pater fest, hörte, dass es eine alte Sache war und dass er dies bereits seit seiner Jugend hatte. Als ich nach der Ursache suchte und seine Brust untersuchte, fand ich diese sehr vergrößert und eine Geschwulst dort, wo die kleinen Rippen auf der linken Seite sind, nahe beim Herzen. Beim Tasten merkte ich, dass die Rippen dort angehoben waren ... Die Sache klärte sich nach seinem Tod auf. Als man die Brust öffnete, fand man, dass die Rippen an dieser Stelle gebrochen waren, und zwar die Knochen vom Knorpel abgetrennt. Auf diese Weise war es möglich, dass der Herzschlag Raum hatte, sich zu heben und zu senken. Ich kam zu dem Urteil, dass dies etwas Übernatürliches sei ... Es war ein Mittel Gottes, damit das Herz sich bei seinem heftigen Schlagen nicht an den harten Rippen verletze. So hat er mit diesem Leiden bis in sein außergewöhnlich hohes Alter leben können" (P. P. I 235).

Dieses eigenartige Leiden war für Philipp vor allem eine seelische Belastung. Während seines ganzen Lebens vermied er alles, was nach übernatürlichen Gaben aussehen und die Neugier, aber auch die Verehrung der Menschen anziehen konnte. Einmal bemerkte er: „All jene, die Visionen und Ekstasen suchen, wissen gar nicht, wonach sie verlangen." Er selbst war unerbittlich streng, wenn jemand glaubte, Visionen zu haben und himmlische Stimmen zu hören. Es ist bekannt, welch strenge und harte Prüfung er Schwester Ursula Benincasa zumutete, die man zu ihm geschickt hatte, damit er die Echtheit ihrer mystischen Zustände prüfe. In der Chiesa Nuova geschah es einmal, dass er zur Kanzel hinaufstieg, um zu predigen, dann aber so heftig von seinem zitternden Herzklopfen und von Weinen übermannt wurde, dass er kein Wort herausbrachte und ganz geschlagen wieder herunter kam. Aber gerade solche Ereignisse enthüllten dem Volk, was Philipp verbergen wollte: das Feuer des Heiligen Geistes, das in diesem verweltlichten Rom auf den jungen Florentiner herabgefallen war und ihn zu seinem Werkzeug machte. Kardinal Federigo Borromeo bezeugte am Todestag Philipps: „Philipp sagte mir, dass er, als er noch Laie war, zum Heiligen Geist gebetet habe, sich zum Helfen angeboten und ihn um seine Gaben gebeten habe. Er habe einige Gebete zum Heiligen Geist gesprochen und dann diese Erschütterung gespürt. Als ich ihn fragte, ob er Schmerzen habe, sagte er nein" (L 499). Das ist richtig; er hatte keine körperlichen Schmerzen. Aber das Feuer, das über ihn gekommen war, hat ihn nie mehr losgelassen. Einmal, so wird berichtet, warf er sich zu Boden und bat: „Ich kann nicht so viel ertragen, mein Gott, ich kann so viel nicht aushalten. Sieh doch, ich geh' daran zugrunde." Danach habe sich die Stärke dieser Erschütterung vermindert. Und im Alter hörte man dann Philipp sagen: „Als ich jung war, hatte ich mehr Feuer als jetzt." Auch mit dieser Bemerkung führte er manche in die Irre. Er sprach von Feuer und Geist, um nicht zu sagen, dass der Heilige Geist sein Leben erschüttert hatte und nun sein ganzes Leben beherrschte. Aber Feuer und Liebe kann man nicht verbergen. Sie strahlen aus und stecken an. Paulus sagt: „Die Liebe Christi drängt uns."

Manchmal hörten auch die Gefährten Philipps, die ihm am nächsten waren, einige unvergessliche Bemerkungen: „Ich bin von der Liebe verwundet." Und obwohl er kurz vor seinem Tod seine Briefe und Gedichte verbrannte, entdeckte man einige Reste, die übrig geblieben waren, darunter ein Sonett, das sich zunächst wie ein sentimentales Liebesgedicht anhört, dann fast wie eine der vielen Parodien und Scherze Philipps erscheinen könnte, in Wirklichkeit aber die tiefste Erfahrung seines Lebens trifft: die Begegnung mit der Liebe Gottes. „Wie gern möchte ich von dir wissen, wie es denn gemacht ist – jenes Netz der Liebe, das so viele einfängt" (MR 50).

Das Apostolat beginnt

Um das Jahr 1534 war Philipp nach Rom gekommen, und im Jahre 1551 wurde er zum Priester geweiht. In dieser ganzen Zeit behielt er seine Wohnung bei Caccia in der römischen Altstadt. Mit einem gewissen Recht kann man sagen, dass er vor allem die ersten Jahre nach der Aufgabe seiner Studien als „Einsiedler" lebte. Immer wieder zog er sich zurück, ganz dem Gebet hingegeben. Höhepunkt dieser Zeit war die mystische Erfahrung der Gottesliebe.

Diese Erfahrung der Liebe Gottes drängte ihn bald immer mehr zu den Menschen. So sehen wir besonders in diesen Jahren, wie Philipp geradezu angezogen wird von den Nöten seiner Zeit und darauf die prompte und passende Antwort christlicher Liebe gibt. Er praktiziert selbst, was er später seinen Gefährten immer wieder einschärft: „Christus um Christi willen verlassen", vom Gebet zu den Werken der Nächstenliebe gehen.

Wohl war Philipp nicht allein mit seiner Sorge um Leib und Seele des Nächsten. Ja, auch das gehört zur Größe Philipps, dass er sich in die verschiedenen Gruppen der „Reformer" und „Spirituali" unauffällig einordnete und sich erst später zurückzog, um seinem besonderen Ruf zu folgen.

Das war der Segen der damaligen Stunde, dass die „Reform" sich überall zu regen begann. Durch den „Sacco di Roma" war der frivolen Renaissance-Herrschaft in Rom das Rückgrat gebrochen. Seit dieser Katastrophe waren bereits zehn Jahre vergangen. Noch acht Jahre sollte es dauern, bis das Reformkonzil von Trient einberufen wurde. Aber immerhin war 1537 das Jahr des „Consilium über die kirchliche Erneuerung". Wer genau hinsah, konnte feststellen, wie sich in verschiedenen Gruppen die Erneuerung schon zeigte. Mit verschiedenen dieser Gruppen hatte Philipp Verbindung; andere wiederum baute er selbst mit auf. Beides ist festzustellen: wie er von einigen beeinflusst wurde, andere wiederum selbst mitformte. Sehen wir uns die wichtigsten an.

Da ist zunächst Ignatius von Loyola mit seinen ersten Gefährten, den „armen Pilgerpriestern", wie sie sich selbst nannten. Sie predigten vor allem in Santa Maria di Monserrato. Eine Gedenktafel im nahen San Girolamo zeigt noch heute, wie gut Philipp und Ignatius einander kannten, und Germanico Fedeli bezeugt, dass Ignatius Philipp allzu gerne in seiner neuen Ordensgemeinschaft gesehen hätte. Es existiert sogar ein spätes Dokument darüber, dass Philipp selbst um Aufnahme bei den Jesuiten gebeten habe. Vor allem aber war Philipp mit Franz Xaver gut bekannt und hat ihn mehrfach nach Ostern 1538 getroffen. Der langjährige Beichtvater Philipps, Franco Masurppini, hatte zu den Jesuiten gehört, sie verlassen und war zu dem Kreis Philipps gestoßen.

Wichtiger als die Beziehung zum Kreis der Jesuiten war für Philipp seine Nähe zur „Compagnia del Divino Amore", die auch „Oratorium zur göttlichen Liebe" genannt wurde. Diese Bruderschaft war in Genua von Ettore Vernaccia gegen Ende des 15. Jahrhunderts gegründet worden. Sie war 1515 nach Rom gekommen und hatte ihr Zentrum in San Dorotea in Trastevere. 1527 war diese römische Gründung untergegangen, lebte aber geistig weiter im Hospital zum heiligen Jakobus. Auch hinter dieser Gründung stand eine mystische Erfahrung: Die heilige Katharina von Genua hatte sie inspiriert. Ihr Zweck war, „die Liebe in unsere Herzen zu säen und zu pflanzen und die Brüder zur wahren Demut anzuhalten". Die Bruderschaft sah ihre Aufgabe nicht einfach in der Selbstheiligung, sondern auch in einem tatkräftigen Apostolat der Nächstenliebe vor allem unter Waisen, Gefangenen, Armen und Kranken.

Besonders typisch aber ist das Neuartige, das gewiss auf Philipp ausgestrahlt hat: Die Mitgliedschaft war beschränkt auf 36 Laien und vier Priester. Es war also vor allem eine Bruderschaft von Laien. Dazu war Geheimhaltung der Mitglieder und des Programms vorgeschrieben, wohl in der Absicht, in allen Schichten wirken zu können. Verborgenheit und Demut waren ihnen wichtig in einer Zeit, da noch immer der Mensch der Renaissance sich stolz zur Schau stellte.

Die Bruderschaft hatte sich über ganz Italien verbreitet und lebte in kleinen Gemeinschaften, die autonom waren. Diese kleinen Gruppen lebten aus tiefer persönlicher Frömmigkeit, die vielfach der Form nach Volksfrömmigkeit und Laienspiritualität war. Sie war durchaus positiv ausgerichtet und bewies ihre Echtheit in einem sehr handfesten Apostolat gerade dort, wo es die größten Missstände gab. Es waren kleine Gemeinschaften, von denen keineswegs Kritik und Streit mit Andersdenkenden ausging; es waren vielmehr fromme Laien, die das Elend um sich herum nicht mit ansehen konnten, die anpackten, weil sie sich von Gottes Liebe gerufen wussten. Sagte nicht auch die große Zeitgenossin Philipps, die heilige Teresa von Avila, dass wahre Liebe immer auf tausenderlei Weise wirksam ist? Da die sozialen Nöte der damaligen Zeit besonders krass in den Krankenhäusern sichtbar waren, ist es verständlich, dass die römische Gruppe der „Divino Amore" am Hospital des heiligen Jakobus weiterlebte. Philipp war dort Mitglied, wie eine wiedergefundene Liste zeigt: „Philipp Neri vom heiligen Ludwig aus Florenz". (Diese Adresse zeigt , dass er damals noch bei Caccia wohnte.)

Das Hospital zum heiligen Jakobus war schon alt und wurde 1515 vom Papst als „Hospital für alle armen und unheilbar Kranken" bestätigt. Im Volksmund hieß es einfach „Zum heiligen Jakob von den Unheilbaren". Für viele war es die letzte Zuflucht. Viele Kranke, vor allem solche mit ansteckenden Krankheiten, wurden nirgendwo aufgenommen und lagen auf den Straßen. Der harte Winter 1538/39 war kaum vorüber, als Teuerung und Seuchen die Bewohner Roms heimsuchten.

Dieses Krankenhaus hatte in Philipps Leben eine große Bedeutung. Er selbst hat hier die Kranken gepflegt und später seine Gefährten dorthin geschickt. Dort begegnete er bedeutenden Gestalten der kirchlichen Erneuerung, wie Ignatius von Loyola und Kamillus de Lellis.

Wir können uns den Dienst in einem Hospital der damaligen Zeit gar nicht realistisch genug vorstellen. Da ging es nicht um einen freundlichen Krankenbesuch mit ein paar frommen und aufmunternden Worten. Die Zustände waren unbeschreiblich: Hygiene kannte man nicht, und viele der Krankenpfleger waren nicht nur Landstreicher, sondern oft genug Kriminelle, die sich bereichern wollten. Der Kranke, dem keine Familie half, war oft ein hilfloses Opfer. Krankendienst hieß damals vor allem: sich um Sauberkeit bemühen, den Krankensaal fegen, Geschirr säubern, die Kranken waschen, die Elendsten füttern und ihnen jene Zuwendung geben, die jeder braucht, der hilflos ist.

Von seinen ersten Tagen in Rom an hat Philipp diesen Dienst selbst getan, und bis in sein hohes Alter zog er mit seinen Brüdern in die Hospitäler. Oft genug packte er selbst zu, wenn man einen dieser ausgesetzten Kranken an einer Straßenecke liegen sah. So wird berichtet, wie er später einmal einen seiner jungen Gefährten, der aus einer vornehmen römischen Familie kam und elegant gekleidet war, kurzerhand aufforderte, einen dieser Kranken am Straßenrand auf die Schultern zu nehmen und ins Hospital zu tragen. Dort stellte sich dann heraus, dass der Kranke ein früherer Diener im Haus des jungen Herrn war.

Doch die Verhältnisse in den Krankenhäusern besserten sich noch zu Lebzeiten Philipps, nicht zuletzt auch, weil Kamillus, einer der vielen, die später bei Philipp zur Beichte gingen, einen Orden gründete, der sich ganz dem Dienst an den Kranken widmete. Auf einem alten Bild in San Girolamo sieht man noch heute, wie Kamillus seine Ordensregel zu Philipp bringt und ihn um Rat bittet. Kamillus hat sich sein Leben lang im Dienst an den Kranken verzehrt. Sein letztes Wort an die Brüder zeigt noch einmal das Motiv, das ihn bewegte: „Liebe, Liebe. Ich kann nichts anderes tun, ich weiß nichts anderes zu sagen." [1]

Um die Mitte des Jahrhunderts entstand eine weitere Gruppe, die einen großen Einfluss auf die Reform Roms hatte. Auch sie wuchs zusammen aus verschiedenen „Spirituali", das heißt Männern, denen das Geistliche am Herzen lag, oder besser gesagt: die sich vom Geist führen ließen. Diese Gruppe nannte sich „Bruderschaft der Heiligsten Dreifaltigkeit für die Pilger und Genesenden". Der Name zeigt schon, dass hier eine Antwort auf eine sehr reale und drängende Not gegeben wurde. Immer mehr Pilger kamen nach Rom, vor allem im Heiligen Jahr 1550. Viele von ihnen waren ganz mittellos, oft genug krank und ganz verlassen. Die Bruderschaft sorgte für sie. In den Jahren, in denen es weniger Pilger gab, kümmerte sich die Bruderschaft um die Kranken, die aus den Hospitälern entlassen wurden, oft kein Zuhause und keine Pflege hatten und bald wieder einen Rückschlag erlitten. Über die Rolle, die Philipp in dieser Bruderschaft spielte, geben die Akten der Heiligsprechung gute Auskunft. Das Wappen der Bruderschaft

1 Kamillus de Lellis hatte 1582 eine „Gesellschaft aus frommen und guten Männern" gegründet, „die nicht des Geldes wegen, sondern freiwillig und aus Liebe zu Gott den Kranken dienen. Sie sollen es mit jener Liebe und Güte tun, wie die Mutter sie zu ihren eigenen Kindern hat" (Vauti: S. Giacomo, Rom 1938). Die Kamillianer, die auch in den Kriegen als Sanitäter halfen, trugen auf ihrem Ordensgewand ein großes rotes Kreuz. Lange vor Henri Dunant hatten sie das rote Kreuz als Zeichen praktischer christlicher Nächstenliebe bekannt gemacht.

zeigt eine der bekannten Darstellungen der Dreifaltigkeit: den Vater auf dem Thron, den Sohn am Kreuz und zwischen beiden den Heiligen Geist in Gestalt der Taube. Zu Füßen der Dreifaltigkeit kniet Philipp im Priestergewand.

Aber auch diese sehr aktive und praktisch ausgerichtete Bruderschaft hatte eine geistliche Wurzel: eine tiefe Verehrung der heiligen Eucharistie und der Passion des Herrn. Waren es doch die Mitglieder dieser Bruderschaft, die in Rom die Andacht des Vierzigstündigen Gebetes einführten. Diese Andacht war in Mailand entstanden. An jedem ersten Sonntag im Monat kamen die Mitglieder trotz der ständig wachsenden Arbeit zum Gebet vor dem Heiligsten Sakrament zusammen. Philipp, der noch Laie war, hielt kleine geistliche Ansprachen und regelte die Ablösung der Beter mit einem kleinen Glöckchen. Die ihre Betstunde zu Ende hatten, ermahnte er: „Los, Brüder, die Betstunde ist zu Ende; aber die Zeit, Gutes zu tun, ist noch nicht zu Ende“ – eines der unvergesslichen typischen Worte Philipps. Dass er selbst fast die ganze Zeit in der Kirche blieb, wird auch berichtet.

In dieser für Philipp sehr wichtigen Zeit fand er schließlich noch zu einer anderen Gruppe, die sein weiteres Leben entscheidend prägte und die Verbindung zu allen anderen Gruppen in den Hintergrund treten ließ, die „Confraternità della Carità“. 1524 war sie als Erzbruderschaft kanonisch errichtet worden. Auch sie geht zurück auf die Bruderschaft der „Divino Amore“. Um den dringendsten Nöten der Zeit begegnen zu können, hatte sie den Bereich ihrer Aufgaben ausgeweitet: Sie sorgte für Arme, Kranke, Gefangene, Waisen, Witwen, besonders aber auch für verschämte Arme und Bestattungen. Ihr wurde die Kirche und das Haus zum heiligen Hieronymus an der Ecke der Piazza Farnese übertragen, und deshalb erhielt die Bruderschaft den Titel „San Girolamo della Carità“, den sie bis heute trägt.

San Girolamo della Carità ist der Ort, wo Philipp sein Zuhause finden sollte. So sehr hing er an diesem Haus, dass er es nie verlassen wollte, nur auf einen Wink des Papstes fortzog und so lange wie möglich den Schlüssel zu diesem Haus behielt.

Zwar wurde Philipp erst 1558 formell Mitglied dieser Bruderschaft, aber auch als Laie stand er ihr sehr nahe und hatte ihr bedeutende Mitglieder zugeführt (zum Beispiel Enrico Pietra aus Piacenza, der mit einem Mailänder eine „Gesellschaft für die christliche Lehre“ gründete, bei der auch Philipp mitwirkte). Man erkannte die Mitglieder der Bruderschaft an einer besonderen malerischen Tracht, wie sie damals auch die Mitglieder der Rota trugen und wie man sie noch auf alten Stichen sieht.

Zwei andere Personen waren besonders eng mit San Girolamo verbunden, die auch im Leben Philipps eine große Bedeutung hatten: Buonsignore Cacciaguerra und Persiano Rosa. Beide sollten wir uns genauer ansehen.

Buonsignore Cacciaguerra war eine merkwürdige und kontrastreiche Persönlichkeit. Er stammte aus Siena, war als Kaufmann nach Palermo gekommen und hatte sich ein großes Vermögen erworben. Sein Reichtum hatte ihn zum Genießer gemacht, bis ihn dann das Schicksal ereilte. Ein Gegner hatte ihn im Gesicht verletzt, und wegen dieser Entstellung sann er nur noch auf Rache. Aber Unglück und Betrügereien ließen seinen Reichtum dahinschmelzen und legten damit eine andere Seite seines Charakters frei.

Er zog als armer Pilger nach Santiago de Compostela, wurde ein paar Mal ins Gefängnis gesperrt und lernte schließlich in Rom Philipp kennen. Das war um 1538. Wohl angeregt durch Philipp, lernte er die Krankenpflege und arbeitete in den Hospitälern. Durch Philipp kam er auch zu Persiano Rosa, dem Beichtvater Philipps, und wurde von diesem zum Priestertum geführt. Nach seinem abenteuerlichen Leben war er nun in San Girolamo gelandet, bereits 50 Jahre alt und kränklich. Die Dokumente zeigen, dass Cacciaguerra von ungestümer Leidenschaft getrieben wurde – im Bösen, aber auch im Guten. In San Girolamo setzte er sich mit ganzem Eifer für die häufige Kommunion ein, ein Apostolat, das damals recht gewagt war, da man in der Regel die Kommunion nur an Ostern empfing oder vielleicht noch ein zweites Mal im Jahr. Sehr bald bildete sich um Cacciaguerra ein Kreis von Leuten, deren geistlicher Führer er war.

Über die Freundschaft zwischen Cacciaguerra und Philipp hat man oft geschrieben. Beide arbeiteten gemeinsam in den Hospitälern, und da beide eine tiefe Begabung zum Gebet und zur Mystik hatten, haben sie wohl voneinander gelernt. Aber beide waren auch grundverschieden: Cacciaguerra bizarr, ein heiliger Vagabund mit einem abstoßend hässlichen Geschwür im Gesicht, Philipp, der später im selben Haus wohnte, bei aller asketischen Lebensweise der sensible und penibel auf Sauberkeit bedachte Florentiner, zwar ärmlich gekleidet, aber ganz anders als der extravagante Landstreicher.

Viel näher stand Philipp die andere bedeutende Persönlichkeit, der er damals begegnete und die ihm zum Schicksal wurde: Persiano Rosa. Dieser war als einer der ersten in San Girolamo eingezogen, als die Franziskaner es 1536 verließen. Persiano Rosa war der Beichtvater Philipps und einer seiner engsten Freunde. Es waren Rosa und Philipp, die am 16. August 1548 gemeinsam die „Bruderschaft der Heiligsten Dreifaltigkeit für die Pilger und Genesenden“ gründeten. Mag sein, dass die große Wirkung, die auf die gewaltige Pilgerschar im Heiligen Jahr 1550 ausging, Philipp leichter davon überzeugte, dass er als Priester nützlicher sein könnte. So jedenfalls sagte es ihm immer wieder sein Beichtvater und geistlicher Führer Persiano Rosa. Ohne diesen drängenden Rat wäre Philipp wohl immer Laie geblieben wie andere bedeutende „Spirituali“ der damaligen Zeit, vom Geist geführte Männer der kirchlichen Reform. Die Aussagen im Heiligsprechungsprozess sind über diesen Punkt unüberhörbar deutlich: „Er wurde Priester mit Gewalt“, so die Aussagen der Mitbrüder in San

Girolamo: des Cacciaguerra, Pietra und Raspa (PB 98). Mehrfach hörte man Philipp selbst sagen, „er habe gewünscht, Gott als Laie zu dienen und weder Priester noch Beichtvater zu werden" (PB 98). Diese neue Entscheidung war jedoch kein Bruch in Philipps Leben. „Wenige Menschen", sagt Capecelatro mit Recht, „haben eine solche Geradlinigkeit, solche Treue zu sich selbst von Anfang bis in ihr hohes Alter wie Philipp."

Philipp wusste von seiner Begegnung mit den alten Mönchsvätern her, wie wichtig das Wort eines Beichtvaters, eines geistlichen Führers im Leben eines Menschen ist, der sich auf den Weg der Nachfolge Christi gemacht hat. Er selbst hat während seines ganzen Lebens auf die Bedeutung einer persönlichen Führung im geistlichen Leben hingewiesen. In seinem eigenen Leben hat Persiano Rosa diese entscheidende Rolle gespielt. Auf seine Weisung hin hat Philipp den Weg zum Priestertum eingeschlagen. Er war nach damaliger Auffassung schon „sehr alt", als er mit 37 Jahren in San Tommaso in Parione, das heute zur Pfarrei der Chiesa Nuova gehört, zum Priester geweiht wurde.

Persiano Rosa führte Philipp auch gleich in San Girolamo ein. Es wurde bald Philipps neues Zuhause, und zwar so sehr, dass erst ein deutliches Wort des Papstes es vermochte, Philipp nach 32 Jahren zum Umzug in die Chiesa Nuova zu bewegen. Erst nach Persiano Rosas Tod 1558 wurde Philipp Mitglied der „Bruderschaft der Carità". Beim Tod dieses vertrauten väterlichen Freundes war Philipp anwesend. Beide waren einander verwandt in ihrer Offenheit und Fröhlichkeit. Philipps aufmunternder Zuruf: „allegramente! allegramente!" („nur immer fröhlich!") stammt von Persiano Rosa.

Bevor wir einen Blick in das Haus und die Gemeinschaft von San Girolamo tun, versuchen wir, die Gestalt Philipps zu dieser Zeit in den Blick zu nehmen. Da hilft uns kein zeitgenössisches Bild, und die Schilderungen, die zum Prozess der Heiligsprechung zusammengetragen wurden, zeichnen vorwiegend den Philipp Neri der späten Jahre. Einige begrenzende Daten helfen uns etwas weiter: Um 1534 war Philipp nach Rom gekommen, 1551 wurde er zum Priester geweiht. Gegen 1537 hat er seine Studien aufgegeben und die nächsten Jahre in Einsamkeit und Gebet verbracht.

Nach Bacci begann Philipp allerdings schon um 1538 sein unnachahmliches Apostolat unter den Bürgern von Rom, vor allem seinen florentinischen Mitbürgern. „Er zog über die Plätze, ging in die Läden, Schulen und manchmal sogar in die Banken und sprach mit den verschiedensten Leuten auf eine gewinnende Weise von geistlichen Dingen. Besonders die jungen Leute in den Warenhäusern wusste er auf freundliche Art zu ermahnen: ‚Nun, liebe Freunde, wann wollen wir denn anfangen, gut zu sein?' "

Während er weiter unterwegs war zu den verschiedensten Kirchen und in das Gebet eintauchte, begann schon sein eigentliches Lebenswerk sichtbar zu werden. Und wenn man auch nicht von einer Methode sprechen kann, so wurden doch seine typische Art des Dialogs und sein gewinnender persönlicher Charme immer mehr sichtbar. Bacci nennt es „seine natürliche ‚dolcezza', seine wunderbare Anziehungskraft", mit der er die Leute für sich und für Gott einnahm. Es ist wohl richtiger, in dieser Zeit noch nicht nach den typischen bizarren Scherzen zu suchen, die in vielen Anekdoten vom Leben Philipps erzählt werden. Richtiger ist, dass er auf die natürlichste Weise Kontakt fand, hier ein Spielchen Piastrella mitspielte, dort sich in ein Gespräch verwickeln ließ, aber nie seine eigentliche Richtung aus den Augen verlor – die Menschen für Gott zu gewinnen.

Aus jener Zeit stammt auch die bezeichnende Geschichte, die sich bei einer Betstunde des Vierzigstündigen Gebets zugetragen hat. Es war bekannt geworden, dass Philipp dort kurze Ansprachen hielt, ein für einen Laien ungewöhnliches Benehmen. Nun wollte man seine Reden mit Spott aufs Korn nehmen, und eine ganze Gruppe von jungen Leuten zog zur Andacht, um Philipp hereinzulegen. Aber es kam ganz anders:

Philipp gewann sie mit seiner schlichten, aber direkten Art, so dass sie ihr Leben änderten. Persiano Rosa hatte Recht mit seinem Drängen, Philipp solle sich zum Priester weihen lassen.

In San Girolamo fand Philipp dann genau die Art des Zusammenlebens, die ihm als typischem Individualisten entsprach. Ordenspriester wurden nicht aufgenommen, „sondern nur Weltpriester", die verpflichtet waren, Messen zu feiern und bestimmte andere Pflichten zu erledigen. Es gab keine feste Regel, keine hierarchische Ordnung außer der der Präzedenz. Einen gemeinsamen Tisch gab es nicht, jeder musste für sich selbst sorgen und erhielt nur ein kleines Stipendium von der Bruderschaft. Philipp verzichtete auf sein Stipendium „mit dem Angebot, er wolle nach seinem Gutdünken zelebrieren". Philipp war mithin sesshaft geworden, aber in einer Gemeinschaft, die eine besondere Struktur hatte. Wer genau hinsieht, erkennt bereits einige Linien, die später im „Oratorium", der Gründung Philipps, wieder sichtbar werden. Die Fundamente des genialen Apostolats Philipps sind ebenfalls gelegt: sein unaufhörliches Gebet als Antwort auf die außerordentliche Erfahrung der Nähe Gottes in seinem Pfingsterlebnis und eine brennende tätige Liebe zum Nächsten, der in Not ist. In Philipp trifft sich beides: der Ruf zur Kontemplation und der Drang zum Apostolat. Was hätte es Wichtigeres für die Kirche in der Zeit der Reformation geben können?

Obwohl Philipp sesshaft geworden ist, obwohl er sich durch sein Priestertum binden lässt, bewahrt er sich auf merkwürdige Weise eine gewisse Unabhängigkeit; er hatte „ein beständiges Widerstreben, irgendeinem Orden anzugehören" (Capecelatro) und „eine atavistische Liebe zur Freiheit seiner Mittel" (Ci 3,13). „Er hat alles hinter sich gelassen, um sich ganz Gott zu geben, und zwar in den Formen, die ihm seine Persönlichkeit und die äußeren Umstände einzugeben scheinen" (Ci 3,12).

Unter Philipp ist San Girolamo die „Mutter des Geistes" geworden, wie es ein Oratorianer der Vallicella nannte. Der heilige Johannes Leonardi sagt, es sei „Quelle und Ursprung des Geistes in Italien und ein Seminar vieler Menschen, die wegen ihrer Heiligkeit und ihres Lebens bedeutend sind" (Ci 3,21). Dort entstand um Philipp eine Gemeinschaft, die ohne vorherigen Plan harmonisch zusammenleben konnte. Es gab keine ordensähnliche Bindung, und gerade ihre Freiheit machte es möglich, dass ihre persönliche Eingebung oder ihre gemeinsamen brüderlichen Planungen die verschiedensten selbständigen Apostolate entstehen ließen. Hier sieht man die Wiege des Oratoriums, und wen wundert es, dass für lange Zeit die Oratorianer „Priester von San Girolamo" oder „Girolamini" genannt wurden, wie übrigens heute noch in Neapel.

Die ersten Priesterjahre

Als Philipp Priester wurde, tagte das Konzil von Trient bereits seit sechs Jahren. Eine seiner Hauptaufgaben war die Reform des Klerus. Volksmissionare der Jesuiten hatten von ihren Erfahrungen in Italien schockierende Berichte mitgebracht. Es gab Priester, die sich ihr Amt mit einem Geschenk an den Bischof erkauft hatten, dann am Altar statt Latein ein unverständliches Kauderwelsch murmelten. Über die Moral der römischen Priester spottete man in ganz Europa. In Rom trug man kaum priesterliche Kleidung, sondern man wetteiferte mit elegant gekleideten Laien um die neueste und auffälligste Mode. Das Konzil ordnete an, dass in Rom alle Kandidaten, die Priester werden wollten, eine Prüfung ablegen mussten.

Für Philipp gab es keine Schwierigkeiten. Persiano Rosa überwachte seine Vorbereitung. In San Girolamo gab es eine kostenlose Unterkunft, zwar keine Bezahlung, aber viel Freiheit, genau das, was Philipp brauchte.

Nun feierte Philipp täglich die heilige Messe, und schon diese tägliche Zelebration war selbst in San Girolamo ungewöhnlich. Übrigens war es gerade die Möglichkeit, das Messopfer feiern zu können, und allein dieses Vorrecht, das Philipp zum Priestertum hinzog, ihm allerdings auch Furcht einflößte. In San Girolamo hatte Philipp für sich die letzte Messe erbeten, zelebrierte also gegen Mittag. Das hatte einen tieferen Grund als den Wunsch, den Morgen freizuhalten für die vielen Beichten, die bald sein Hauptapostolat werden sollten. Der eigentliche Grund war sein Wunsch, die Eucharistie ohne viele Leute, das heißt möglichst allein feiern zu können. Dann konnte er auch am Hauptaltar zelebrieren, wo niemand sein Gesicht sehen konnte. Dieses merkwürdige Verhalten weist auf etwas intim Persönliches hin, das Philipp immer verbergen wollte, das aber sein ganzes Leben bestimmte – seine tiefe Verehrung der Eucharistie, seine Liebe zum Herrn in der Brotsgestalt. Das hatte sich schon gezeigt im Vierzigstündigen Gebet vor dem Herrn in der Monstranz. Das zeigte sich in der Verbreitung der häufigen, ja täglichen Kommunion, für die sich Cacciaguerra und Philipp einsetzten. Wie viel ihm die Eucharistie bedeutete, dafür gibt es viele Zeugnisse im Heiligsprechungsprozess. Wer Philipp einmal bei der Feier der Messe erlebt hatte, der vergaß es nie. Seine nächsten Vertrauten sahen es als Fügung, dass der Fronleichnamstag der letzte Tag im Leben Philipps war. (Als Kardinal Bérulle, der Gründer des „französischen Oratoriums", Eucharistie und Priestertum zu Wesensstücken seiner Spiritualität machte, hat er etwas, was Philipp zutiefst eigen war, zur Grundlage seiner Gemeinschaft bestimmt.)

Für Philipp waren Eucharistie und Verehrung des eucharistischen Brotes Hinwendung zu Christus. Diese Hinwendung zu Christus scheint zur Zeit Philipps ein besonderer Zug der kirchlichen Erneuerung und Reform gewesen zu sein. Begegnung mit Christus und die Entscheidung für ihn standen auch im Mittelpunkt der „Exerzitien" des Ignatius von Loyola. Hingabe an Christus – das wurde gelehrt und gelebt von den neuen Orden, die in Norditalien entstanden waren und jetzt in Rom zu wirken begannen: den Theatinern, Somaskern und Barnabiten.

Philipp aber sollte auf eine persönliche Weise die Menschen wieder zu Christus führen. Er wurde der Apostel des Bußsakraments. Das fing ganz harmlos und alltäglich an. Als ob es das Selbstverständlichste wäre, schreibt Bacci, nachdem er über Philipps Priesterweihe berichtet hat: „Er übernimmt das Amt, Beichte zu hören." Jedenfalls ist diese Tätigkeit – Beichte zu hören, geistliche Führung zu geben – für Philipps Priestertum charakteristisch, und zwar buchstäblich bis zum letzten Tag seines Lebens.

Bacci schreibt, dass Philipp in der Frühe, sobald die Kirche geöffnet wurde, hinunterging in seinen Beichtstuhl. Ab und zu stand er auf, ging in die Kirche oder vor die Kirche ins Freie, betete seinen Rosenkranz, las in einem Buch und war sofort zur Stelle, wenn jemand ihn wünschte. Immer mehr Leute suchten ihn auf, und bald hatte er „am Morgen noch vor der Dämmerung eine Zahl von Beichten in seinem Zimmer gehört". Um keine Zeit zu verlieren, hatte er den Schlüssel in der Nähe der Tür hinterlegt, und wer zur frühen Stunde beichten wollte, wusste Bescheid und half sich. Seine Mitbrüder machten sich später zuweilen Sorge über die Unermüdlichkeit, mit der Philipp im Beichtstuhl aushielt. Aber mit ihren Einwänden war Philipp schnell fertig. „Beichthören ist für mich überhaupt keine Anstrengung", sagte er dann, „im Gegenteil, es ist für mich Erholung." Über seinen Sterbetag wird berichtet, dass „er am 25. Mai 1595, dem Fest Fronleichnam, nach den Beichten und der heiligen Messe am Morgen wiederum am Abend Beichte hörte, unter anderem die des Kardinals Cusano und vieler anderer. Nach dem Abendessen hörte er dann die Beichten der Patres, die am nächsten Tag die ersten Messen hatten" (L 144). In den ersten Stunden des neuen Tages ist er dann gestorben.

Um die Bedeutung dieses einzigartigen Apostolats zu verstehen, muss man sich erinnern, dass mit der Renaissance und dem Humanismus das Heidentum geradezu propagiert wurde und das Volk sich von der Kirche immer mehr abwandte. Die Lehren heidnischer Philosophen und vor allem das laxe Genießerleben waren bis in die höchsten Kreise der Kirche eingedrungen. So konnte etwa Cellini von Papst Paul III. sagen: „Er glaubte weder an Gott noch an sonst etwas." Es war also kein Wunder, dass die Kirchen immer leerer wurden und die meisten Gläubigen allenfalls an Ostern zu den Sakramenten gingen.

Das war die Situation, als Philipp begann, auf seine Weise seine Zeitgenossen wieder zu Christus zu führen. Er tat es nicht mit flammenden Bußreden, sondern mit der Beichte. Dort verwirklichte sich wieder die Frohbotschaft der Bekehrung nach dem Ruf Johannes' des Täufers: „Kehret um, denn das Reich Gottes ist nahe." Mit diesem Weckruf hatte Jesus die Zeit des Heils begonnen. – Und trotz aller frivolen Verweltlichung schien die Beichte als Umkehr des Einzelnen einem Zug der damaligen Zeit zu entsprechen. War doch der Mensch der Renaissance sich seiner Individualität bewusst geworden. Er entdeckte das eigene Ich, war an sich selbst interessiert. Auf ihre eigene Weise gaben Ignatius mit seinen Exerzitien und Philipp mit seinem Apostolat des Beichtstuhls Antwort auf das Suchen ihrer Mitmenschen.

Die Akten des Prozesses über die Heiligsprechung Philipps geben uns einen tiefen Einblick in die Wirkweise Philipps. Vieles ist anekdotenhaft und prägt sich schnell ein. Aber bei tieferem Hinsehen zeigt sich auch etwas von der Methode Philipps, die einem Staunen und Bewunderung abnötigt. Gewiss hat Philipp ein besonderes Charisma für dieses Apostolat gehabt. Aber auch seine lange Erfahrung hatte ihn zu einem gründlichen und tiefblickenden Menschenkenner gemacht. Daneben gibt es einen großen unerklärlichen Rest, zu dem seine geradezu hellseherischen Fähigkeiten gehören – Berichte, die durchaus ernst zu nehmen sind.

Was die Menschen damals zu Philipp hinzog und ihnen half, ihm auch ihre verschwiegensten und widerwärtigsten Sünden und Fehler anzuvertrauen, das war wohl seine unermüdliche, geduldige Güte. Damit waren andere Priester gar nicht einverstanden. Im Gegenteil: Die Rigoroseren kritisierten Philipp und waren wohl auch eifersüchtig, dass die Leute von ihnen fort und zu Philipp gingen. Statt Strenge brachte Philipp denen, die ihm ihre Sünden bekannten, Güte entgegen. „Barmherzigkeit mit denen, die versagt haben, ist das beste Mittel, nicht selbst zu fallen", sagte er und meinte, allein deshalb sei er selbst bewahrt worden.

Für Philipp war die Beichte vor allem Begegnung mit Christus, mit der Liebe Christi. Er wusste, dass diese Liebe und Barmherzigkeit des Herrn die Menschen verändert. Er hielt nicht viel davon, das Äußere, die Umstände zu verändern. Ihm kam es auf das Wesentliche an: das Herz. Darin war seine Ethik ganz biblisch. Während die Pharisäer den Menschen von außen, das heißt durch Gesetze, Vorschriften und Gewohnheiten zu lenken suchten, sah Jesus auf das Herz des Menschen, die Mitte der Person. Philipp handelte ähnlich. Einem Reichen, der anbot, allerlei Bußwerke zu tun, sagte Philipp: „Nein, mein Herr, gebt lieber Almosen!" Und als Kardinal Federigo Borromeo sein Tafelsilber abschaffen wollte, untersagte es Philipp. Dass man gut ist, auch in einer Umgebung von Reichtum und Kultur, das allein ist wichtig. Aus diesem Grund hörte man auch Philipp nie eine Strafpredigt gegen die oft wilden Auswüchse der Mode halten. Einer Dame, die Schuhe mit hohen Absätzen trug und die etwas unsicher Philipp um Rat fragte, sagte er einfach: „Sehen Sie nur zu, dass Sie nicht fallen."

Immer wieder wird berichtet, dass es Philipps Güte war, die die Menschen anzog. So wie in Jesus die Barmherzigkeit des Vaters sichtbar wurde, so leuchtete in Philipp das Erbarmen Jesu auf, der gekommen war als Arzt für die Kranken. Ponnelle-Bordet sagt: „Er konnte einfach nicht an sich halten ..., bis er sie dazu überredet hatte, zur Beichte zu gehen, den ersten Schritt zur Änderung ihres Lebens zu tun" (PB 114). Und in den Prozessakten findet sich die lebhafte Schilderung über den Fall eines Sünders, der Philipp widerstand: „Marcello sah, wie Philipp seine Augen starr auf den Sünder gerichtet hatte, der nicht nachgeben wollte, und wie der ganze Körper Philipps von Zittern geschüttelt wurde" (PB 115).

Die Güte und Liebenswürdigkeit Philipps hatte zugleich etwas Ausstrahlendes und Anziehendes. In den Prozessakten heißt es: „Er zog die Menschen an wie ein Magnet das Eisen" (PB 136), und Fabrizio Massimo, ein Adliger aus den ersten Familien Roms, berichtete ebenfalls im Prozess: „Er hat mich auf so wunderbare Weise – con tanto bel modo – angenommen, dass ich nicht mehr von ihm loskam. Ich muss sagen, dass es mir nie mehr in den Sinn kam, mich von ihm zu trennen seit dem ersten Mal, da ich ihn kennen lernte. Er war so voller Liebe, dass er alle an sich zog. Dabei hatte er eine so gute Art, wie man es sich gar nicht vorstellen kann. Alle zog er an: Große und Kleine, Männer und Frauen, Sünder und Leute, die heiligmäßig lebten, Prälaten, Fürsten, vornehme Herren, Handwerker und wirklich alle Art von Leuten. Dieser heilige Pater hatte eine besondere Gnade Gottes, mit der er die Herzen der Menschen an sich zog. Und obwohl er mit sich in allem äußerst streng war, hatte er für andere nur Liebe, tröstete sie und hatte Verständnis" (L 145).

Immer wieder staunt man, mit welcher Achtung Philipp die so verschiedenen Personen und Menschentypen respektierte. Er brauchte keine Verbote, er schimpfte nicht; und doch verstand er es, diese verschiedenen und oft oberflächlichen Menschen sensibel für das Religiöse und Heilige zu machen. Da kam einmal jemand zur Beichte, mit dessen Reue es nicht weit her war. Philipp sagte kein Wort des Vorwurfs, sagte nur entschuldigend, er möge doch ein Weilchen warten, da er, Philipp, noch etwas erledigen müsse. In der Zwischenzeit möge er sich das Kruzifix ansehen, das er ihm gab. Es wird berichtet, dass der Pönitent zuerst nur flüchtig hinsah, dass er aber ganz verändert war, als Philipp zurückkehrte. Fast schelmisch sagte er einmal zu einem jungen Mann, der eine mächtige und wohl gut gestärkte Halskrause trug: „Ich würde dich ja gerne öfter an mich drücken, aber ich habe Angst, mich zu verletzen."

Philipp war ein vorzüglicher Seelenkenner und besaß die seltene Gabe der Diskretion, womit man damals die Tugend des rechten Maßes meinte: So hielt er nicht viel von dem begeisterten Höhenflug nach einem Bekehrungserlebnis, sondern meinte trocken: „Man wird kein Heiliger in vier Tagen." Einem anderen, der gleich große Bußwerke verrichten wollte, sagte er: „Wenn Sie unbedingt etwas übertreiben wollen, dann übertreiben Sie darin, besonders sanft, geduldig, demütig und liebenswürdig zu sein, denn all das ist schon gut an sich."

Für die vielen, die, von Skrupeln und Depressionen geplagt, zu ihm kamen, hatte er besonders eigenartige Hilfsmittel. Einen seiner Mitbrüder, den wieder einmal die Schwermut gepackt hatte, forderte er kurzerhand auf, mit ihm ein Stück um die Wette zu laufen. Philipp sagte, dass Menschen mit einem fröhlichen Charakter sich leichter tun, gut zu sein. Er selbst strahlte Frohsinn und Güte aus, wie die Prozessakten oft bestätigen. Depressionen lösten sich oft von selbst in seiner Nähe auf.

Philipp, den man den zweiten Apostel Roms nennt, hat Rom verändert durch sein Apostolat der Beichte. Das ist erstaunlich, da es sich doch bei der Beichte um Einzelbegegnungen handelt. Während Ignatius mit seinen Exerzitien den Menschen durch einen intensiven Kurs religiöser Schulung und Erfahrung dazu brachte, sich ein für allemal für Christus zu entscheiden, ging Philipp ganz anders vor. Sein geistlicher Weg zielte nicht auf eine einmalige, endgültige Entscheidung , sondern auf ein allmähliches Fortschreiten, das sich im Alltag vollzieht. Daher auch seine ständige Aufforderung, sofort wiederzukommen, wenn man gefehlt habe, überhaupt immer wieder zu kommen und häufig zu beichten. Philipp empfahl sogar die tägliche Beichte, und in der alten Regel des Oratoriums war dreimal in der Woche die Beichte vorgesehen. So wichtig war für ihn die Beichte, dass er die häufige Beichte mehr betonte als die häufige Kommunion. Sagte er doch denen, die zur häufigen Kommunion drängten, dass es besser sei, „voller Durst zur Quelle“ zu eilen.

Da Philipp die häufige Beichte so sehr betonte, entstand von selbst eine sehr enge und sehr persönliche Bindung an ihn. Philipp war oft unruhig, wenn er einige seiner Pönitenten nicht täglich gesehen hatte. Maynard sagt zu Recht: „Die Beziehungen zwischen Philipp und seinen Schülern waren wohl die persönlichsten und intimsten, die man in der Kirchengeschichte wahrnehmen konnte“ (M 70). Es gibt zahlreiche Zeugnisse darüber, wie belebend und befruchtend sich dieser enge Kontakt mit Philipp auf das geistliche Leben seiner Schüler auswirkte.

Aus diesen Begegnungen in der Beichte erwuchs wie von selbst das eigentliche und originelle Werk Philipps – das Oratorium. Philipp wusste, dass viele Sünden ihre Ursache im Müßiggang und Wohlleben der damaligen Zeit hatten. Und da viele seiner Pönitenten nach ihrer Beichte sich wieder auf der Straße herumtrieben, kam ihm die Idee, vor allem die Schar der jungen Leute zusammenzuhalten und sie einfach zu beschäftigen. Wie von selbst entstanden so Versammlungen mit einer Art geistlicher Gespräche, im Grunde Fortsetzung und Zusammenfassung der Beichte. Wozu keine Zeit in der Einzelbeichte blieb, das besprach Philipp am Nachmittag in seinem Zimmer. Um die kleine Gruppe zusammenzuhalten, kam es dann auf eine natürliche, beinahe improvisierte Weise zu den Übungen, die für das Oratorium typisch wurden. Wenn es Abend wurde, zog man auch nach draußen, etwa zu einer der sieben Hauptkirchen oder zu den Dominikanern in der Minerva zur Vesper oder zu einem berühmten Prediger.

Wie man sich denken kann, hatte ein so neuartiges und intensives Wirken Philipps auch andere Folgen: Damals schon zeigten sich Schwierigkeiten – Neid, Verdächtigungen, ja regelrechte Verfolgung.

Erste Schwierigkeiten

Das Leben Philipp Neris ist vor allem geprägt worden von jener Erfahrung der Liebe Gottes, die wie ein Feuer über ihn gekommen war. Sie hat seinem Leben eine seltene Eindeutigkeit und Klarheit gegeben. Immer wieder hat sich Philipp vom Heiligen Geist, der ihn gezeichnet hatte, führen lassen.

Dennoch hat es auch im Leben Philipp Neris äußere Schwierigkeiten und innere Krisen gegeben – Zeiten des Suchens im Dunkel, Augenblicke der Prüfung und Bewährung und regelrechte Verleumdung und Verfolgung. Hören wir, was die ältesten Biografen über diesen Lebensabschnitt – seine Jahre als Laie und die ersten Priesterjahre – berichten.

Dass mehrfach Versuchungen gegen die Reinheit erwähnt werden, nimmt nicht wunder, wenn man den moralischen Tiefstand der Renaissancezeit in Rom bedenkt. So wird berichtet, dass ihm einmal zwei junge Männer nachstellten, die ihn verführen wollten. Philipp konnte nicht ausweichen, fing deshalb an, mit ihnen zu reden, und konnte sie von seiner Ansicht überzeugen. Was hier geschehen ist, wird sich in seinem ganzen Leben bewähren: die gewinnende Macht seines Wortes und die ruhige Selbstsicherheit mitten unter verweltlichten und verdorbenen Jugendlichen. – Ein andermal spielten ihm andere junge Leute einen üblen Streich. Sie lockten ihn in eine Falle, ließen ihn in ein Zimmer eintreten, brachten dann ein paar zweifelhafte Frauen hinein, verschlossen die Tür und beobachteten, was geschah. Gallonio fährt fort: „Der Herr half ihm, auch diese Versuchung zu überwinden, so dass er Sieger, die Frauen verwundert und der Teufel verwirrt war" (G 21).

Gefährlicher war dann eine andere Begegnung, die in die ersten Jahre seines Priestertums fiel. Philipp war schon als eifriger Beichtvater bekannt, und das sollte ihm zum Fallstrick werden. Eine junge Frau namens Cesarea, die in der Via Giulia in der Nähe von San Girolamo drei Häuser besaß, hatte sich gerühmt, ihrer Schönheit werde Philipp nicht widerstehen. Sie ließ ihn zu sich rufen, gab vor, auf den Tod krank zu sein, aber noch beichten zu wollen. Obwohl ihr Ruf eindeutig war, meinte Philipp, ihr helfen zu müssen. Als er dann hinkam und den Aufzug sah, in dem sie ihn empfing, merkte er die List, verlor kein Wort, sondern drehte sich um und stürzte Hals über Kopf die Treppe hinunter. Die vorher noch so sichere Frau war so wütend, dass sie den nächstbesten Schemel nahm und ihn Philipp nachschleuderte. Später sagte Philipp oft: „Im Krieg um die Reinheit erlangen nur die Feiglinge den Sieg, also nur jene, die davonlaufen." Philipp wusste, wovon er sprach. Gegen die damals häufigen Laster dieser Art wiederholte Philipp: „Die jungen Leute sollen sich vor den Sünden des Fleisches hüten, die alten vor dem Geiz" (MRF 450/6).

Eine andere Art Versuchung hatte Philipp in den letzten Jahren seines Lebens als Laie bedroht. Es muss eine tiefe Krise seiner Berufung gewesen sein. Berichte darüber finden sich in fast allen Lebensbeschreibungen, aber dennoch ist der Sachverhalt schwer zu fassen. Philipp lebte als Laie in der Welt, lebte aber ein strenges „unweltliches" Leben. Dennoch wollte er keinem Orden beitreten. Wo war nun sein eigentlicher Platz? Wo wollte Gott ihn haben? In dieser Krise wird von Erscheinungen berichtet, die Philipp gehabt hat und über die er auch selbst gesprochen hat. Nun ist bekannt, dass Philipp während seines ganzen Lebens ein geschärftes Misstrauen gegen jede Art außerordentlicher Phänomene wie Visionen und Ekstasen gehabt hat. Vor diesem Hintergrund hat es nun ein besonderes Gewicht, wenn Philipp selbst dem Kardinal Federigo Borromeo von der Erscheinung Johannes' des Täufers berichtet. Diese und eine andere Erscheinung begegneten Philipp in einer Zeit seiner angespannten Aktivität in den Bruderschaften, die gleichzeitig auch eine Zeit des inneren Suchens war. Von diesen Erscheinungen ging eine tiefe Wirkung auf Philipps Leben aus: Sein Leben fand wieder seine ruhige Klarheit.

Was war geschehen? „Früh am Morgen sei ihm ein Heiliger erschienen, eine Person ähnlich den üblichen Bildern von Johannes dem Täufer, und er wurde von einem starken Zittern und einem Ansturm des Geistes befallen, das Bild verschwand, und er verstand, was Gott von ihm wollte" (PB 123). Johannes der Täufer war der Schutzpatron von Florenz, und er war als Asket gekleidet. In einem inneren Licht verstand Philipp, dass auch sein Platz die strenge Einsamkeit und Armut der Wüste sein sollte. Aber seine Wüste sollte mitten in Rom sein.

Ähnlich war das zweite Gesicht, das ihm zwei weiß gekleidete „Seelen" aus dem Jenseits zeigte. Die eine hielt ihm ein Stück hartes Brot hin. Philipp begriff: Sein Leben sollte mitten im Trubel und Luxus Roms und der Renaissance von äußerster Armut sein – Fasten und Buße. Die andere sagte ihm, seine Wüste sei Rom, wo er ein abgesondertes Leben führen sollte. Später wurde es immer mehr offenbar: Philipp war zugleich der zugänglichste und am meisten abgesonderte Mensch. Es wird ja meist vergessen, dass Philipp hinter seiner Fröhlichkeit und seinen unübertrefflichen Späßen, ja bei aller Vertrautheit mit Künstlern, Kardinälen und Päpsten persönlich ein Leben in strenger Armut und Enthaltsamkeit geführt hat. Aber gerade diese Tatsache bestätigt die Echtheit dieser Erscheinungen. Wer aufmerksam vor allem das spätere Leben Philipps ansieht, der versteht, dass Philipp mitten in Rom immer wieder seine Wüste hatte: sein Zimmer, vor allem die Loggia auf dem Dach. Als ihn später einmal Kardinal Federigo Borromeo beim Lesen der Wüstenväter fand, sagte Philipp einfach: „Ich lese von Leuten, die lebten wie ich."

Es lohnt nicht, über das Wie dieser Erscheinungen zu rätseln: wie weit sie „wirklich" waren – wirkliche bildhafte Botschaften vom Himmel. Die neuere Biografie von Merriol Trevor gibt die moderne Deutung: „Sie kommen aus Philipps tiefster Seele, drücken auf äußere Weise die Gestalt seines Lebens aus, wie es sich unter der Führung des Heiligen Geistes formt" (T 64).

Etwas Ähnliches geschieht später im Leben Philipps, als er bereits Priester ist und seine Seelsorge überall Früchte zeigt. Wiederum geht es um den Weg Philipps, aber diesmal vor allem um die Frage nach dem besseren Weg, dem größeren Opfer. Auch diese Unsicherheit und Krise hatte sich fast wie zufällig entwickelt. In den kleinen Versammlungen in Philipps Zimmer las man die Briefe der Jesuitenmissionare, die in den Fernen Osten gezogen waren, vor allem die Briefe des Franz Xaver. Sie hatten eine ungeahnte Wirkung, weckten in den Hörern die unruhige Begeisterung, auch nach Indien in die Mission zu gehen. Wie ernst diese Begeisterung zu nehmen war, zeigte die große Zahl von zwanzig jungen Leuten, die sich bereit erklärten, mit Philipp nach Indien zu gehen, auch wenn es der Weg zum Martyrium sein sollte.

Philipp rang um Klarheit über den Willen Gottes, betete um Einsicht. Er ging zu den Benediktinern nach St. Paul vor den Mauern und bat einen der Patres um Rat. Dieser schickte ihn zu Vincenzo Ghettini, dem Prior der Zisterzienser von Tre Fontane, von dem man sagte, ihm sei Johannes der Täufer erschienen. Der Mönch bat Philipp, nach einigen Tagen wiederzukommen. Als Philipp zurückkehrte, erhielt er die Antwort, Johannes der Täufer sei dem Mönch erschienen und habe die Weisung gegeben: „Dein Indien ist Rom." Damit war Philipps Weg klar. Wie Sokrates in Athen, so blieb Philipp bis zu seinem Lebensende in Rom. Vielleicht geht auf diese Erfahrung ein Wort Philipps zurück, das neben einer tiefen Menschenkenntnis eine wichtige Wahrheit des geistlichen Lebens enthält: „Wenn es darum geht, von einem schlechten Stand in einen guten zu wechseln, dann braucht man keinen Rat. Aber wenn man von einem guten Stand zu einem besseren überwechseln will, dann sind Zeit, Rat und Gebet sehr notwendig, bevor man sich entscheidet."

So außerordentlich die Art und Weise war, wie Philipps Schwierigkeiten gelöst wurden, so darf man nicht übersehen, wie sehr er auch mit den sehr diesseitigen Schwierigkeiten wie Missgunst, Verleumdung, ja sogar überlegter Bosheit zu tun hatte. Auch diese sehr handfesten „widerlichen Quälereien" haben ihn keineswegs verschont. Dass sich eine der widerwärtigsten ausgerechnet in der Kirche von San Girolamo abspielte, war für Philipp besonders schmerzlich.

Damals hatten zwei Kleriker, die ihrem Orden entlaufen waren, die Verwaltung der Sakristei in San Girolamo. Sie nutzten ihr Amt, um Philipp so zu ärgern, dass er schließlich aufgeben und ausziehen wollte. Für ihn legten sie die schlechtesten und schmutzigsten Messgewänder aus, schickten Philipp von einem Altar zum anderen, schlugen ihm die Türen zu, versteckten die Schlüssel, sogar den Kelch, schrien ihn an. Wenn man sich erinnert, was für Philipp die Messe bedeutete und wie sehr er auf Sauberkeit bedacht war, versteht man, wie quälend und schmerzlich diese Behandlung gerade für ihn war.

Er hatte niemand, an den er sich wenden konnte. Ja, einer der verantwortlichen Laien der Kommunität von San Girolamo, Vincenzo Teccosi, hatte als Verwalter das Ganze angezettelt. Der Einzige, an den sich Philipp wandte, war der Herr am Kreuz, vor dem Philipp zelebrierte. Es wird berichtet, dass Philipp ihn bat: „Guter Jesus, warum hörst du mich nicht? So lange und so sehr habe ich dich um Geduld gebeten. Warum hörst du mich nicht?" Dann meinte Philipp die Antwort zu hören: „Du bittest mich um Geduld? Gewiss will ich dir Geduld geben, aber genau das ist der Weg, auf dem du sie erlangen sollst." Philipp lernte Geduld, und am Ende brach die

Bosheit seiner Gegner zusammen. Sie baten Philipp um Vergebung und kehrten in ihr Kloster zurück. Teccosi leistete in aller Öffentlichkeit Abbitte und wurde nachher ein so treuer Anhänger Philipps, dass es hieß, er sei wie ein Hündchen ständig bei seinem Herrn.

Diese dunklen Schatten – Schwierigkeiten, Verleumdung und Bosheit – gehören auch zu dem strahlenden Bild von Philipps Persönlichkeit. Wohl die gefährlichste Prüfung im Leben Philipps war dann die Denunzierung beim Gerichtshof der Inquisition, über die später zu berichten ist.

Das Oratorium entsteht

In San Girolamo, wo Philipp sein Apostolat der Beichte und Seelenführung begonnen hatte, wo er dann in den ersten Jahren seines Priestertums auf so bittere Weise Geduld gelernt hatte – dort in San Girolamo begann das einzigartige Werk Philipps: das Oratorium. Und schon das ist typisch für Philipp: Es gelingt nicht, das Datum der Entstehung genau festzulegen; noch immer geben die Geschichtsschreiber verschiedene Jahreszahlen an.

Es gehört zur Eigenart Philipps: Das meiste in seinem Leben geschah nicht dramatisch und demonstrativ. Fast alles wuchs sozusagen unscheinbar und wie selbstverständlich. Auf einmal war es da, und man hat es schwer, die Entwicklung nachzuzeichnen und die verschiedenen Stufen zu erkennen. Zu sagen, dass Philipp kein Organisator, aber ein genialer Improvisator war, ist gewiss richtig. Aber das Geheimnis seines Handelns liegt wohl tiefer. Philipp tat meist das gerade Notwendige, gab eine Antwort auf die drängendsten Fragen. Im Grunde war er auf eine Eingebung Gottes eingegangen, hatte Gottes Willen getan. Das Geheimnis seines Wirkens scheint aufzuleuchten in einem seiner schönsten kurzen Gebete: „Herr, wie du weißt und wie du willst, so tu mit mir." Philipp hat sich ganz gefügig vom Heiligen Geist führen lassen. Er selbst hat es so empfunden und hat sich diese Gewissheit nie nehmen lassen. Sie erklärt zugleich seine manchmal erstaunlich sicheren Entscheidungen, aber auch sein zuweilen unverständliches Zögern, wenn er auf die Klarheit des inneren Lichtes wartete. Auch das Oratorium ist auf diese Weise entstanden. Philipp hat mehrfach gesagt, nicht er habe das Oratorium gegründet, sondern „der gütigste Gott und beste Führer und Vollender habe es gestiftet", ein Wort, das in die ersten Konstitutionen aufgenommen wurde und noch immer weitergegeben wird.

Sehen wir uns zunächst etwas näher den Ort an, wo das Oratorium entstanden ist. Mitten in der Altstadt von Rom, in der Nähe des Campo dei Fiori und an der Ecke der Piazza Farnese liegt die kleine Kirche San Girolamo mit ihrem Konvent. Nach einer alten Tradition war hier ursprünglich das Haus der heiligen Paula, die der heilige Hieronymus (Girolamo) bekehrt hatte. Dort wohnte auch Hieronymus selbst. In seiner Nähe, der heutigen Cancelleria, wohnte Papst Damasus und baute das päpstliche Archiv auf. Die Kirche von San Girolamo war ursprünglich dreischiffig. Die Franziskaner, die vor der Erzbruderschaft der Carità dort wohnten, hatten sogar ein Hospital dort untergebracht. Bereits 1519 hatte Kardinal Julius de Medici, der spätere Papst Clemens VII., San Girolamo der neu gegründeten Erzbruderschaft übertragen. Aber die Bruderschaft konnte erst 1536 nach dem Abzug der Franziskaner dort einziehen. Im Jahre 1607 wurde die Kirche stark verändert: Der Eingang wurde verlegt, die drei Schiffe wurden zu einem Kirchenschiff zusammengefasst. Dennoch sind noch einige wertvolle Erinnerungen an Philipp verblieben.

Dort in San Girolamo hatte Philipp sein Apostolat begonnen. Von Beginn an strahlte eine merkwürdige Anziehungskraft von ihm aus. Wer zu ihm gefunden hatte, kehrte zurück. Vor allem junge Leute fühlten sich zu ihm hingezogen. Umgekehrt ließ Philipps Sorge seine Pönitenten nicht los. Er drängte, dass sie wiederkommen und nicht warten sollten, wenn sie versagt hatten. Da er den Müßiggang und die Verlockungen auf den großen Plätzen und Straßen Roms kannte, schlug er den jungen Männern vor, man solle sich nachmittags in seinem Zimmer in San Girolamo treffen. Bald fand sich dort eine Gruppe von acht bis zehn Leuten regelmäßig ein, und bald wurde es so eng in dem Zimmer, dass sich Philipp auf sein Bett zurückzog und von dort die informelle Versammlung leitete.

Genauer müsste man sagen: Philipp brachte den Dialog in Gang. Denn das war die Gewohnheit: Nicht einer redete, sondern alle nahmen am Gespräch teil, hörten zu, brachten ihre Meinung vor. Das Ganze nannte man „Ragionamento", meist über ein erbauliches Thema. So „sprach Philipp vom Reich Gottes, und zwar voll Herz und mit großer Liebe, aber auch auf so einfache Weise und so gewinnend, dass man ganz mitgerissen wurde", schreibt Capecelatro (C 227). Beides ist wichtig: „in Einfachheit" und „mit Herz". Gallonio sagt in der ältesten Biografie, Philipp habe besonders gern über die „Loslösung von der Welt, von der Schönheit der Tugend und dem Lohn für das Gute" gesprochen (G 47). Noch deutlicher sagt Gallonio: „Mit dem Wort Gottes setzte Philipp auf wunderbare Weise die Liebe zu Christus in Brand und bemühte sich dabei vor allem, in ihnen das Verlangen nach dem Gebet, nach dem häufigen Empfang der Sakramente und den Werken der Nächstenliebe zu entzünden" (G 64). Es sind also unter anderen die gewöhnlichen Themen der Askese gewesen. Aber die Art, wie Philipp sprach, blieb unvergesslich. Kein Wunder, dass das Bild vom Feuer, von In-Brand-Setzen, von Wärme und Ausstrahlung immer wiederkehrt. Dass es hier um das Weitergeben einer Erfahrung, einer Begegnung mit Gott ging, war den Anwesenden klar. Zeitgenossen berichten, dass oft das Herz Philipps wie mit Hammerschlägen zu klopfen begann und alles im Zimmer buchstäblich erschüttert wurde.

Obwohl diese Zusammenkünfte vor allem am Anfang in keiner Weise von Regeln eingeengt waren, gab es doch Schwerpunkte. Mittelpunkt war immer „das Buch", und man nannte das Gespräch „Ragionamento sopra il Libro". „Buch" –

das war vor allem die Heilige Schrift und besonders das Johannesevangelium. Aber auch andere Bücher, die den Stoff für das Gespräch gaben und das Gemüt anregten, vor allem Bücher der Mystiker wie Gerson, die Viktoriner, Cassian, spielten eine große Rolle. Für die Gespräche eigneten sich auch vorzüglich zwei Bücher, die Philipp seit seiner Jugend besonders lieb waren: das Leben des seligen Colombini und die Laudi von Jacopone da Todi.

Die Art und Weise, wie nun „über das Buch" gesprochen wurde, ist bezeichnend und unerhört neu. Jeder sprach so, wie er sich innerlich gedrängt fühlte, also improvisiert oder besser gesagt: wie es ihm der Heilige Geist eingab. Philipp hatte die Zuversicht, dass in diesen Versammlungen der Heilige Geist der eigentliche Beweger und Leiter sei. Das Buch „wurde so Instrument des Heiligen Geistes, wie Philipp ganz offen sagte, und diese Art des Sprechens blieb ihm immer Herzenssache" (PB 203). Wie teuer ihm diese Methode des Oratoriums in seiner Anfangszeit war, zeigt ein Brief aus dem Jahre 1588, in dem er sich sehr bewegt der Anfänge erinnert.

Man hatte Philipp berichtet, dass Tarugi im neuen Oratorium in Neapel „auf familiäre Weise über das Buch" gesprochen habe. „Und es schien mir, ich sehe noch einmal das Oratorium in jener Einfachheit und Reinheit, die es einmal in San Girolamo hatte." Darauf antwortet Gigli im Auftrag Philipps, wie froh dieser gewesen sei, als er hörte, man habe über das Buch gesprochen, und zwar „nach der alten Gewohnheit des Oratoriums, als man es noch tat ‚im Geist, in der Wahrheit und in der Einfachheit des Herzens', als man noch Raum für den Heiligen Geist ließ, damit er seine Kraft in den Mund des Sprechers lege. Also noch ohne tiefe Studien, jene Vorüberlegungen und Analysen der verschiedensten Autoren … Wenn man mir sagt, heute sei nicht mehr die Zeit für solche Einfachheit, heute müsse man auf elegantere Weise daherkommen, dann weiß ich keine Antwort … Vielleicht werden sie es mir beweisen … Nach meiner Meinung haben jene Tage der Einfachheit, wenn ich sie so nennen soll, nicht weniger Frucht gebracht als unsere jetzige Zeit. Ich meine, dass es damals mehr Feuer bei den Rednern gab und deshalb Bekehrungen … Was also brauchen wir? Feuer, Glauben und Eisen: Feuer, um das Herz des Redners in Brand zu setzen, Glauben, dass der, welcher damals den Geist verlieh, ihn auch heute wieder geben wird, und Eisen, um unseren Willen zu formen und uns den heiligen Gehorsam zu geben dem gegenüber, der uns Jahr für Jahr geführt hat. So lasst uns den Herrn bitten, dass er uns in den kommenden Jahren führen möge in der Einheit des Heiligen Geistes. Amen" (PB 203).

Man spürt, mit welcher Wehmut Philipp an die Zeit des Anfangs zurückdenkt. Damals, als die Zahl noch klein war, trug jeder bei, wie ihn der Geist drängte. Später musste notgedrungen eine festere Struktur organisiert werden. Aber der Leitsatz: „im Geist, in der Wahrheit und in der Einfachheit des Herzens" blieb für Philipp immer maßgebend. Das war ein bewusster Gegensatz zum Predigtstil der Zeit, da die Redner vor allem voller Stolz sich selbst präsentierten, alle möglichen Rede- und Denkfiguren zum Besten gaben und ihre Eitelkeit offen zeigten. Philipp hielt dagegen am einfachen, familiären Stil des Oratoriums fest, und diese neue Art der Predigt verbreitete ihren wohltuenden Einfluss weit über Rom hinaus. Es ist nachgewiesen, dass Franz von Sales und Vinzenz von Paul ihn übernommen haben.

Damals schon achtete Philipp darauf, dass im Oratorium auch über Konkretes, Erfahrungen, etwa Erfahrungen im Leben der Heiligen, in der Geschichte der Kirche gesprochen wurde. So war es ganz natürlich, dass man nach diesen Versammlungen manchmal zu einem der Hospitäler zog oder zu einer Kirche oder ins Freie, etwa zum Gianicolo.

Dieser erste Kreis war im Grunde eine geistliche Familie, Philipp ihr geistlicher Vater, der immer wieder mit ihnen betete. Wenn man vom Spaziergang zurückkam, war immer noch eine kleinere Gruppe übrig, die noch zum gemeinsamen inneren Gebet zusammenblieb. Darüber sagte Grazzini: „Der Vater betete, und wir konnten sehen, wie sehr es ihn mitnahm. Sein ganzer Körper war von einem erregten Schütteln befallen, und er schien zu zittern, wenn er mit Gott sprach. Obwohl das Gebet wohl eine Stunde gedauert haben mag, kam es uns sehr kurz vor, und wir hätten die ganze Nacht bleiben können, so groß war die innere Seligkeit, die wir fühlten. Er sagte zu uns: ‚Das ist die Milch, die der Herr denen gibt, die in seinen Dienst treten.' Das Licht hatte er so gedämpft, dass wir kaum sehen konnten" (PB 171).

Dieses Abendgebet fand ebenfalls täglich statt. Dreimal in der Woche wurde dabei wie in den meisten Bruderschaften die „Disziplin" (Geißelung) durchgeführt. Es dauerte nicht lange, bis Philipps Zimmer zu klein war. Man nahm einen Raum nebenan dazu, bis Philipp dann einen kleinen Speicher über einem Seitenschiff der Kirche herrichten ließ. Diesen größeren Raum, der wohl 1557 entstanden ist, fand Baronius 1558 bereits vor. Ihn nannte Philipp dann „Oratorium".[1]

Capecelatro schreibt darüber: „Philipp baute diesen Raum und gab ihm den bescheidenen Namen Oratorium. Dieser Name Oratorium, der wohl zurückgeht auf das sechste Jahrhundert, meint vor allem eine kleine Kirche ohne Taufkapelle, wie es sie in der Nähe der Katakomben gab. Dieser Name war aus vielen Gründen dem heiligen Philipp lieb. Hier wird er das erste Mal von ihm benutzt, bezeichnet aber später sein Institut. Und wie es sich zeigt, weist er auch gut auf seine Eigenart und sein Ziel hin. Es ist der Name einer alten Einrichtung, die Philipp aber verjüngt und wieder belebt. Und hier wird auch sichtbar, dass der Heilige beim Gedanken an die Reform der

1 Nach PB hat das „Oratorium", so erstmalig nach dem neuen Versammlungsort benannt, 1554, „spätestens im folgenden Jahr", begonnen. Als Beleg zitiert er Baronius. Wohl nennt PB auch verschiedene andere Daten, die von Zeitgenossen genannt wurden. Die Tatsache, dass noch heute die Gedenktafel das Jahr 1558 angibt, erklärt er mit der endgültigen Inbesitznahme des Raumes (172).

Kirche des 16. Jahrhunderts seinen Blick und sein Herz auf die Urzeiten der Christenheit richtet“ (C 284).

In dem größeren Raum nahmen die Versammlungen des Oratoriums notgedrungen eine festere Struktur an. Statt des freien Dialogs wurden Vorträge eingeführt. Es gibt darüber folgenden Bericht des Baronius: „Am Nachmittag versammelte man sich zunächst zu stillem Gebet, dann folgte eine fromme Lesung, die meist Philipp durch eingestreute Bemerkungen erläuterte. Zuweilen wurde auch einer der Anwesenden gebeten, seine Ansicht zu sagen. Dieses Gespräch wurde etwa eine Stunde lang fortgeführt. Es folgten dann drei halbstündige Vorträge, und die Versammlung schloss mit Gesang und einem kurzen Gebet. Am Abend wurde wie früher beim Läuten des Angelus eine halbe Stunde lang betrachtend gebetet. Eine weitere halbe Stunde diente abermals der Lektüre eines Buches und der Verrichtung verschiedener Gebete.“ (Auch hier ist klar die Unterscheidung zweier verschiedener Gruppen erkennbar.)

Wir wissen sehr genau, wer die ersten Besucher des Oratoriums waren: junge Toskaner, Goldschmiede, ein Strumpfwirker, der so genannte „Ferrarese“, der Erscheinungen der Mutter Gottes hatte, „die Engel singen hörte“ und selbst mit lauter Stimme Laudi im Dialekt sang. Dazu kamen immer häufiger Adlige, elegante Höflinge vom päpstlichen Hof oder vom Hof der Kardinäle. Der große Individualist Philipp hatte gewiss seine helle Freude an all diesen individuellen Typen und verschiedenen Begabungen. In dem größeren Raum tauchten bald neue Redner auf wie Tarugi und Modio, später Baronius, Bordini und Fucci. Philipp behielt zwar die Leitung, hielt sich aber im Hintergrund, blieb der große Anreger. Er selbst hielt keine größeren Vorträge, entdeckte aber die Talente und förderte sie. Das Erstaunliche blieb allerdings, dass alle – auch die Redner – Laien waren. Auch später gehören zum Oratorium immer Laien und Priester. Mit Bewunderung schreibt Capecelatro vor hundert Jahren darüber: „Philipp gelang es, den Laien sogar zum amtlichen Diener des Wortes zu machen" (C 286). Entdeckte Philipp einen Ordensberuf, so schickte er denjenigen weiter, meist zu den Dominikanern. Dass er selbst schon dabei war, die Fundamente für eine neue Kongregation zu gründen, fiel ihm nicht einen Moment ein.

Mit der wachsenden Zahl wuchs dem jungen Oratorium auch qualitativ etwas Neues zu: die Musik. Auch das entwickelte sich wie von selbst, denn zum Oratorium kamen Sänger und Musiker der päpstlichen Kapelle. Die großen Komponisten Animuccia und Palestrina gingen zu Philipp, um zu beichten, und Philipp stand Animuccia bei seinem Tod bei.

Als Animuccia zum Oratorium kam, brachte er immer einige Sänger und Musiker der päpstlichen Kapelle mit, und so konnten die Versammlungen des Oratoriums mit einer Motette oder anderen polyphonen Darbietungen abgeschlossen werden.[1] Ja, Animuccia komponierte drei Sammlungen von Laudi, die ausdrücklich für das Oratorium verfasst und komponiert waren. Nach seinen eigenen Worten hielt auch er sich an das oratorianische Ideal der Einfachheit: „Ich hielt mich, so gut ich konnte, von den Verwicklungen der Fugen und anderer Erfindungen fern, damit nichts die Bedeutung der Worte in Verwirrung bringe" (M 98). Höchste musikalische Schönheit bei perfekter Klarheit des Singtextes – das war auch das Ideal Palestrinas, dessen Hauptwerk allerdings seine Messen sind. Aber auch seine Madrigale und Motetten, vor allem die des Marienlobs, wurden besonders gern im Oratorium aufge-

1 Das musikalische Oratorium mit seinem lyrischen, epischen und dramatischen Teil wurde erst in der ersten Hälfte des 17. Jahrhunderts entwickelt. Das 16. Jahrhundert kannte es noch nicht. Statt der Gebete, Litaneien erschien die biblische Geschichte, begleitet von der Musik in Form des Rezitativs. Die Polyphonie (Motetten, Madrigale) rückten an die zweite Stelle (PB 265). Die für das musikalische Oratorium typische Verbindung von Musik und Epos, eine typisch italienische Schöpfung, geht aber historisch auf Anfänge im Oratorium Philipps zurück.

führt. Diese Musik höchster Qualität zog natürlich immer mehr die Welt der Kultur und der Künstler an. Musik spielte aber auch eine hervorragende Rolle bei den Versammlungen des Oratoriums im Freien und bei den Pilgerzügen zu den sieben Hauptkirchen.

Im Freien fanden die Versammlungen vor allem an Sonn- und Feiertagen statt. Nach der Vesper in San Girolamo, wenn die Hitze des Tages sich verzogen hatte, zog man hinter Philipp her, der seinen groben „Gubbio-Mantel" umgeworfen hatte und seinen Hut trug, und machte irgendwo innerhalb der Stadtmauer Halt: am Hang des Gianicolo, den Gärten der Theatiner oder im Schatten des Pantheons, den mit üppigem Grün überwucherten Thermen des Diokletian. Dort gab es dann ein „Gala-Oratorium", wie Ponnelle-Bordet es nennt: herrliche musikalische Darbietungen und irgendeine der typischen Überraschungen Philipps. So ließ er oft einen Jungen auftreten, der mit ernstem Gesicht eine hübsche Predigt in blumenreichem Stil vortrug. Und auf diesen Wegen und Versammlungen ereigneten sich manche von Philipps deftigen Späßen: Baronius wurde zum Weinkauf geschickt und dabei fast verprügelt, Tarugi musste den kleinen Hund des Kardinals von Santa Fiora tragen. Was Wunder, dass diese Ausflüge des Oratoriums bald stadtbekannt waren, und kein Wunder, dass die Feinde Philipps ihm gerade mit diesen Umzügen einen Strick drehen wollten.

Philipp hielt mit diesen Oratoriumsversammlungen im Freien an seinem Ziel fest: den Menschen Freude zu bringen in der Schönheit der Natur und unter herrlichen Melodien großer Musiker die wahre Freude , der Frieden hat mit Gott. Genau das war auch Philipps Absicht, als er die Pilgerzüge zu den sieben Hauptkirchen begann. Wir erinnern uns, wie sehr Philipp selbst diesen Weg liebte. Aber im Jahre 1553 begann er ganz bewusst, diesen Weg als Wallfahrt zusammen mit seinen Gefährten zu unternehmen. Auf dem päpstlichen Thron saß Julius III. (1550-1555), der selbst in dieser Zeit der Krise alles treiben ließ. Man hat ihn den letzten Renaissancepapst genannt, einen Liebhaber der Künste, aber auch einen Genießer. Unter ihm tobte sich der römische Karneval besonders schlimm aus. Schon von weitem hörte man den Lärm der Schweine- und Büffelrennen.

Philipp reagierte wieder auf seine eigene unnachahmliche Weise. Er hielt keine Strafpredigt, sondern scharte seine Gefährten um sich und zog mit ihnen zu den sieben Hauptkirchen. Überall spürte man den nahen Frühling, und in den alten Kirchen war die Zeit der ersten Christen näher, das Beten leichter. Man sang unterwegs die Laudi mit ihrem eindringlichen Refrain:

„Vanità di vanità – Ogni cosa è vanità
Tutto il mondo e ciò che ha – Ogni cosa è vanità.

Eitelkeit der Eitelkeit – Alles ist Eitelkeit
Die ganze Welt und was sie hat – alles Eitelkeit."

Es war eine Wallfahrt voller Sammlung, aber auch voller Heiterkeit. Wie so oft bei Philipp waren Religion, Kultur und Natur zu einer heiteren Harmonie gekommen.

Am Anfang, so wird berichtet, waren es dreißig Leute, aber bald eine Schar von Hunderten, ja Tausenden, so dass man ein paar Esel mit Proviant mitführen musste. Mittags gab es eine Pause in einem der großen Gärten; bei einem bescheidenen Mahl hörte man den Musikern oder einem der kleinen Kinderprediger zu. Das wiederholte sich alle Jahre, und bald war die Wallfahrt zu den sieben Hauptkirchen eine der bekanntesten und beliebtesten Übungen des Oratoriums. Es wurde ein Brauch, den das römische Oratorium auch heute noch in Ehren hält. Am Vorabend begann man in St. Peter, fand sich dann am anderen Morgen früh in St. Paul vor den Mauern ein und beendete müde den Tag in Santa Maria Maggiore. Aber obwohl auch diese „Erfindung" Philipps hinter aller gemessenen

Fröhlichkeit eigentlich einen geistlichen Grund hatte, nämlich vor allem seine jungen Pönitenten vor Sünde und Rückfall zu bewahren, sollte auch diese Wallfahrt Anlass zu seiner Verleumdung werden. Aber bevor wir darüber berichten, sehen wir uns einige seiner bedeutendsten Gefährten an.

Philipps erste Gefährten

In überraschend kurzer Zeit war das Oratorium in Rom geradezu „in Mode“ gekommen. Der Grund dafür war Philipp selbst, der die Menschen „wie ein Magnet“ anzog. Wer waren diese Menschen?

Die Urkunden geben viele Namen, weshalb wir uns auf einige bedeutende Namen der ersten Gefährten Philipps beschränken, die in die Geschichte eingegangen sind. Das Oratorium hat aber nicht nur eine Elite aus der damaligen Gesellschaft gefiltert. Nein, zum Oratorium gehörten immer auch die kleinen Leute, manche von ihnen Analphabeten oder stadtbekannte Originale. Da waren Handwerker, die in der Nähe wohnten, und „einer, der Kühe besaß“. Da gab es den Schuster Stefano, der früher wegen seiner Wildheit gefürchtet war, den Philipp gezähmt hatte und der ein großer Beter geworden war. Da gab es den Sizilianer Tomaso, dem endlich ein Herzenswunsch in Erfüllung gegangen war, als er als Kehrer in St. Peter angenommen wurde. Seitdem verließ er diese heilige Stätte nie – auch nachts nicht –, es sei denn, er ging zu Philipp beichten.

Zu diesen einfachen Leuten kamen auch berühmte Personen, die in ganz Rom bekannt waren – nicht immer wegen ihrer Frömmigkeit. Unter ihnen waren Adlige, Gelehrte, Künstler, die entweder direkt oder durch Freunde zu Philipp hingefunden hatten und nun nicht mehr von ihm loskamen. Sehen wir uns einige der bedeutendsten an.

Der Arzt und Schriftsteller Modio hatte vor kurzem noch ein recht zweideutiges Buch im Stil der Renaissancezeit geschrieben und war dann von Philipp bekehrt worden. Später gab er die berühmten Laudi des Jacopone da Todi heraus – eines der wichtigsten Bücher im Oratorium. Nun konnte man Modio regelmäßig im Oratorium als einen der beliebtesten Redner hören.

In Rom sprachen alle von der Bekehrung des Fürsten Salviati. War er doch ein Vetter der Katharina von Medici und mit den Familien Massimo und Colonna nahe verwandt; sein Bruder war Kardinal. Wenn er durch Rom zog, fiel er sofort ins Auge wegen seines großen Gefolges an Höflingen und Dienern und durch die Eleganz seiner Kleidung. Kaum war er durch Philipp bekehrt worden, drohte er ins andere Extrem zu fallen und wollte nur noch in schäbiger und ärmlicher Kleidung gehen. Aber Philipp war da anderer Meinung: Auch am Hof und mitten in Reichtum und Kultur könne man als guter Christ leben. Viel wichtiger seien die Beharrlichkeit im Gebet und der Empfang der Sakramente und der Dienst am Nächsten. Salviati nahm das so ernst, dass es im Hospital einmal zu einem merkwürdigen Wortwechsel kam, als er einem Kranken das Bett machen wollte und dieser, ein früherer Diener Salviatis, meinte, sein Herr wolle sich nun über ihn lustig machen.

In diesen Jahren fand einer der größten geistlichen Söhne Philipps den Weg zu ihm – Tarugi. Dieser Francesco Maria Tarugi stammte aus einer der reichsten Adelsfamilien, er war der Neffe von zwei Päpsten. Alle schätzten seine hohe Intelligenz, aber noch mehr seine gewinnende Liebenswürdigkeit und angenehmen Umgangsformen Man kann sagen, dass Philipp sein ganzes Leben für Tarugi eine Schwäche gehabt hat. Kein Wunder, da seine Gestalt überall die Blicke auf sich zog und sein gewinnendes Wesen ihm immer neue Freunde erwarb. So war es selbstverständlich, dass ihm eine glänzende

Karriere offen stand. Er selbst dachte an eine militärische Laufbahn. Damals wohnte er noch bei Kardinal Ranuccio Farnese in der Nähe von San Girolamo, und das sollte ihm zum seligen Verhängnis werden.

Ein Freund hatte ihm von Philipp erzählt, und er wollte ihn kennen lernen. Danach aber kam er nicht mehr los, ging immer wieder hin und wollte bei ihm beichten, da Papst Paul IV. ein Jubiläumsjahr verkündet hatte. Obwohl Tarugi die große vornehme Welt liebte und von Ruhm und Ehre für sich träumte, war er kein lasterhafter Mensch. Er fühlte sich zu dem so einfachen und guten Priester Philipp hingezogen, aber da gab es noch eine Schwierigkeit. Philipp, der oft in den Herzen lesen konnte, bedeutete ihm: „Mach dir keine Sorgen, die Schwierigkeiten hören auf, noch bevor ein Monat vergangen ist." So kam es auch: Eine Bindung, von der Tarugi nicht loskommen konnte, war durch den Tod beendet worden.

Seine Freunde hatten Tarugis Bekehrung für unmöglich gehalten, da er doch „assai, assai, assai mondano" („über alle Maßen weltlich") war, wie der junge Arzt Saraceni sagte. Aber als Philipp ihn einlud, mit ihm zu beten, war es um Tarugi geschehen. Beim Prozess sagte er: „Ich begann während der letzten Jahre der Regierung Julius' III. bei diesem heiligen Vater (Philipp) zur Beichte zu gehen, und von der Stunde an brannte in meinem Herzen ständig eine lebendige Flamme. Die Sünde vermochte sie nicht zu ersticken. Sie hörte nicht auf, mich anzufeuern, bis ich mich schließlich ganz in seine Hände gegeben hatte. Dies geschah im ersten und zweiten Jahr der Regierung Pauls IV." (P. P. III 377).

Erst fünfzehn Jahre später wurde Tarugi Priester, und bis zu seinem Lebensende nannte er sich Philipps Novize, obwohl er nur zehn Jahre jünger war als Philipp. Bald war er einer der beliebtesten Redner im Oratorium. Baronius nannte ihn „Dux verbi" („Führer des Wortes"), weil er ein Meister des Wortes und ein glänzender Redner war. Dennoch sorgte Philipp auch bei Tarugi dafür, dass Eitelkeit und Stolz nicht mit ihm durchgingen. Nachdem der kleine Hund des Kardinals Sforza di Santa Fiora zu Philipp entlaufen und nicht mehr von ihm zu trennen war, ließ Philipp bei den Gängen durch die Stadt den kleinen weißen Hund „Capriccio“ meist von einem seiner Gefährten tragen. Als nun Capriccio alt und dick geworden war, musste vor allem Tarugi ihn tragen. Nach dem Tod des Hundes schrieb Tarugi ein Sonett, so froh war er über seine Befreiung.

Sein ganzes Leben blieb Tarugi in besonders enger Verbundenheit mit Philipp. Bald ging er nach Neapel und gründete das dortige Oratorium. Später schickte ihn der Papst als Legaten nach Frankreich, Spanien und Portugal, und er wurde Erzbischof von Avignon. Von dort kehrte er nach Italien zurück als Erzbischof von Siena. Er wurde Kardinal und kam schließlich, frei von allen Ämtern, wieder in die Chiesa Nuova, wo er dann auch starb.

Tarugi unterschrieb einmal einen Brief an Philipp mit der Wendung: „Ihr sehr ungehorsamer Sohn“. Das ist eine Formulierung, die einen Blick auf seinen Charakter freilegt: hochbegabt, aber auch eigenwillig, äußerst geschickt im Umgang mit gefühlvollen Worten und einschmeichelnden Argumenten, aufrichtig in seiner Bindung und Treue und dennoch auch nicht immer ganz offen und gerade.

Wie ganz anders war da Cesare Baronius, den man auch zu den engen Gefährten Philipps und Säulen des Oratoriums zählen muss und der eine bleibende Berühmtheit erlangte. Von Tarugi und Baronius sagt Capecelatro treffend, dass Philipp „beide – Tarugi und Baronius – als seine Arme für sein ganzes Leben behalten wollte“ (C 349).

Baronius war 1538 in Sora in den Abruzzen geboren. Er war das einzige Kind, sehr begabt und eine großherzige Natur. In Neapel hatte er Jura studiert und war wegen der Kriegsunruhen nach Rom gezogen. Es wurde ihm zum Schicksal, wie er sagt: „Obwohl Rom für einige gefährlich war, wurde es mir zum Schatz und zur Seligkeit. Es empfing mich als zügellosen und umherstreifenden jungen Mann und machte mich unter dem Joch Christi zum Jünger." Die erste Begegnung mit Philipp hat geradezu biblische Züge. Ein gewisser Marco, ebenfalls aus Sora und Freund der Familie, hatte Cesare zu Philipp gebracht. Capecelatro schreibt: „Philipp nahm den jungen Mann mit so viel Freude, Liebe und Freundlichkeit auf, dass dieser vom ersten Tag an von Liebe eingefangen war. Von jenem Tag an ging sein erster Gedanke und seine erste Gemütsbewegung zu Philipp hin. Von da an ging er immer wieder zu ihm" (C 346). Großzügig und opferbereit, wie er von Natur aus war, wollte er seine Studien aufgeben, sich einem Orden zuwenden, um sich ganz Gott zur Verfügung zu stellen.

Philipp, der sein Talent erkannt hatte, führte ihn mit sicherer Autorität, und Baronius, „der Barbar", wie ihn Philipp nannte, war mehr als alle anderen wie ein Kind in seiner Hand. Er ließ ihn studieren, schickte ihn in die Hospitäler, und obwohl er erst 20 Jahre alt war und noch Laie, musste er im Oratorium sprechen. Dabei zeigte sich, dass Baronius sich zu düsteren Themen hingezogen fühlte und immer über Tod, das Jüngste Gericht und die Hölle sprach. Das änderte Philipp ein für allemal: Er befahl Baronius, über die Geschichte der Kirche zu sprechen und nichts anderes. Obwohl das Baronius gar nicht gefiel und er aufbegehren wollte, gehorchte er aus Liebe zu Philipp. So wurde er zu einem der größten Kirchenhistoriker.

Mit der Zeit hatte er siebenmal im Oratorium die Geschichte der Kirche vorgetragen. Immer mehr vertiefte er sich mit großer Gewissenhaftigkeit in das Studium der Dokumente. Und so entstanden schließlich seine berühmten „Annalen", gerade in einer Zeit, da der erstarkende Protestantismus in Deutschland in den so genannten „Magdeburger Centurien" versuchte, die Entwicklung und Geschichte der römischen Kirche als Fälschung darzustellen und die Reformation als die allein wahre Tradition.

Damit Baronius der wachsende Ruhm nicht in den Kopf stieg, schickte Philipp ihn regelmäßig zu den Kranken, und als an einem Sonntag Baronius bei Philipp beichten wollte, sagte Philipp ihm: „Geh sofort zum Hospital zum Heiligen Geist. Danach höre ich deine Beichte." Baronius meinte, im Moment sei da nichts zu tun. Philipp beharrte: „Geh sofort! Tu, was ich dir sage, und geh sofort!" Baronius fand unter den Kranken einen, dem man schon die Laterne mit der brennenden Kerze und das Kruzifix an das Kopfende gestellt hatte, das Zeichen, dass er bald sterben würde. Baronius verstand, dass Philipp ihn deshalb zur Eile gedrängt hatte. Als er später Philipp berichtete, meinte dieser: „Jetzt lerne, mir ohne Widerworte zu gehorchen, wenn ich dir etwas sage." Eine Lektion, an die Baronius später oft zurückdachte, die aber seine Liebe nur verstärkt hat. Der Treue und dem Gehorsam des Baronius hat Philipp freilich allerhand zugemutet. Hat er ihn doch einmal bei einer Hochzeit, zu der sie geladen waren, aufgefordert, das „Miserere" anzustimmen, was Baronius mit seinem schwerfälligen Ernst auch prompt erledigte.

Etwas von der harten Schule Philipps, aber auch Baronius' tiefe Liebe zu ihm wird auf eine fast rührende Weise sichtbar in seinem Vorwort zum achten Band seiner Annalen, die er „als Dankesgabe dem Seligen Philipp Neri, dem Gründer des Oratoriums", widmet, eine Geste, die er erst nach dem Tod Philipps wagen durfte. Mit vielen gelehrten Anspielungen schreibt Baronius dort: „Es war der selige Philipp, der auf Gottes Eingebung hin mir den Befehl gab, diese Arbeit zu beginnen ... So fing ich denn dieses große Unternehmen an – ganz und gar gegen meinen eigenen Willen und obwohl ich immer wieder meinen Fähigkeiten zu einem solchen Werk misstraute. Aber er wiederholte seine Befehle gegen alle meine Einwände. So fing ich an im Gehorsam gegen Gott, und aus diesem Grund drängte er mich zum Weitermachen, wenn ich selbst, ganz überwältigt von der Last, die Arbeit für eine kurze Zeit unterbrach. Dann immer zwang er mich mit scharfem Tadel, meine Aufgabe gleich wieder aufzunehmen." Und er fährt fort: „Du warst immer bei mir, hast mich mit deiner Gegenwart angespornt, mich mit Worten vorwärtsgedrängt, immer ein strenger Forderer (vergib mir, dass ich so sage) der täglichen Arbeit, die du von mir verlangtest ... Nicht nur blieb ich ohne Hilfe ..., sondern noch viele andere Dinge wurden von mir verlangt. Zu der schweren Arbeit an den Annalen kam die Seelsorge, das Predigen, die Verwaltung des Hauses und viele andere Beschäftigungen, die mir täglich aufgehalst wurden bald von diesem, bald von jenem. Und so schien es, als ob du alles andere von mir verlangtest, nur nicht das, was du von mir fordertest."

Philipp war sicher stolz auf seinen geliebten Baronius, der dreißig Jahre lang treu und zuverlässig an seinem großen Werk gearbeitet hat. Aber Philipp sorgte auch dafür, dass Baronius bei all dem Lob, das überall in Europa laut wurde, nicht stolz wurde. Wenn Baronius wieder einen neuen Band seiner Annalen vorweisen konnte, gab es kein Wort des Lobes von Philipp, im Gegenteil: Baronius musste dreißig Messen dienen.

So behielt Baronius seine Einfachheit und demütige Freiheit. Als man davon redete, er werde Kardinal werden, schrieb er Ancina: „Ich bitte dich, glaub doch nicht, dass Esel fliegen können, bloss weil sie mit Sternen und glänzendem Geschirr aufgezäumt sind" (PB 214). Dennoch wurde er nach Philipps Tod Kardinal, und er, der neben dem eleganten und geschmeidigen Tarugi immer schwerfällig, unbehauen und bäuerlich wirkende Baronius, war zweimal nahe daran, zum Papst gewählt zu werden. Aber, so schrieb ein französischer Kardinal dem König: Baronius „klammerte sich mit Händen und Füßen an Säulen und Türpfosten und rief laut: Ich will nicht Papst werden. Macht einen anderen zum Papst, der es wert ist, den heiligen Stuhl innezuhaben" (PB 215).

So verschieden Tarugi und Baronius, die größten Schüler Philipps, waren, so war es bei beiden Philipp, der sie inspiriert und in Bewegung gesetzt hatte. Er hatte es verstanden, ihre Freiheit zu wahren und ihre großen Talente ans Licht zu holen und zum Leuchten zu bringen. Beide großen Söhne Philipps waren bis zuletzt von einer brennenden Liebe zu Gott und einer tiefen Anhänglichkeit an Philipp bestimmt. Beide ruhen nun nebeneinander in der Gruft der Chiesa Nuova. Nur von Baronius sammelt man die Zeugnisse für die Heiligsprechung. Und Papst Paul VI. hatte nicht Unrecht, als er kurz vor seinem Tod sagte, schon deshalb könne man Baronius heilig sprechen, weil er so oft die Zielscheibe von Philipps Spott war und so geduldig die Scherze seines heiligen Vaters Philipp ertragen habe.

Philipps Wirken in Rom

Inzwischen sprach man in Rom vom Oratorium. Vor allem aber kannte man Philipp. Und wie man ihn kannte! Es existiert aus dieser Zeit der Augenzeugenbericht des jungen Domenico Saraceni, der später Arzt wurde und ein sehr guter Beobachter war. Er traf Philipp über zwölf Jahre wenigstens einmal in der Woche.

Das war ein Ereignis, wenn Philipp nach dem Oratorium mit der Gruppe seiner Begleiter loszog. „Ecco Filippone!“ schrien die römischen Gassenjungen. („Ecco Filippone“ ist schwer zu übersetzen und heißt etwa: Hier kommt der große Philipp!) Er trug den weiten Mantel mit den langen Ärmeln aus grobem Gubbiostoff und weiße grobe Schuhe, wobei mit „weiß“ wohl das ungefärbte Leder gemeint war. Weil sie wenig kosteten, trug Philipp sie wahrscheinlich; weil sie komisch wirkten, meinten die Zuschauer. Und irgendetwas Komisches, über das alle lachen konnten, gab es eigentlich immer bei den Aufzügen Philipps.

Da gab es den berühmten Schabernack, den Philipp mit dem ernsten und gewissenhaften Baronius trieb. Der wurde mit einer großen Flasche zum Weinhändler geschickt, musste die Flasche zuerst peinlich sauber ausspülen lassen, dann alle Sorten durchprobieren, um sich schließlich einen halben Liter abfüllen zu lassen. Den wütenden Händler musste er zum Überdruss noch mit einem Goldstück bezahlen, so dass dieser kaum das Wechselgeld auftreiben konnte. Um ein Haar hätte Baronius auch noch Prügel dazu bezogen (Calenzio 29). – Da hatte es Tarugi doch besser, der den fetten Capriccio tragen musste! – Ein andermal begegnete Philipp mit seiner Gruppe dem Kapuzinerbruder Felix von Cantalice, der ein stadtbekanntes Original war. Er bettelte für seinen Orden, sprach jeden an und hatte für jeden einen Rat, ob Prinz, Prälat, Kardinal oder einfaches Volk: „Bist du auch gut? Wann warst du zur Beichte? Gehorchst du auch deiner Mutter?" Mit Philipp gab es eine theatralische Begrüßung. Sie tauschten ihre Kopfbedeckung aus, und man sah Philipp, der sich vor jedem bisschen Unsauberkeit und vor Geschirr ekelte, das Fremde benutzt hatten, aus der Flasche des Bruders Felix trinken, als ob ihm dies ein besonderes Vergnügen sei.

All das spielte sich vor dem Hintergrund des kirchlichen Wohllebens zur damaligen Zeit ab. Priester trugen die pompöse Mode der Höflinge, und als der Heilige Stuhl Einfachheit dekretierte, spotteten die Zyniker, die Priester ließen nun ihre Samtstiefel draußen am Portal von St. Peter stehen. Philipp hielt nichts von Dekreten, aber kritisierte auch nicht. Er ließ die jungen Herren ruhig im Aufzug der letzten Mode zum Oratorium kommen und sah, dass alle immer mehr begriffen, wie unwichtig und unnütz es ist, angeberisch aufzufallen. – Wohl verlangte Philipp anderes von seinen jungen Gefährten: den Dienst in den Hospitälern, und an Sonntagen sah man sie unter den anderen Bettlern an den Kirchtüren stehen, um für die Armen zu sammeln. Das mussten sie schon selbst tun, mochten sie noch so elegant gekleidet und hochgeboren sein.

Das sahen auch die Römer und verstanden wohl, dass hinter den Clownerien Philipps ein anderer Grund steckte. Und immer noch verstand es Philipp, wie der alte Sokrates, die Leute sozusagen auf eine Reise zu den Hintergründen der Dinge mitzunehmen. Da erzählte ihm ein junger Mann von den Träumen seiner Zukunft und Karriere: Er studiere jetzt und hoffe, bald fertig zu sein. „Und dann?" fragte Philipp. „Dann werde ich wohl Anwalt." „Und dann?" „Dann werde ich viel Geld verdienen und mir einen Namen machen." „Und dann?" „Dann werde ich heiraten und eine Familie haben." „Und dann?" Dann kamen die Antworten langsamer und stockender, weil dann ja das Ende kommt. Und Philipp zog ihn an sich und fragte kaum hörbar: „Und dann?" – Das war immer noch so: Wer sich mit Philipp einließ, der konnte nicht bleiben, wie er war.

Da gab es noch eine andere Seite, über die wenige Genaues wussten und die erst richtig sichtbar wurde beim Prozess nach seinem Tod. Gewiss, man sah Philipp zu den Hospitälern ziehen und wusste um seine Fürsorge und Liebe gerade zu den Kranken. Aber Philipp half auch schnell und praktisch, wenn es Not gab – der Ernährer der Familie gestorben war, etwa in der Familie des Musikers Animuccia. Oder er wusste um die Not, dass manchem Mädchen, das heiraten wollte, die Mitgift fehlte. Beim Heiligsprechungsprozess kamen die vielen Unterstützungen, die Philipp gegeben hatte, ans Licht. Als Kardinal Bellarmin den Bericht für die Ritenkongregation zu machen hatte, sagte er nach der Lektüre der Prozessakten voll Staunen: „Dieser Philipp ist ein zweiter heiliger Johannes der Mildtätige!" (L 439).

Woher Philipp das Geld nahm? Geld war für Philipp nie ein Problem, eben weil es für ihn selbst keinen Wert hatte und weil er Geiz für „die Pest der Seele" hielt. Was war natürlicher, als dass die Reichen seiner Umgebung einem solchen Priester immer wieder Geld brachten!

Philipps Hilfe war immer praktischer Natur: Sie kam schnell und verschwiegen. So brachte er Brot, als eine der ersten Frauen, die zu ihm zur Beichte kamen – Fiora Ragni – 1557 in ihrem Haus vom Hochwasser des Tiber eingeschlossen war. Und als einer der ältesten Freunde aus der Bruderschaft, der französische Miniaturenmaler Vincenzo, starb, da war Philipp sofort zur Stelle und sagte seiner Witwe mit ihren sechs kleinen Kindern: „Non dubitate!“ (Keine Sorge!) „Ihr Mann ist im Himmel.“ Und dann sofort: „Euer Mann hat mir Euch und Eure Kinder anvertraut“, und dann wieder ein typisches Wort: „Habt guten Mut“ („state de bona voglia“) und packte dabei aus: Brot, Mehl, Öl, Geld. Später schickte er dann den Schneider, der den Kindern Maß nahm und für Kleidung sorgte. Als dann eines der Mädchen in einen Orden eintrat, sorgte Philipp für die Aussteuer „bis zur Kerze in der Hand“, wie die Mutter bezeugte.

So sehr Philipp diese Art Hilfe auch zu verbergen suchte, so wurde seine Güte zu den Kranken doch bekannt. Man lief zu ihm und ließ ihn holen, damit er komme und bete, damit er die Hände auflege. Mehrfach berichten die Biografen, dass man zu Philipp schickte, wenn es um eine schwere Geburt ging. Vor allem wusste man bald, mit welcher Liebe und welch tiefem Mitgefühl Philipp den Sterbenden beistand. Es gibt ausführliche Berichte über die letzten Stunden von Persiano Rosa, dem Beichtvater Philipps. Als sein Leben zu Ende ging, wurde er von Ängsten und „einem schwar-zen Hund“, in dem er den bösen Feind sah, heimgesucht. Als Philipp kam, fand er seinen Frieden. „Gott sei Dank, der Hund läuft weg. Sieh, er ist schon an der Tür.“ Capecelatro hat es auch berichtet und fährt dann nachdenklich fort: „In keinem Augenblick meines Lebens bin ich mir so klein, so arm und so unfähig vorgekommen wie in dem Augenblick, wo ich dem dunklen Geheimnis des Todes begegnete … Aber das Beispiel Philipps soll sich lebendig meinem Kopf und Herzen einprägen“ (C 338).

Gerade von den Krankenbesuchen Philipps wurden bald auch wunderbare Ereignisse gemeldet. Auch hier versuchte Philipp, die Nachrichten zu unterdrücken. Auffällig ist, dass die Leute zu Philipps Lebzeiten wenig über diese an Wunder erinnernden Ereignisse sprachen, sondern mit Staunen erst beim Prozess von deren Häufigkeit hörten. Der anonyme Autor der Biografie in der Vallicella ließ Wunderberichte aus. Aber er schrieb: „Philipp verbarg diese Gabe, die Gott ihm gegeben hatte, mit so viel Sorgfalt, dass selbst wir, die ständig bei ihm waren, nur wenig davon wussten" (PB 145). Als zum Beispiel ein alter Freund Philipps, Doktor Modio, auf den Tod krank war, schon die Sprache verloren hatte, waren viele Freunde gekommen. Philipp, den man auch gerufen hatte, betete im Nebenzimmer, kam dann nach einer Weile und erklärte: „Messer Giovanni Battista ist nicht mehr krank; er ist geheilt." So war es: Der Kranke begann mit Philipp zu sprechen und war bald wieder auf den Beinen.

Beim Heiligsprechungsprozess gab es zahlreiche Berichte über Heilungen. Erwähnen wir nur zwei etwas außergewöhnliche. Da hatte eine Ordensschwester ihm in der Beichte gestanden, sie sei verloren. „Nein", sagte Philipp, „ich sage dir, dass du fürs Paradies bestimmt bist, und ich werde es dir beweisen. Sag mir: Für wen ist Christus gestorben?" – „Für die Sünder." – „Richtig. Und was bist du?" – „Eine Sünderin." – „Dann", schloss Philipp, „dann ist das Paradies für dich, denn du bereust deine Sünden." Damit war die Schwester endgültig von ihrer Depression befreit. Das andere Ereignis ist mehrfach berichtet. Hier folgt der etwas hintersinnige Bericht eines qualifizierten Zeugen: Francesco Neri. Es ging um die Heilung der Hände Clemens' VIII., die von Gicht befallen waren und sehr schmerzten. Francesco berichtet: „Ich befand mich beim Pater (Philipp), der mir sagte, er sei bei einem sehr bedeutenden Mann gewesen, der an starken Schmerzen in einer Hand litt, und er habe ihn geheilt und ihm den Schmerz genommen." Francesco dachte keineswegs an ein Wunder und meinte: „Diese Person wird sich so über Euren Besuch gefreut haben, dass ihr der Eindruck kam, der Schmerz sei vorbei." Philipp aber sagte: „Nein, ich habe ihm wirklich die Schmerzen genommen, denn solche Personen haben sehr Wichtiges zu tun und fallen leicht in Vorurteile, wenn sie Schmerzen haben. Und deshalb ist es nötig, dass sie gesund werden" (L 241).

Von dem für Philipp und das Oratorium schicksalsschweren Jahr 1558 wird noch ein dramatisches Ereignis berichtet, das in der Stadt bald bekannt wurde und Philipps Gestalt in ein helles Licht hob. Eine der frühesten Bekehrungen Philipps, ein junger Mann namens Gabriele Tana, war an Schwindsucht erkrankt und lag im Sterben. Nach Augenzeugenberichten quälte er sich durch die verschiedensten Phasen seines Sterbens. Von anfänglicher Zuversicht war er in bodenlose Verzweiflung gefallen. Er klagte, alle religiösen Gefühle, alle Gebete seien ihm zuwider, den Namen Jesu könne er nicht mehr aussprechen. Krampfhaft klammerte er sich an sein Leben. Die Anwesenden sahen hinter dem Unvermögen seines Wollens teuflische Mächte am Werk. Philipp wurde gerufen, und er sprach mit ihm. Und plötzlich löste sich die Verzweiflung in ein friedliches Lächeln. Der schwarze Hund, den auch er gesehen hatte und der ihn mit Angst terrorisiert hatte, zog ab, und der Kranke rief: „Jetzt, jetzt zieht er ab. Ich habe gesiegt, ich habe gesiegt." Als er dann den Teufelshund beschimpfte, sagte Philipp: „Lass es, Sohn, lass diesen Elenden in Ruhe, diese Trauergestalt (‚quel tristo'), diesen Lügner. Über ihn zu reden, macht ihm zu viel Ehre." Danach starb Tana in Frieden.

Wir wissen, dass die Anwesenden an ein unheimliches Ereignis beim Konzil von Trient erinnert wurden. Am 25. März 1552 war dort der Kardinallegat Crescenzi gestorben, der in der Nacht an einem Bericht für den Papst gearbeitet hatte und dabei von einem unheimlichen schwarzen Hund terrorisiert worden war, wie seine Umgebung bestätigte (Merkle II. 496). So ist es verständlich, dass die Zeitgenossen Philipps bei dem Drama des Todes von Tana mehr sahen als nur das Charisma Philipps, den Sterbenden Frieden zu bringen. Für die Zeitgenossen hatte Philipp in jener Stunde auch mit den Mächten der Finsternis gekämpft und sie besiegt. Diese Annahme war gar nicht so abwegig für den, der damals die Zeitläufe etwas genauer beobachtete. Und für das Oratorium und für Philipp hatte tatsächlich die Stunde der schlimmsten Prüfung geschlagen. Aber sehen wir zunächst kurz das Gesamtbild der damaligen Jahre.

Im Jahre 1555 war Marcellus II. im Alter von 53 Jahren Papst geworden. Er war zwar ein Humanist, Freund vieler Künstler und Gelehrten und selbst ein Gelehrter, aber er war auch Mitglied des Konzils von Trient gewesen und hatte dort über die Heilige Schrift, die Tradition und die Rechtfertigung bedeutende Beiträge geliefert. Deshalb waren die Freunde der kirchlichen Reform besonders froh über seine Wahl. Er selbst war ein untadeliger frommer Priester, dem Anwendung von Gewalt zuwider war. Er „liebte keine Schwerter", wie er sagte. Zum Leidwesen vieler Höflinge bemühte er sich um eine Reform der Kurie, wollte nichts von pompösen Krönungsfeierlichkeiten wissen und ließ statt dessen das Geld an die Armen verteilen. Als er Papst wurde, war er schon ein kranker Mann und starb bereits nach 22 Tagen in seinem Amt. An ihn erinnert eine der schönsten Messen Palestrinas: „Missa Papae Marcelli".

Nach ihm kam Carafa als Paul IV. auf den Thron. Er war bereits 79 Jahre alt, aber noch bei vollen Kräften. Trevor charakterisiert ihn kurz und treffend: „Sein Leben lang reformierte er die Moral. Theologisch war er konservativ, politisch ein Autokrat und Patriot. Er wusste genau, was er tun wollte. Kein Herumfackeln mit Konzilen und Konferenzen: Er würde direkt eingreifen! Er würde mit Dekreten regieren! Die Herrschaft des heiligen Terrors hatte angefangen" (T 102).

Der neue Papst griff rücksichtslos durch: Bischöfe, die am päpstlichen Hof ein faules Leben führten, wurden in ihre Diözese zurückbefohlen, Kardinäle einfach eingesperrt. Die Inquisition wurde neu organisiert und erhielt weitere Befugnisse, und es heißt, dass der Papst bei keiner ihrer Sitzungen fehlte. 1558 wurde der erste Index der verbotenen Bücher veröffentlicht. Dann wurden Mengen von Büchern verbrannt, in Venedig allein zehntausend, wie es hieß. Gegen die Juden in Rom erließ er harte Dekrete, nahm ihnen den Rechtsschutz und zwang sie gar zum Anhören von Predigten.

Trotz seines Reformeifers hatte er zwei seiner Neffen in hohe kirchenpolitische Stellungen gebracht. Da er selbst zurückgezogen lebte, merkte er erst allzu spät, dass seine Neffen ihre Macht skrupellos missbrauchten. Vor allem sein Neffe Carlo Carafa, der vorher Soldat und jetzt Kardinal war, verbrachte seine Zeit mit Festen und Jagen und hing schamlos seinen früheren Lastern an. Als der Papst schließlich die Wahrheit erfuhr, packte er seine Verwandten genauso unerbittlich hart an wie Fremde. Onhe Rücksicht wurden ihnen Ämter und Würden genommen, und sie wurden von Rom fortgejagt. Aber der Schock dieser Schande in der eigenen Familie brach den alten Mann und beschleunigte seinen Tod. Als er noch im Sterben lag, stürzte der römische Mob seine Statue um, schlug ihr den Kopf ab, setzte ihr eine Judenmütze auf, rollte sie drei Tage lang durch Rom, bevor man sie schließlich in einen Abwasserschacht des Tiber warf.

Das Volk, das lange seinen Hass aufgestaut und sich unter dem Terror geduckt hatte, tobte seine Wut aus. Und doch muss man sagen, dass unter Paul IV. die Reform der Kirche voran gebracht wurde. Gerade die Härte und Rücksichtslosigkeit des Papstes hatte die Gegenstimmen zum Schweigen gebracht, die Gegner an die Wand gedrückt, wenn nicht vernichtet. Wie hart auch die Geschichte urteilt, so sagt sie doch auch, dass die Kirche ohne seine Härte kaum von ihrer Korruption frei geworden wäre.

In solcher Zeit war das Oratorium ein natürlicher Ort des Friedens und der wahren Reform, die zu den Quellen des Ursprungs ging. Ponnelle-Bordet macht die treffende Bemerkung: „Unter einem strengen Papst wurde das Oratorium von selbst größer und gemischter. Als Paul IV. den Thron bestieg, wurde Philipp als Gegensatz zu ihm der Mann der Stunde" (PB 192). Allerdings mussten Philipp und sein Oratorium durch eine dunkle Prüfung hindurch.

Prüfungen

Papst Paul IV. hatte versucht, Spaniens Macht zu brechen, dabei aber die eigenen Kräfte überschätzt. Jetzt war der Krieg bis vor die Tore Roms gekommen. In einer Nacht hatten sich die Truppen des Herzogs von Alba bis an die Stadtmauern herangeschlichen und wollten schon die Sturmleitern anlegen, da wurden Trommeln geschlagen, Lichter entzündet. Spione hatten den Angriff verraten, und die Spanier mussten sich zurückziehen. Verhandlungen begannen, im September 1557 wurde ein Vertrag geschlossen, und die Belagerer zogen ab. – Die schlimme Überschwemmung des Tiber zeigte überall noch ihre Folgen: Krankheit und Hunger breiteten sich aus.

Aber die innere Not setzte vielen noch mehr zu. Der Papst herrschte mit eiserner Hand. Er hatte den Dominikaner Michael Ghislieri (den späteren Pius V.) zum Großinquisitor auf Lebenszeit eingesetzt. Für Philipp sollte sich vor allem die Ernennung von Virgilio Rosario zum Kardinal von Spoleto und Generalvikar von Rom als verhängnisvoll erweisen. Rosario hatte zwar ein untadeliges Leben geführt, war aber der typische Verwalter: engstirnig und bemüht, alle Verordnungen konsequent durchzuführen. Auch Philipp geriet in sein Netz.

Ein erster Anlass dafür war die Auseinandersetzung um Savonarola. Eigentlich ging es um die Frage, ob die Schriften Savonarolas auf den Index der verbotenen Bücher sollten oder nicht. Die Jesuiten und Augustiner bemühten sich darum und erinnerten daran, dass er schließlich als Ketzer in Florenz verbrannt worden war.

Wie gesagt hat Philipp diesen großen Reformator sehr verehrt. Das war nicht einfach Lokalpatriotismus – die Liebe zur gemeinsamen Vaterstadt Florenz –, sondern hatte tiefere Gründe. (Es wäre lohnend, Verwandtschaft und Verschiedenheit dieser großen Reformer Savonarola und Philipp zu vergleichen: von ihrem Charakter, ihrer Inspiration her, aber auch von der Verschiedenheit ihrer persönlichen Entscheidung.)

Auch die enge Freundschaft Philipps zu den Dominikanern in der Minerva wurde schon erwähnt. Oft nahm Philipp seine Gefährten dorthin zu einer Predigt oder zum Stundengebet mit. Die Seelsorge der Patres brachte frühere Zeiten in Florenz in Erinnerung: Eine große Statue der Madonna und in der Fastenzeit 1558 ein großes Kruzifix wurden zur Verehrung aufgestellt. Und der Prior Ercolani verstand es, die Massen in religiöse Begeisterung und Bußgesinnung zu bringen. Jeden Donnerstag disputierten die Theologen über die Schriften Savonarolas, und jeden Donnerstag versammelten sich die Freunde der Dominikaner vor dem ausgesetzten Allerheiligsten. Die Not war groß. Auch Philipp war mit seinen Gefährten in der Minerva zum Gebet. Auf einmal bemerkten die Anwesenden, dass über Philipp eine Veränderung gekommen war. Er war kreidebleich, vollkommen starr, sein Blick abwesend, aber sein Gesicht „voll Freude". Er war in Ekstase, und man trug ihn in einen Nebenraum. Dort blieb er lange Zeit wie leblos. Als er wieder zu sich kam, „war er voller Freude und Glut" (PB 122). Sein erstes Wort war: „Sieg! Sieg! Unser Gebet ist erhört worden" (C 324). Es zeigte sich dann, dass in dieser Stunde entschieden worden war, Savonarolas Werke nicht auf den Index zu setzen mit Ausnahme einiger Predigten, die zwar nicht häretisch, wohl aber unbeherrscht waren.

Philipps Parteinahme für Savonarola hatte die Inquisition auf ihn aufmerksam gemacht und ihn in Verdacht gebracht.

Waren doch die Massendemonstrationen, die Ercolani organisiert hatte, eine Wiederholung dessen, womit Savonarola in Florenz das Volk in Bewegung gesetzt hatte. Rosario, der Kardinalvikar, bekam es wohl mit der Angst zu tun und erklärte diese religiösen Feiern für „abergläubisch“. Rom befand sich wegen der politischen Situation in einer Art Belagerungszustand. Der Papst war wie betäubt von der furchtbaren Enttäuschung, die ihm seine Neffen verursacht hatten, und war obendrein krank. Alle Befehlsgewalt lag in der Hand Rosarios, dessen unnachsichtige Strenge von allen gefürchtet war. In solcher Situation war jede Art von Volksbewegung sofort verdächtig.

Was Wunder, dass Philipp zum Kardinalvikar Rosario vorgeladen wurde. (Im Leben Philipps wurden ständig Verdächtigungen und Verleumdungen gegen ihn vorgebracht.) Nach Talpa hatte Paul IV. bereits das Heilige Offizium angewiesen, eine geheime Untersuchung gegen Philipp durchzuführen, die aber nichts erbrachte. Rosario griff nach eigenem Gutdünken ein und ging strenger vor. Über diese „Verfolgung“ Philipps gibt es genaue Berichte in den Prozessakten.

Im Mai 1559 hatte Marcello Ferro Philipp auf dem Petersplatz getroffen. Philipp hatte Marcello nach seinem Weg gefragt; als er hörte, dass Marcello zur Vesper unterwegs war, bat Philipp ihn um sein Gebet, denn „der Kardinal von Spoleto hat mich vorgeladen, und er will nicht, dass wir zu den sieben Hauptkirchen ziehen und das Oratorium halten. Er will auch, dass ich keine Beichten mehr höre. Bete zu Gott, dass ich nur auf Seine Ehre schaue und auf die Rettung der Seelen und auf nichts, das mich selbst angeht“ (T 132).

Es heißt, dass Philipp über Monate unter Beobachtung stand und oft verhört worden war. Aber Philipp sprach nur von einer Sorge, die er hatte: „Seine (Gottes) Ehre, die Rettung der Seelen und nichts, was mich angeht“. Und dabei war sein Werk mit einem Schlag verboten worden. Die Beichte, das persönlichste, liebste Instrument seiner Seelsorge, war ihm für fünfzehn Tage untersagt. Und der Kardinal selbst hatte ihm mit beleidigenden Worten vorgehalten, er gehe neue Wege, habe eine neue Sekte ins Leben gerufen, er sei voll Ehrgeiz und Stolz, mache sich zu einem großen Mann und unterrichte seine Oberen über nichts.

Hinter diesen Vorwürfen steckte die Sorge, die großen Umzüge Philipps könnten zu Aufständen führen. Philipp verberge seinen Ehrgeiz, sei im Grunde ein Genießer, wie man ja an dem Proviant sehen könne, der bei den Wallfahrten mitgeführt werde. Und soviel Neuheiten habe er eingeführt: Laien, die in den Kirchen predigten, und diese merkwürdigen Versammlungen in den Kirchen und draußen vor der Stadt.

Philipp verteidigte sich furchtlos, aber in einfacher, klarer Sprache: „Den Befehlen meiner Oberen habe ich immer Vorrang vor allem gegeben, und deshalb ist es mir lieb, gehorsam zu sein.“ Aber als der Kardinal ihm vorwarf, eine Sekte zu gründen, antwortete Philipp mit ruhigem Freimut: Er wandte sich an das große Kreuz, das an der Wand hing, und sagte: „Herr, du weißt, ob ich das, was ich tue, nur tue, um eine Sekte zu gründen.“ Dann ging er (L 215).

Philipp, der sich zu weiteren Vorladungen bereit halten musste und dem der Kardinal bei Zuwiderhandlungen mit dem Kerker gedroht hatte, ertrug alles mit Würde. Tarugi berichtet: „Er betete ohne Unterlass und weinte voll Mitleid über den Irrtum derer, die ihn verfolgten, und über seine Unfähigkeit, sie zu überzeugen“ (PB 230). Seine Gefährten hielten zu ihm und warteten auf ihn, wenn er vom Verhör kam. Als Philipp sie bat, ihm doch nicht wie sonst das Geleit zu geben, zogen sie in einiger Entfernung hinter ihm her. Philipp duldete auch keine Proteste und Kritik seiner Gefährten, selbst dann nicht, als Kardinal Rosario kurze Zeit später auf dem Weg zum Papst in dessen Vorzimmer vom Schlag getroffen wurde und zusammenbrach. Noch bevor man ihn in seine Wohnung bringen konnte, war er tot. Als dann einer von Philipps Freunden meinte, hier sehe man die Hand Gottes, fuhr ihm Philipp über den Mund: „Sei still!" Philipp hatte auch in dieser dunklen Zeit seinen inneren Frieden behalten und schon am Anfang der Verfolgung gesagt: „Diese Verfolgung ist nicht gegen euch gerichtet, sondern gegen mich. Gott will mich demütig und geduldig machen. Ihr sollt wissen, dass die Verfolgung aufhören wird, wenn sie die Frucht gebracht hat, die Gott will" (L 216). So war es, und so hatte es ein geheimnisvoller Besucher angekündigt, der plötzlich erschienen war, als die Freunde Philipps keinen anderen Ausweg mehr wussten als das Gebet. Dieser Priester in einer braunen Kutte, die mit einem Strick gehalten wurde, sagte, er sei von Ordensleuten geschickt, die für die Verfolgten beteten. Man solle die Andacht des Vierzigstündigen Gebets halten, und dann würde die Verfolgung aufhören.

So kam es auch: Die Verbote wurden aufgehoben. Der Papst ließ Philipp sogar zwei Kerzen von Lichtmess bringen und ihm sagen, er bedaure, nicht selbst an der Wallfahrt zu den sieben Hauptkirchen teilnehmen zu können, Philipp möge aber im Gebet seiner gedenken.

Dennoch blieb die Opposition gegen Philipp lebendig, und im Jahre 1567 flammte unter Papst Pius V., dem früheren Großinquisitor, die Gefahr wieder auf. Merkwürdig und unheimlich war diesmal die Tatsache, dass es sich nicht wie bisher um eine offene Auseinandersetzung handelte, sondern um eine Art Verschwörung und finsteres Manöver. Dazu kam das schwer zu erklärende andere Faktum, dass beide Gegner später heilig gesprochen wurden: Pius V. und Philipp. Einmal war die Schließung des Oratoriums schon beschlossen, aber Kardinal Karl Borromäus konnte Philipps Werk retten. – Greifen wir in unserem Bericht vor und sehen uns die Umstände dieser anderen schweren Bedrohung an.

Für die Wahl des Großinquisitors Ghislieri zum Papst und sogar für dessen Namenswahl (Pius V.) war vor allem Kardinal Karl Borromäus verantwortlich. Dieser Papst blieb zeitlebens der fromme Dominikanermönch und trug unter seinen prächtigen Paramenten das härene Bußkleid. Unbestechlich gebrauchte er seine große Macht zur Durchsetzung der Moral und des rechten Glaubens. Unter ihm erlangte das Heilige Offizium seine große und gefürchtete Machtfülle. Philipp hatte unter Pius einige seiner schwersten Prüfungen zu bestehen. Das wird sichtbar in einem Brief von Karl Borromäus an Monsignore Speziano, seinen Geschäftsträger in Rom, den er bittet, sich an den richtigen Stellen für Philipp einzusetzen. Was der Inhalt dieser Schwierigkeiten war, wissen wir nicht, aber Neid, Gerede und Kritik hoher Persönlichkeiten waren in dieser Zeit in Rom immer gefährlich. Jedenfalls wissen wir, dass ein bekannter Schriftsteller, Annibale Caro, gegen Philipp geschrieben hatte, er sei „ein Marktschreier". Nicht nur Caro versuchte Philipp lächerlich zu machen. Auch einige namhafte Kardinäle erzählten Witze über Philipp, wie Marcello Ferro nach Philipps Tod bezeugte. Und der „große Kardinal" Alessandro Farnese, einer der mächtigsten Männer im Konklave und ein gebildeter und Pracht liebender Kirchenfürst, gehörte ebenfalls zu den Gegnern Philipps (T 166).

Philipp wusste von dieser Kritik, klagte aber nicht und hielt seine Arbeit durch. Auch an der Wallfahrt zu den sieben Hauptkirchen hielt er fest, obwohl gerade diese neidisch kritisiert wurde. Philipp ging unbekümmert zu denen, die mit der Inquisition in Konflikt geraten und im Gefängnis gelandet waren. So besuchte er dort den Fastenprediger des Jahres 1566 in San Giovanni dei Fiorentini, der wegen Häresie verurteilt wurde. Anderen, denen der Prozess gemacht worden war, stand Philipp im Gefängnis oder bei ihrer Hinrichtung bei.

So war es keine Überraschung, dass der Papst 1569 zwei Dominikaner ins Oratorium schickte, um dort die Predigten abzuhören und ihm zu berichten. Zum Glück kamen diese beiden Spione aus der Minerva. Kurios ist, was dann berichtet wird: Den beiden gefielen diese „informellen Predigten" so gut, dass sie später freiwillig immer wieder hingingen.

Wenn wir auch nicht genau wissen, welche Schwierigkeiten Philipp und seine Gefährten in diesen sechziger Jahren zu bestehen hatten, so gibt es doch einen Bericht, der die innere Not Philipps in dieser Zeit enthüllt. Giacomo Crescenzi hat aufgeschrieben, was G. A. Lucci berichtet hat: Eines Tages – wir haben kein genaues Datum, aber es war Sommer und mittags nach dem Essen – kam Philipp plötzlich zu Lucci, der in San Giovanni wohnte, und sagte: „Komm mit!" Sie gingen hinaus, und Philipp war so schnell („tanto in furia"), dass Lucci kaum Schritt halten konnte. Es ging nach St. Peter, und Philipp kniete vor dem Bild des „Heiligen Antlitzes" nieder (nach der Legende Veronikas Schweißtuch), also einer Erinnerung an das Leiden des Herrn. Es überkam ihn ein so heftiges Zittern und Schütteln, dass die ganze Bank zitterte. Lucci bekam es voller Schrecken mit. Auf dem Rückweg nahm Philipp ihn dann mit in die alte Kirche Santa Maria in Traspontina und erzählte in der Kühle der Kirche von dem, was ihn plagte. Wie gesagt, den Inhalt kennen wir nicht. Aber wie sehr muss Philipp in dieser Zeit gelitten haben, dass er, der doch sonst so sehr das Alleinsein liebte, auf einmal einen Menschen suchte, mit dem er sprechen konnte. (Es ist bekannt, dass Philipp in Lucci immer mehr den Freund als den Schüler sah.) Und wie erschütternd wird hier etwas von Philipp sichtbar, das so gar nicht in das Klischee vom Witzbold Philipp Neri passt.

Die Regierungszeit Pius' V. muss für Philipp schwer gewesen sein. Hatte er doch um 1569 den Gedanken, Rom zu verlassen und nach Mailand zu gehen. Doch keine Gefahr hielt ihn davon ab, für das Recht der Verfolgten und Unterdrückten einzutreten. So hatte er sich auch für die Zigeuner eingesetzt. Damals war es üblich, die Ruderer auf den Galeerenschiffen der Flotte gegen die Türken einfach aus den Gefängnissen zu rekrutieren und an den Ruderbänken anzuschmieden. Da man nicht genug Kriminelle in den Gefängnissen fand, hatte man einfach die Zigeuner zusammengetrieben und eingesperrt. Nun waren die Straßen voll vom Klagegeschrei der Zigeunerfrauen und -kinder. Für ihre Sache richtete eine Gruppe namhafter Prediger ein Bittgesuch an den Papst. Unter ihnen war Philipp. Das Gesuch hatte Erfolg: Die Zigeuner wurden nicht auf die Galeeren geschickt. Aber alle, die das Gesuch unterschrieben hatten, wurden in die Verbannung geschickt – alle, mit Ausnahme Philipps. Philipp meinte, es hätte ihm nichts ausgemacht, wenn man ihn verbannt hätte. Dann hätte er sich in die Einsamkeit zurückziehen können. Nach ihr hatte er in dieser Zeit ein besonderes Verlangen.

Die Kirche der Florentiner

Das Jahr 1563 war ein Wendepunkt im Leben Philipps. Er war ernstlich erkrankt, so krank, dass er sein Testament machte und die Sterbesakramente empfing. Tarugi war gekommen, schlief im Nebenraum und sorgte für ihn. Später erinnerte er sich, dass Philipp ihm sagte, diesmal werde er noch nicht sterben. Ercolani, der Freund Philipps aus der Minerva, schrieb einer Ordensschwester: „Ich höre, dass sein Zustand wieder schlechter ist. Ich denke, er geht von uns. Betet für ihn."

Aber Philipp erholte sich langsam wieder. Gegen Jahresende oder Anfang 1564 kam eine Abordnung von Florentinern zu ihm mit der Bitte, er möge ihre Nationalkirche „San Giovanni dei Fiorentini" als Rektor übernehmen. Obwohl zu der Abordnung einflussreiche Leute gehörten, ließ sich Philipp Zeit mit der Entscheidung. Eine solche Verantwortung zu übernehmen, lag ihm nicht. Die geschickten Florentiner wussten, was zu tun war. Sie gingen zum Papst und brachten ihn dazu, Philipp wissen zu lassen, dass es auch sein Wunsch sei. Philipp beugte sich im Gehorsam, aber mit seiner Zusage handelte er aus, dass er selbst in San Girolamo wohnen bleiben und seine jungen Mitbrüder als Kapläne schicken würde. Es heißt, Philipp habe nur angenommen, weil ihn Cirillo, der Leiter des Hospitals vom Heiligen Geist, den Philipp von seiner Arbeit an den Kranken her kannte, darum gebeten hatte.

Die Kirche zum heiligen Johannes ragt am Tiberufer in der Nähe der Engelsbrücke empor und wurde nach Plänen Michelangelos 1519 von Leo X., einem Papst aus Florenz, für seine Landsleute in Rom erbaut. Die Kolonie der Florentiner hatte sich vor allem in diesem Stadtviertel niedergelassen. Intelligent, lebhaft und tüchtig, waren sie meist im Handel und in den Banken tätig. Sehr selbstbewusst nannten sie sich in der Zeit der Medici-Päpste „die florentinische Nation". Leo X. hatte ihnen das Recht verliehen, bei San Giovanni ein Priesterkonvikt für etwa zehn Priester zu errichten. Auch diese übertrieben große Zahl war ein Zeichen für das hohe Selbstgefühl der Florentiner in Rom. Da Philipp auch Florentiner war und immer mehr bekannt wurde, dachte man, mit seiner Berufung der Kirche und dem Priesterhaus neuen Glanz zu geben.

Philipp blieb also in San Girolamo, behielt seine geliebte Freiheit und konnte sich um das Oratorium kümmern, das ihm allein am Herzen lag. Aber er musste auch sorgen, dass einige seiner Gefährten bald die Weihe empfingen, da sie ja in San Giovanni die Seelsorge übernehmen sollten. Im Jahre 1564 gingen dann als neu geweihte Priester Baronius, Fedeli und Bordini nach San Giovanni. Zu ihrer Unterstützung folgten drei andere, die allerdings nicht zum Oratorium gehörten, darunter ein Spanier. Tarugi und Velli gingen im Jahre 1565, so dass die Gemeinschaft vollständig war. Beide waren aber noch Laien.

Der Aufenthalt in San Giovanni dauerte zehn Jahre, und dort konsolidierte sich eine besondere Gemeinschaft des Oratoriums. Sehen wir uns deshalb das Leben dieser Gruppe näher an. Es war ein strenges Leben; es gab viel Arbeit – geistlich, geistig, aber auch körperlich. Während der eher mageren Mahlzeiten gab es den Brauch der Tischlesung und für das letzte Drittel das Vorlegen einer Frage aus der Heiligen Schrift, der Moral- oder Pastoraltheologie. Samstags entfiel der Brauch, die Kirchentüren wurden weit aufgesperrt, die Kirche geputzt und die Teppiche geklopft. Das Kochen ging reihum, und aus irgendwelchen Gründen traf es Baronius besonders, denn noch im vorigen Jahrhundert konnte man über dem Küchenherd den etwas verzweifelten Seufzer lesen: „Baronius coquus perpetuus“ (Baronius – der ewige Koch). Auf der anderen Seite muss Baronius wohl auch zu Geschick und Genugtuung bei diesem Amt gefunden haben, denn wir wissen, dass er oft Besucher in der Küche mit der großen Küchenschürze empfing. Auch sonst gab es genug Strapazen; mussten sie doch dreimal am Tag über die Via Giulia nach San Girolamo ziehen: In der Frühe gingen sie zu Philipp beichten, nachmittags zum Oratorium und abends zum Gebet in der kleineren Freundesgruppe. Sonntags gab es dann die üblichen Besuche in den verschiedenen Kirchen, etwa in der Minerva oder Rotonda, wie das Pantheon damals genannt wurde. Oder Philipp, der sich oft in San Giovanni sehen ließ, schickte die jungen Mitbrüder in die Randbezirke von Rom, um dort Katechismusunterricht zu geben.

Baronius hatte gerade sein Doktorat in kirchlichem und weltlichem Recht gemacht und schrieb in einem Brief, nun falle endlich eine große Last von seinen Schultern. Was er von seiner neuen Würde hielt, sah man am besten daran, dass er sein schönes Doktordiplom in Streifen schnitt und daraus Lesezeichen für sein Brevier machte. Zwei jüngere Brüder waren noch zu ihnen gekommen: Germanico Fedeli, der ein guter Oratorianer wurde, und Ottavio Paravicino, aus dem ein Kardinal wurde und der noch oft zu Philipp kam und ihm in seiner Krankheit wie ein Krankenpfleger half.

Die Jahre in San Giovanni haben eine große Bedeutung in der Geschichte des Oratoriums. Hier wurde das Gemeinschaftsleben verwirklicht und bewährte sich. Und es zeigte sich wieder die Genialität Philipps. Da war keine Rede von Vorschriften, die alles bis ins Kleinste regeln. Es gab nur ganz wenige und praktische Regeln. Meist handelte es sich um Vorschriften für das Refektorium, man könnte fast sagen um eine

Art von Anstandsregeln. Dazu kam eine bezeichnende allgemeine Regel: „Niemand soll so vermessen sein, es zu wagen, unter irgendeinem Vorwand sich um die Gefolgschaft und Begleitung eines Kardinals oder anderer großer Leute zu bemühen. Alle sollen daran denken, dass sie nur hier sind, um Gott und der Kirche zu dienen." Man sieht – hier sind Regeln, die von der Erfahrung geschrieben wurden. Libero sagt treffend: „Ihre Hauptregel war die geistliche Führung durch Philipp, das Beispiel Philipps. Statt Gelübde gab es nur die Tugend der Armut, der Keuschheit und des Gehorsams, die allerdings gehalten wurden, als seien sie feierlich gelobt worden" (L 309). Philipp hatte es selbst gesagt: „Wenn man dir gut gehorchen soll, dann gib wenig Befehle."

Am 15. April 1574 hörten dann die täglichen Märsche nach San Girolamo auf. Die Florentiner hatten die kleine Kirche Santa Orsola gegenüber San Giovanni auf eigene Kosten so hergerichtet, dass das Oratorium vom Speicher in San Girolamo dorthin verlegt werden konnte. Aber mit dieser Erleichterung kam eine neue Krise, die wieder alles in Bewegung brachte und veränderte. Es war jemand Mitglied der Gemeinschaft geworden, der nicht hineingehörte. Philipp hatte ihn mehrfach zur Rede gestellt. Aber da er sich nicht ändern wollte, wurde er schließlich ausgeschlossen. Rachsüchtig wie er war, begann er, Verleumdungen gegen Philipp und die Gemeinschaft auszustreuen. Es gelang ihm sogar, die Verantwortlichen der Kirche von San Giovanni so auf seine Seite zu ziehen, dass man Philipp und seinen Priestern ihren Dienst kündigte und die Kirche an andere übergeben wollte. Nur ein Einziger der Verantwortlichen widersetzte sich dem Beschluss und blieb standhaft an der Seite Philipps. Wohl nahm das schäbige Spiel diesen Giovanni Battista Altoviti so sehr mit, dass er bis auf den Tod krank wurde. Philipp lohnte seine Treue auf die ihm eigene Weise. Er schickte Tarugi zu ihm und ließ ihm sagen, er werde nicht sterben, sondern ab morgen früh gehe es aufwärts, und er werde wieder gesund sein.

Doch hatte der ganze ärgerliche Vorfall sein Gutes: Philipp sah, wie unsicher es ist, von anderen abhängig zu sein. In San Girolamo war er von den Verwaltern der Bruderschaft abhängig, in San Giovanni von den Verwaltern der Florentiner. Sein Werk stand auf fremdem Boden, und andere konnten ihm den Boden unter den Füßen wegziehen. In San Giovanni war eine Zeitlang nur ein Getreuer noch auf seiner Seite und konnte verhindern, dass sie fortgeschickt wurden. Philipp lernte, wie gefährlich es ist, ohne Rechte zu sein und nur vom guten Willen einer Behörde abzuhängen. Das Oratorium stand zwar auf einem Höhepunkt seiner Entwicklung, aber gerade jetzt wurde eine seiner Schwächen deutlich. So kam es denn zu einem wichtigen neuen Schritt in seiner Entwicklung. Man ging auf die Suche nach einer eigenen Kirche. In einem zeitgenössischen Brief heißt es: Die Filippini „suchen eine unabhängige Kirche. Sie haben ihre beiden Kirchen San Girolamo und San Giovanni nicht allein in ihrem Besitz. Sie wünschen eine Kirche, in der sie keine Verpflichtungen anderen gegenüber haben" (PB 311).

Aber bevor dies Wirklichkeit werden konnte, musste die junge Gemeinschaft Prüfungen bestehen, die sie an den Rand ihrer Existenz brachten. Über diese sehr bewegte und kritische Phase im Leben Philipps und in der Entwicklung des Oratoriums macht Ponnelle-Bordet die treffende Bemerkung: „Unter einem nachsichtigen Papst war die Besucherschar des Oratoriums zwar kleiner, aber von besserer Qualität, da es sich seinen Nachwuchs selbst auswählen konnte. Unter einem strengen Papst kamen die Besucher zwangsläufig in größerer Zahl und waren von gemischter Qualität. Unter der Herrschaft Pauls IV., der streng, autoritär und intolerant war, wurde Philipps Anziehungskraft noch mehr offenbar" (PB 192).

Die Zeit unter Papst Pius V. war für das Oratorium ebenfalls nicht ungefährlich. Dieser Papst hatte eine panische Angst vor einem Religionskrieg in Italien, wie man ihn in Deutschland und Frankreich hatte beobachten können. Um die Gefahr bei der Wurzel zu packen, hatte er der Inquisition große Vollmachten überlassen. Da jeder in Rom das ernste Bemühen des Papstes um eine echte Reform der Kirche kannte, wurde es Mode, sich der neuen Richtung anzupassen, um sich beliebt zu machen unddie eigene Karriere zu fördern. Wie von selbst entstand eine drückende Atmosphäre: Unehrlichkeit, Schmeichelei und Denunziation breiteten sich aus. Man deckte andere als Häretiker auf und bewies damit Fortschrittlichkeit und Reformwillen.

Da Philipp alles andere als ein Konformist war und nichts auf Konvention gab, eckte er immer wieder an. So warf ihm der Kardinal Morone Ehrgeiz und Stolz vor, als er Philipp einmal mit seinem großen und fröhlichen Gefolge auf der Straße traf. Die neuartigen Praktiken im Oratorium waren bekannt geworden: In den Laienpredigten sah man die Lutherpest, das Singen der Laudi in der Volkssprache war verdächtig. Kurz gesagt: Gegen Ende der sechziger Jahre stand es schlecht um Philipps offiziellen Ruf. Capecelatro sagt treffend: „Über diese Vorwürfe flüsterte man überall und scheinbar mit Bedauern, aber immer so, dass sie bis zum Ohr des Papstes gelangten." Immerhin war um 1567 die Situation so gefährlich, dass „einer der Brüder" eine regelrechte Verteidigungsschrift verfasste, die auch Baronius erwähnt (PB 270).

Nun muss man allerdings zugeben, dass Philipp nicht sehr bemüht war, nicht aufzufallen und als untadelig zu erscheinen. Im Gegenteil! Als einmal einer dieser eifrigen Informanten zu ihm in die Messe kam, gab sich Philipp regelrecht Mühe, sein Latein derart zu verunstalten, dass man ihn für unkultiviert und unfähig halten musste. Auf derselben Ebene kam dann auch später der Vorwurf, dass den Priestern des Oratoriums die Qualifikation für das Amt als Beichtväter fehle, ein Vorwurf, den eine Prüfung bald als völlig unbegründet erwies. Jedenfalls erzählte man Philipps Scherze und Extravaganzen damals nicht nur als amüsante Anekdoten, sondern sprach auch so abschätzig, dass Kardinal Borromäus Philipp regelrecht warnen ließ. 1575 schrieb er an seinen Geschäftsträger in Rom: „Sie sollten Messer Filippo warnen wegen des Schadens, den er mit seinen Worten anrichtet." Was war geschehen? Vier polnische Besucher der Heiligen Stadt hatten von Philipp gehört und wollten ihn besuchen. Philipp traktierte sie mit einem Stück Lektüre aus Piovano Arlotto, und unter lautem Gelächter über die Schwänke sagte er, da sähen sie ja, was für bedeutende Bücher er besitze und welch wichtige Dinge er sich vorlesen lasse. Und ein berühmter römischer Herr meinte voller Enttäuschung, nachdem er bei Philipp war: „Der ist fröhlich und einfach und macht Scherze wie jeder andere!" Als man Philipp bat, er möge sich beim nächsten Besuch besser benehmen, meinte er nur: „Ihr wollt, dass ich etwas vormache … und dass ich feine Worte hersage! Nun, er soll wiederkommen, dann werde ich es noch ärger treiben!" (PB 143). Dieser Zug des Exzentrischen wurde in seinen späteren Jahren noch deutlicher sichtbar. Unter den Reformpäpsten Paul IV. und Pius V. war es oft riskant, durch unbekümmerten Individualismus Anstoß zu erregen.

Aber so gefährlich diese Jahre waren, der Durchbruch zu einer Zeit der Fruchtbarkeit für das Oratorium war schon nahe.

Karl Borromäus und das Oratorium

Unter den Päpsten Pius IV., Pius V. und Gregor XIII. vollzogen sich große Änderungen in der Kirche, vor allem aber in Rom. Die Macht des Reichtums schien gebrochen, selbst die Kurie war arm geworden. Die Sitten hatten sich überall gebessert. Es wehte tatsächlich ein neuer Geist. Das war sicher eine erste Wirkung des Konzils, aber auch die Ausstrahlung, die von heiligmäßigen Menschen wie Karl Borromäus und Philipp ausging.

Sehen wir uns zunächst die Gestalt des neuen Papstes Gregor XIII. an, der in der Geschichte des Oratoriums eine entscheidende Rolle spielt. Nach dem harten Paul IV. und dem strengen Pius V. schien der neue Papst seinem Namen Buoncompagni („guter Gefährte") Ehre zu machen. Er kam aus Bologna, war akademischer Lehrer, auf bedeutenden diplomatischen Missionen gewesen und hatte aktiv beim Konzil mitgearbeitet. Als er Papst wurde, war er bereits siebzig Jahre alt, regierte aber noch dreizehn Jahre. Man sagte, dass er die barocken und wortreichen Diplomaten an seinem Hof oft durcheinander brachte, weil er eine trockene Art hatte, kurze Antworten gab oder oft überhaupt nichts sagte. Montaigne berichtet in seinem „Journal de Voyage en Italie" voll Bewunderung, dass der Papst ohne Hilfe seinen Schimmel bestieg. Viele waren tief beeindruckt von der Würde, die von ihm ausging, obwohl er mit seiner großen Nase und seinen blauen Augen nicht gerade durch Schönheit auffiel. Unter ihm veränderten sich Rom und die gesamte Kirche. Äußerlich nahm Rom die Gestalt an, wie wir es heute kennen. Wichtiger war die innere Veränderung, die von Rom ausging. Gregor wusste, dass Reform besser durch Erziehung statt durch Zwang gefördert wird. Deshalb sorgte er dafür, dass die vielen nationalen Akademien gegründet oder neu gegründet wurden. Die Stürme und Unruhen der letzten Jahrzehnte hatten sich gelegt: Die Zeit der üppigen und heidnischen Feste unter Paul III., und auch die Zeit, in der berühmte Prediger über die Alpen nach Norden zu den Reformatoren flohen, war vorüber.

Jetzt unter Gregor konnte man von einer geistlichen Wiedergeburt sprechen. Nach dem Konzil hatte eine starke Welle geistlichen Lebens die Menschen erfasst. Viele fühlten sich in ihrem persönlichen Leben zur Nachfolge Christi gerufen. Es wurde gebetet, Gottesdienste und Andachten wurden gut besucht. Man ging häufig zu den Sakramenten.

Philipp war wie immer auf den Straßen der Altstadt, bei den Geschäften der Florentiner und in der Nähe der Universität der Sapienza zu finden. Inzwischen war er als „Rektor von San Girolamo“ und als „ein Typ“ bekannt. Ja man sprach sogar von einer „Schule“, in der bedeutende Leute um ihren Meister versammelt waren und jeder willkommen war. Der junge Staatssekretär Karl Borromäus hatte auf seiner Suche nach Reformkräften das Oratorium bereits entdeckt und wohl auch Philipp persönlich kennen gelernt. Besonders froh war er, dass seine Schwester Anna, die eine ängstliche, ja sogar skrupelbeladene Seele war, in Philipp ihren Beichtvater gefunden hatte. Durch ihre Heirat mit dem Sohn des berühmten Marcantonio, der als Sieger in der Seeschlacht von Lepanto verehrt wurde, war sie Mitglied einer der bedeutendsten Familien Roms, der Colonna, geworden. Mit ihren Seelenängsten hätte sie keinen besseren Berater und geistlichen Führer finden können als Philipp. (Allerdings hatte Philipp auch für sie nicht immer leichte Rezepte.) Tatsächlich weitete sich mit dieser Bekanntschaft das Apostolat Philipps aus: Jetzt kamen auch einige der bedeutenden und frommen Damen der römischen Gesellschaft regelmäßig zu ihm zur Beichte. Bisher war das Oratorium nur Männern vorbehalten, und nur an Sonntagen nahmen auch Frauen am Oratorium im Freien teil. Natürlich kamen sich über die Schwester auch Karl Borromäus und Philipp näher. Vor allem aber brachte die Beziehung zur Familie Colonna für Philipp in Rom Ansehen, das seine Stellung in der Öffentlichkeit in hohem Maße veränderte.

Wie gesagt, Karl Borromäus hatte schon bald das Oratorium und Philipp aus der Nähe kennen gelernt und begann sich immer lebhafter dafür zu interessieren. Dieses Interesse aber brachte dem Oratorium neue Gefahren, die jahrelang schwelten. Dennoch führte auch diese Krise zu einer Klärung über Wesen und Gestalt des Oratoriums. Sehen wir uns aber zuvor den großen Kardinal und Freund Philipps an: Karl Borromäus.

Der Nachfolger Pauls IV., der Sohn einer weniger bedeutenden Patrizierfamilie aus Mailand, der als Papst den Namen Pius IV. führte, hatte seinen Neffen Carlo Borromeo nach Rom geholt und ihn zum Kardinal und Hauptverwalter gemacht. Obwohl dieser erst 22 Jahre alt war, erwarb er sich bald große Achtung wegen seiner strengen Askese und weil er sich mit Eifer um die Verwirklichung der Reformdekrete des Konzils von Trient bemühte. Anfangs fiel er in seinem eleganten schwarzen Samtgewand nicht gerade durch einen asketischen Lebenswandel auf. Er hatte einen Hofstaat von immerhin 150 Leuten, liebte die Jagd, allerdings auch Diskussionen in einem literarisch-philosophischen Abendzirkel von hohem intellektuellem Niveau. Als Staatssekretär des Papstes und diesem ständig zur Seite war er ein mächtiger, einflussreicher Mann.

Nach dem Tod seines Bruders änderte er sein Leben, wurde streng gegen sich selbst und wollte sich aus der Welt zurückziehen und bei den Kamaldulensern Eremit werden. Als dann sein Onkel, Pius IV., starb, machte er sich an die große Aufgabe seines Lebens, die Reform seiner Erzdiözese Mailand, einer der bedeutendsten Diözesen Italiens. Wie groß sein Einfluss und seine Macht waren, hatte man schon bei den letzten Papstwahlen sehen können. Sowohl die Wahl Pius' V. als auch die Gregors XIII. hingen von seinem Gewicht im Konklave ab. Seine große Diözese verwaltete er mit außerordentlichem Geschick und hatte auch die Kraft, den spanischen Behörden, die in Mailand die Macht hatten, zu widerstehen. Karl tat alles, um die vom Konzil beschlossenen Reformen durchzusetzen. Eines seiner Mittel war das Bestreben, einen möglichst guten Klerus zu seiner Verfügung zu haben und namhafte Theologen, Seelsorger und Prediger nach Mailand zu holen.

Genau hier kam es zum Konflikt mit Philipp. Gewiss, dieser Konflikt zwischen heiligmäßigen Menschen zerstörte nie die gegenseitige Hochachtung, auch nicht die Liebe zwischen beiden. Das zeigt noch die Bemerkung Philipps, die beim Prozess berichtet wurde, Philipp habe Karls Gesicht „nicht hässlich, sondern leuchtend und hell" gesehen (T 203). Das war nun wirklich bemerkenswert, denn Karl Borromäus war auch berühmt wegen seiner Hässlichkeit – eine große, eckige Gestalt mit einer breiten Stirn und einer großen Nase, die das Gesicht beherrschte. Philipp aber sah tiefer. Er wusste um die tiefe Gottesliebe Karls und seine restlose Hingabe für den Nächsten. Überall erzählte man von seiner Sorge und seinem persönlichen Einsatz für die Pestkranken, als 1575 die furchtbare Seuche Mailand heimsuchte. Und man sah ihm die Strenge an, die er sich selbst zumutete – sein Fasten, seine unermüdliche Arbeit, die langen Nachtwachen im Gebet. Mit spitzem Witz hatte Kardinal Sirleto gesagt: „Nicht Kardinal Borromäus hat das Martyrium verpasst, sondern das Martyrium hat ihn verpasst" (L 318).

Die Geschichte der Beziehungen zwischen Philipp und Karl zeigt auch, wie sehr beide auf dem Boden der Tatsachen standen und mit welch kluger Diplomatie beide einander zu begegnen wussten. Und das erstaunliche Ergebnis des Konflikts ist unter anderem eine Klärung dessen, was das Oratorium ist.

Es wurde bereits erwähnt, dass in der harten Zeit der Prüfungen unter Papst Pius V. Philipp geäußert hatte, er werde nach Mailand gehen. Sah er doch in dieser dunklen Zeit der versteckten Manöver gegen ihn und das Oratorium die Existenz des Oratoriums bedroht. Er war sicher, in Mailand unter Karl die nötige Freiheit zu haben. Es begann in dieser Sache ein Briefwechsel zwischen Philipp und Karl, und es gibt noch eine Notiz eines Vertrauten Karls in Rom, Ormaneto, die im kritischen Jahr 1567 auf eine Einladung Karls hindeutet und dazu den Vermerk festhält: „Der heilige Philipp sagte, er würde gehen" (L 320). Karl hatte zunächst von einem Besuch Philipps in Mailand geredet und wissen lassen, Philipp brauche ja nicht so lange zu bleiben. Beim Beginn der kalten Jahreszeit könne er wieder aufbrechen. Philipp hatte alles gehört, bewegte sich aber keinen Finger breit. Er wollte wohl erst handeln und fortziehen, wenn es gar keine andere Möglichkeit mehr gäbe. Karl schickte dann 1568 einen seiner fähigsten Mitarbeiter, den Abt Agnolini. Philipp lehnte zwar nicht ab, bewegte sich aber nicht. Wohl berichtete 1569 ein anderer Vertreter Karls in Rom, Mazzarella, Philipp wiederhole öfter, er wolle nach Mailand gehen, und zwar bald. Ähnliches meldete 1570 Speziano nach Mailand; er war der ständige Geschäftsträger Karls in Rom, der engen Kontakt mit San Girolamo hatte. Er versicherte, Philipp sei mit seiner ganzen Gruppe bereit, bald nach Mailand aufzubrechen.

Dann ereignete sich der Wechsel im Vatikan. Gregor XIII., zu dem Philipp persönliche Beziehungen hatte, war neuer Papst geworden. Nun zeigte sich als größte Sorge Philipps die Festigung des Oratoriums. Deshalb antwortete er auf das Drängen Karls immer mehr ausweichend. 1572 hatte er schriftlich versichert, er wolle „es dennoch nicht daran fehlen lassen, dass einer der Seinen nach Mailand gehe" (L 321). Tatsächlich schickte er dann 1575 drei und später noch einmal zwei seiner

Leute nach Mailand. Alle waren tüchtige Priester, aber nicht die, auf die Karl immer besonders gehofft hatte – Tarugi, Baronius oder gar Philipp selbst.

Aber ziemlich bald zeigte sich dann die Verschiedenheit, ja Unverträglichkeit der Auffassungen zwischen Karl und Philipp. Hatte doch der Kardinal angeordnet, dass die Neuankömmlinge binnen drei oder vier Monaten den Ambrosianischen Ritus übernehmen sollten. Damit hätten sie anerkannt, dass auch für diese „Oratorianer" niemand anders als der Erzbischof von Mailand zuständig sei. Hier aber stieß Karl auf eine andere Auffassung. In seinem Brief an Speziano sagte er: „Ich sehe, dass meine Ansichten und die jener Patres sehr verschieden sind. Sie wollen, dass ihre Kongregation von ihnen selbst abhängt, und ich wünsche, dass alles nach meinem Willen gehe. Ich möchte nämlich nichts anderes schaffen als eine Gemeinschaft von Menschen, die auf jeden meiner Winke bereitstehen, allerdings soll diese Gemeinschaft aus Priestern des Oratoriums bestehen" (L 322).

Jetzt wusste Philipp wirklich, woran er war, und er ließ ganz abrupt – selbst ohne den Kardinal zu informieren – seine Mitbrüder aus Mailand zurückrufen. Tarugi, der den Brief zu schreiben hatte, war wegen der Unhöflichkeit des Vorgehens ganz entsetzt. Da im folgenden Jahr die Pest in Mailand ausbrach, sahen einige Biografen in der Entscheidung Philipps einen Beweis für seine prophetische Begabung. Wahrscheinlicher ist wohl die Erklärung, dass Philipp früh erkannte, wie verschieden Karl Borromäus und er waren, dass er aber der manchmal herablassenden Autorität des Kirchenfürsten nicht immer ein klares Nein entgegenzusetzen vermochte. Da er in schwerer Zeit versprochen hatte, Hilfe zu schicken, wollte er sein Wort einlösen, mehr aber nicht.

Jeder dieser beiden großen Heiligen der Kirche ging seinen eigenen Weg, wenn auch Karl in seiner Enttäuschung Philipp „einen Menschen ohne Mitleid" genannt hatte. Beide aber – der Mann ohne Mitleid und der harte Kardinal – trafen sich wieder 1579 in Rom. Die Leute kamen in Scharen, um den großen Kardinal zu sehen, dessen restlose Hingabe für die Pestkranken auch in Rom bekannt geworden war. Es wird berichtet, dass er an 1500 Leute die Kommunion austeilen musste – ein Zeichen für die große Veränderung des geistlichen Lebens in Rom.

Aber der Konflikt zwischen den beiden hatte noch eine Fortsetzung. Der Herzog von Bayern, Wilhelm V., hatte sich an Karl gewandt, weil er in der Sorge um die kirchliche Erneuerung in seinem Gebiet zwei gute Priester mit einer tüchtigen Ausbildung in der Liturgie suchte. Karls Geschäftsträger in Rom veranlasste – vielleicht auf Anregung Karls –, dass Papst Gregor XIII. zwei Patres der gerade neu gegründeten Kongregation des Oratoriums vorschlug. An Kardinal Borromäus ging die Nachricht, zwei Oratorianer würden nach Mailand kommen und von dort nach Bayern gehen. Kaum hatte Philipp das gehört, eilte er zum Papst und bewirkte, dass zwei Weltpriester aus San Girolamo statt der Oratorianer benannt wurden. Die aber dachten noch einmal über ihre Mission nach und lehnten dann ab. Man kann sich die Reaktion von Karl Borromäus und Speziano vorstellen. Karl sprach vom Ungehorsam der Oratorianer, und der Papst wiederum ließ Philipp das zur Kenntnis nehmen. In einem direkten Brief an Philipp und seine Kongregation warf Karl ihnen „sensualità" vor, ein Wort, das Hängen an Bequemlichkeit und eigenen Interessen meint. Da dieser Ausdruck bei Philipp ins Schwarze, das heißt ins Herz traf, reagierte er prompt. Es existiert noch der Entwurf seiner Antwort mit Streichungen und Korrekturen, teils diktiert, teils in seiner eigenen Handschrift. Dort steht: „Was nun die Sensualità bei uns betrifft, so möge mir Eure Herrlichkeit vergeben, denn Sie haben den Ruf, nicht nur ans eigene Interesse zu denken („essere sensuale"), sondern ein Räuber („ma ladra") zu sein, und das sagen der Bischof von Rimini und von Vercelli und viele andere. Denn wenn Sie jemand haben können, dann kümmert es Sie nicht, dass Sie einen Altar entblößen, um einen anderen zu versorgen: Amicus Socrates, Amicus Plato, Sed magis Amica Veritas !“ (L 326). Auch dies sehr menschlich und freimütig! Wohl muss man hinzufügen, dass Philipp wohl eine sanftere Antwort geschickt hat, die uns aber verloren ging.

Wen wundert es, dass der große Kardinal Karl Borromäus danach die Hoffnung aufgab, Oratorianer nach Mailand zu bekommen. Er gründete deshalb ein eigenes diözesanes Institut mit dem Namen „Oblaten des heiligen Ambrosius“, die sich nach seinem Tod „Oblaten des heiligen Ambrosius und Karl“ nannten. Sie entstanden 1578 nach dem Muster des Oratoriums, aber nur für den Dienst in der Diözese Mailand.

Als Karl die Regel für seine Oblaten fertig hatte, wollte er sie Philipp zeigen, und dann kam es zu einer bizarren Episode. Der Kardinal hatte lange darüber gebetet und nachgedacht und die Meinung höchster und kompetenter Köpfe eingeholt. Als er nun Philipp um seine Ansicht bat, fand dieser immer eine Ausrede. Da lud ihn der Kardinal diplomatisch ein, mit ihm ein Stück Wegs in der Kutsche mitzufahren, dann könne man ja die Sache besprechen. „Ja, Eure Herrlichkeit“, sagte Philipp, „allerdings unter der Bedingung, dass die Kutsche dahin fährt, wohin ich will.“ Sie landeten schließlich vor einem Kapuzinerkloster, und Philipp ließ den Bruder Felix rufen. Dieser heilige Felix von Cantalice war Analphabet, arbeitete im Garten, kollektierte in der Kirche und bettelte für die Armen auf den Straßen Roms. Philipp schätzte ihn sehr. Nun erklärte er ihm, der Herr Kardinal hier habe eine Ordensregel geschrieben und er solle diese lesen und sein Urteil abgeben. „Ich lesen?! Aber ich kann doch gar nicht lesen!“ Sie wurde ihm vorgelesen. Und am Ende des seltsamen Gesprächs ergab sich, dass Philipps Adresse gut war, aber auch die Demut des Kardinals und vor allem die trefflichen Anmerkungen des Felix von Cantalice, der später heilig gesprochen wurde.

Das Oratorium wäre also fast nach Mailand gezogen und hätte damit vielleicht sein Ende gefunden. Geendet hätte es fast auch aus einem anderen Grund: In der Zeit der Reform Anfang des 16. Jahrhunderts waren mehrere neue Kongregationen entstanden: die Theatiner, die Somasker und 1530 eine Kongregation, die nach ihrem Gründungsort, der Kirche zum heiligen Barnabas, die „Barnabiten" genannt wurde. Ihre Mitglieder waren nicht nur als Priester sehr gebildet, sondern auch wegen ihres liebenswürdigen Auftretens und einer gewissen Vornehmheit bekannt. Um die Möglichkeit einer Gründung in Rom ausfindig zu machen, hatten sie zwei Patres nach Rom geschickt, und diese kamen bald mit Philipp in Verbindung.

Man hatte sich sofort gut verstanden, und in einem Brief an seinen Generaloberen berichtete Tito degli Alessi, dass Philipp versprochen hatte, ihnen Kandidaten zu schicken. Über die Gemeinschaft in San Girolamo berichtete er: „Ihre Lebensweise ist sehr bescheiden und sparsam. Sie wirken sehr fruchtbringend in dieser Stadt, und viele Leute kommen an beiden Orten (San Girolamo und San Giovanni) zusammen" (L 328). So gut war das gegenseitige Verstehen, dass der Gedanke einer Fusion zwischen Oratorium und Barnabiten auftauchte. Von wem er kam, ist nicht ganz klar, aber Alessi schrieb, einer der nächsten Freunde Philipps habe ihm gesagt: „Vielleicht bilden wir eine Union mit euch." Da die beiden Barnabiten als Gäste in San Girolamo wohnten, konnte man den Eindruck haben, es bestehe schon ein Gemeinschaftsleben.

Obwohl die Barnabiten im März 1575 eine eigene Bleibe mit Kirche und Haus fanden, blieb die Idee einer Fusion immer noch lebendig. Ja sie wurde sogar kräftig gefördert durch Monsignore Alfonso Visconti, der immer zu Philipp kam. Aber die Sache fand auf ihrem Höhepunkt auch ihr Ende. Wohl bleibt die Haltung Philipps bemerkenswert. Er hielt sich zurück, ließ Ideen und Gesprächen freien Lauf, griff nicht ein und schien vor allem zuzuhören. Aber als Monsignore Speziano die Frage offen darlegte, machte er die schon erwähnte Bemerkung, die immer noch eine bedeutende Maxime des geistlichen Lebens ist: „Es ist immer etwas Gutes, sich von einem schlechten zu einem guten Leben zu bekehren. Aber von einem guten zu einem besseren Stand überzuwechseln, das ist etwas, das man vorher gut überlegen soll."

Bau der Chiesa Nuova und Gründung der Kongregation

Die Erfahrungen in San Giovanni hatten Philipp gezeigt, wie gefährlich die Abhängigkeit von anderen war. Man begann also, nach einer eigenen Kirche und einem eigenen Haus zu suchen.

Ein eigenes Haus war schon deshalb nötig, weil die Gruppe der Gefährten Philipps ständig wuchs. Baronius hatte 1564 geschrieben: „Wir sind sechs Priester, die hier leben", davon gehörten drei zum Oratorium. 1567 vermerkte Baronius, dass 18 Personen zur Kommunität von San Giovanni gehörten; dazu kamen noch einige Gäste. 1578 wurden in einer Liste 33 Mitglieder des Oratoriums aufgeführt, darunter drei Spanier, ein Franzose und wahrscheinlich ein Grieche. Wollte man die wachsende Gemeinschaft zusammenhalten, brauchte man dringend ein eigenes Haus.

Philipp hatte verschiedene Ideen über eine eigene Kirche. Er dachte an die Tiberinsel San Bartolomeo, da ihm die Nähe des Flusses gefiel. Er dachte auch an Santa Maria in Monticelli, das in der Nähe lag und über ein geräumiges Haus verfügte. Er dachte aber nicht an Santa Maria in Vallicella, eine kleine baufällige Kirche in einer Senke („Vallicella") und hinter einem Brunnen. Dieser „weiße Brunnen" war in Rom sprichwörtlich bekannt, weil diese Zone in ganz Rom einen schlechten Ruf hatte. Allerdings hatten die Päpste inzwischen dafür gesorgt, dass Sitte und Ordnung wieder zu ihrem Recht kamen. Zur Pfarrei gehörten damals nur 160 Familien.

Papst Gregor schlug selbst diese Kirche vor, und da Philipp darin den Wink der Vorsehung erkannte, sagte er sofort zu. Der Papst hatte gute Gründe für seinen Vorschlag. Die kleine Kirche lag am damaligen „Nabel der Stadt", wie Gallonio sagt, und in einer dicht bevölkerten Gegend. Dort waren die Banken und Handelshäuser, die Philipp seit seinen ersten Tagen in Rom so gut kannte; dort war auch der päpstliche Hof zu Hause; dort wohnten viele Künstler und Gelehrte. Der Papst, der gut über das Oratorium unterrichtet war, hatte wohl an all das gedacht. So eifrig und auffällig war das Oratorium vom päpstlichen Hof und dem Gefolge der Kardinäle besucht, dass es hieß: „Wenn der Papst in Bologna ist, dann ist das Oratorium fast leer" (PB 316) – ein Beweis für den großen Einfluss des Oratoriums auf die oberen Ränge der Kirche.

Nun hatte das Oratorium eine eigene Kirche und damit endlich auch ein eigenes Zuhause. Aber mit der Übereignung der Kirche an das Oratorium geschah noch ein anderer bedeutender Akt: Die Kongregation des Oratoriums wurde kanonisch errichtet. In der Bulle Gregors XIII. vom 15. Juli 1575 heißt es: „Eine Kongregation von Weltpriestern und Klerikern unter dem Namen Oratorium wird errichtet." Diese Errichtung der Kongregation des Oratoriums ist so bedeutend, dass darüber später eigens zu sprechen ist.

Aber die Übertragung der Kirche war für die Kommunität nicht nur eine reine Freude, denn der dortige Pfarrer musste zum Verzicht auf seine Pfarrei bewegt werden und gab erst nach, als ihm eine jährliche Pension zugesichert wurde, die für die Kongregation lange Zeit eine Last blieb. Dazu kam die größere Schwierigkeit, dass die Pfarrei nicht selbständig war, sondern San Lorenzo in Damaso unterstand und somit Kardinal Alessandro Farnese. Dieser war kein Freund des Oratoriums und musste erst mit diplomatischem Geschick und mehr als sanftem Druck Philipps auf Anna Borromeo, die Schwester

Karls, dazu bewegt werden, die Kirche der Oratorianer aus seiner Regierung zu entlassen.

Die Sache verlief so: Anna Borromeo hatte in die Familie der Colonna geheiratet. Dort ging Philipp ein und aus, und man verehrte ihn besonders, seitdem er die Geburt eines Enkels von Marcantonio Colonna, einem der Sieger von Lepanto, vorausgesagt hatte. Anna ging bei Philipp zur Beichte und war sehr froh, dass sie mit ihrem geistlichen Vater Philipp wenigstens noch brieflich Verbindung halten konnte, als sie mit ihrer Familie nach Palermo zog. Als nun Kardinal Farnese der Bitte der Oratorianer nicht nachgeben wollte, bat Philipp Anna um ihre Fürsprache.

Der Kardinal wich aus. Da wurde Philipp deutlicher – ob ernst oder in gespieltem Ernst ist nicht sicher –, und zwar so deutlich, dass Anna in ihrer Not dem Kardinal ohne Umschweife schrieb: „Padre Messer Filippo hat mir gesagt, dass er, wenn ich ihn nicht mit Euch versöhnen kann, nichts mehr von mir wissen will, nicht mehr schreiben will, und wenn ich nach Rom zurückkehre, nicht mehr meine Beichte abnehmen will … Ich kann sagen, dass ich außer von Vater und Mutter noch nie soviel zarte und echte Liebe für mich und mein Seelenheil gefunden habe als wie jene, mit der Vater Philipp mich zur Ehre Gottes umgeben hat“ (PB 331). Daraufhin gab der Kardinal nach. Was der Diplomatie Tarugis nicht gelungen war, das hatte Philipp erreicht – die rechtliche Unabhängigkeit der neuen Gründung.

Tarugi ließ sein diplomatisches Geschick auf einem anderen Feld spielen: Er suchte einen mächtigen Gönner für die neue Kongregation und die geplante neue Kirche. Es gelang ihm, Kardinal Cesi für den Bau der Chiesa Nuova zu interessieren. Cesi stammte aus einer reichen römischen Familie und hatte den Ehrgeiz, sich und seiner Familie ein prächtiges Andenken zu schaffen nach Art des Kardinals Alessandro Farnese. Dieser war Protektor der Jesuiten geworden und hatte ihnen beim Bau ihrer großartigen Kirche „Il Gesù“ geholfen. Da es einige

Schwierigkeiten mit Cesi gab, gewannen Philipp und Tarugi den Papst als Vermittler, und bald konnte der Papst mitteilen: „Die Heirat ist arrangiert", Kardinal Cesi gewonnen. Allerdings stellte der Kardinal Bedingungen, die das Oratorium in seiner Freiheit eingeengt hätten, und es ist erstaunlich, dass Philipp zusagte. Da aber die großen Versprechungen des Kardinals nicht erfüllt wurden, kamen auch diese Bedingungen nie zum Tragen.

Kaum hatte das Oratorium die Kirche übernommen, kannte man Philipp nicht mehr wieder. Er, der sonst immer so vorsichtig war und nichts von den weitgreifenden Plänen seiner Gefährten wissen wollte, war auf einmal voll Begeisterung und von einer Kühnheit im Planen, die nicht nur überraschte, sondern geradezu entsetzte.

Der Architekt hatte erklärt, es sei sinnlos, die alte Kirche zu restaurieren. Ein alter Plan zeigt, dass sie aus einem Hauptschiff bestand, das an jeder Seite von drei Säulen eingegrenzt war und in eine Apsis führte. Die Dachkonstruktion war offen, die Decke nicht abgehängt; es war eine Kirche in der Form einer Basilika. Sie galt als eine der ärmlichsten in ganz Rom, und Fedeli schildert sie als dunkel und in die Erde hinein gebaut. Es sollte also eine neue Kirche gebaut werden. Aber der Architekt Matteo di Castello war erstaunt und geradezu erschrocken, als Philipp ihn die Messschnur immer weiter ziehen ließ; erst beim dritten Mal war er zufrieden. Als man dort den Boden aufgrub, fand man eine alte Mauer, die als Fundament dienen konnte. Der Architekt war so sehr von Philipps Eifer angesteckt, dass er einen Plan zeichnete, der über das vorhandene Grundstück hinausging, dann aber den Plan versteckte aus Angst, er müsse ihn sonst umwerfen. Es hatte ihn wohl die prächtige Jesuitenkirche in der Nähe, die gerade fertig wurde, inspiriert. Auch die Chiesa Nuova sollte wie Il Gesù nur ein einziges großes Hauptschiff erhalten.

Als man anfing, gab es weder einen Kostenplan noch Geld oder eine feste Zusicherung für eine angemessene Hilfe. Wohl hatte der Architekt versprochen, keine Gebühren für seine Arbeit zu nehmen, und man besaß noch 400 Kronen, die Karl Borromäus für die Errichtung eines Oratoriums gespendet hatte. Aber was war das schon? Philipp schien jedoch davon nicht berührt zu werden. Für ihn konnte die „neue Kirche" nicht groß und prächtig genug sein. Er sagte einfach: „Ich habe mit der Madonna vereinbart, dass ich nicht eher sterbe, bis die Kirche unter Dach ist."

Der Grundstein wurde 1575 durch den Erzbischof Alessandro de' Medici aus Florenz gelegt. Zwei Mitglieder des Oratoriums erhielten den Auftrag, sich um den Neubau zu kümmern: Giovanni Lucci und der junge Germanico Fedeli. Lucci war auch der erste Pfarrer für zwei Jahre. Beim Abriss der alten Kirche hatte er eine Ecke stehen lassen und in dieser provisorischen Kapelle das Allerheiligste und ein Bild der Muttergottes untergebracht. Eines Tages schickte ihm Philipp die eilige Nachricht, er habe gesehen, wie die Muttergottes das Dach der Kapelle stützte, da es einzustürzen drohte. Tatsächlich fanden dann die Handwerker, dass sich ein Balken, der das Dach trug, aus dem Mauerwerk gelöst hatte. Auch sonst gab es Schwierigkeiten. Die Nachbarn waren unzufrieden über den Abriss einiger Häuser und bewarfen die ersten Oratorianer mit Steinen und schossen mit der Armbrust nach ihnen.

Die ersten Spenden waren aber auch von den kleinen Leuten in der Nachbarschaft gekommen. Frauen hatten ihre Ringe geopfert. Dennoch musste Tarugi 1576 gestehen, dass wenig gespendet wurde. Der Papst gab insgesamt 8000 Kronen. Um sich für diese Großzügigkeit erkenntlich zu zeigen, wurde der Name von Papst Gregor mit in den Titel der Kirche eingefügt. Trotzdem stiegen die Schulden so sehr, dass 1581 die Arbeit an der Kirche eingestellt werden musste.

Dennoch konnte der Erzbischof von Florenz im Februar 1577 die erste Messe in der neuen Kirche feiern. Es war zwar nur das Hauptschiff fertig, aber man brachte eine große Bretterwand an, verzierte sie mit vergoldetem Leder und nahm nun die Kirche gleich in Gebrauch. Der Papst war selbst mehrfach gekommen und zufrieden mit dem, was er sah. Er hatte sogar einen der berühmtesten Prediger, den spanischen Kapuziner Alfonso Lupo, für die Fastenpredigten bestellt, und es hieß, dass man in Rom noch nie so viele Menschen bei einer Predigt gesehen habe.

Um das Querschiff und den Chorraum der Kirche errichten zu können, mussten einige Häuser abgerissen werden, darunter auch die engen Wohnhäuser, in denen die Kommunität seit 1577 lebte. Das wiederum erforderte, dass auch für die Kongregation ein neues Haus gesucht werden musste. Hier half Kardinal Cesi. Er kaufte das benachbarte, leer stehende Kloster der heiligen Elisabeth sowie ein zweites Haus und schenkte sie der Kongregation. Als er dann 1586 starb, hinterließ er der Kongregation eine Erbschaft von 8000 Kronen.

Inzwischen war auch der Architekt verstorben, und man drängte seinen Nachfolger, die früheren Pläne zu erweitern. 1588 wurden die Fundamente für das Querschiff gelegt, und endlich konnte man 1590 voll Freude nach Neapel schreiben: „Das Mauerwerk der Kirche ist fertig gestellt." Die Bretterwand wurde entfernt, und jetzt sah man, wie gut die Proportionen der Kirche gelungen waren.

Philipp war trotz seiner angegriffenen Gesundheit kaum zu halten. Er musste unbedingt die Kirche sehen und dort die heilige Messe feiern. Da immer noch Geld fehlte, gab Philipp von seinem Eigentum 3000 Kronen – fast alles, was er besaß. Wichtiger aber war eine andere Hilfe Philipps. Als einer der Laienbrüder vom Gerüst fiel und so verletzt war, dass ein tüchtiger Arzt ihn schon aufgegeben hatte, sagte Philipp dem Arzt nur: „Angelo, du bist ein Dummkopf. Ich will nicht, dass er stirbt, bevor die Kirche fertig ist." Und tatsächlich war der Bruder bald wieder auf den Beinen.

Im September 1590 waren endlich Altarraum, Querschiff und Kuppel eingewölbt. Das große Mittelschiff erhielt sein

Gewölbe erst 1593. Philipp wollte nichts von Stuckverzierung wissen und erklärte mit Festigkeit, man solle die Kirche weiß getüncht lassen. Die Fassade, die damals als die schönste in Rom galt, wurde erst nach Philipps Tod fertig, und zwar im Jahre 1606.

Wo lebte nun die neu errichtete Kongregation? Im Jahre 1576 waren Baronius, Tarugi und Lucci in die Nähe der neuen Kirche gezogen, und sobald die Kirche benutzt werden konnte, kamen auch die anderen. Dieser allgemeine Umzug geschah erst 1577. Alle wohnten in nahe gelegenen Häusern, die teils gemietet, teils gekauft waren. Nur Philipp blieb, wo er war – in San Girolamo.

Sobald man nun „in casa nostra" wohnte, wie Baronius sagt, begann die neue Kongregation sich eine Ordnung zu geben und eine Leitungsstruktur zu bilden. Die erste Versammlung war am 15. März 1577 in der neuen Kirche. Es wurden fünf Patres gewählt, die man „Deputierte" nannte und die für das Wohl der Gemeinschaft sorgen mussten. Dann wurde festgelegt, dass die Gruppe der Deputierten für alle Entscheidungen die Zustimmung Philipps einholen musste, da dieser der Praepositus der Kongregation war. Ja, am 8. Mai wurde auf ausdrückliches Verlangen der Mitglieder Philipp zum Praepositus gewählt.

Damit sind wir auf ein Wesensstück im Werk Philipps gestoßen: die Struktur der Kongregation des Oratoriums. Bei den ersten Entscheidungen damals wurde der Aufbau sichtbar: 1. die allgemeine Versammlung, die über wichtige Fragen entscheidet; 2. die Versammlung der Deputierten, die bestimmte Fragen entscheidet, die aber 3. auf die Zustimmung des Praepositus angewiesen ist. Diese Form blieb maßgebend, solange Philipp lebte. Und wie war es vorher? Alle wurden unter Philipps geistlicher Führung von ihm gelenkt. Neu war jetzt das Eigenleben der Kongregation, ihre Autonomie.

Gallonio berichtet, dass die kanonische Errichtung der Kongregation und der eindrucksvolle Neubau bald neue Berufungen zum Oratorium führte. Nur wusste man sie nicht unterzubringen. Zudem ergab sich, dass viele nicht blieben. (Von 24 im Jahre 1578 waren 1581 noch 18 übrig.) Dokumente dieser Zeit sprechen von „unzählig vielen Berufungen, die man nicht annehmen konnte, weil es keinen Platz und kein Geld gab, nur eine halbfertige Kirche und große Schulden. Dazu kam die Not der täglichen Verpflichtungen". Tarugi klagte: „Die Mehrzahl der Mitglieder in der Kongregation ist in schlechter Verfassung. Die ununterbrochene Arbeit erschöpft sie. Wegen der kleinen Zahl müssen die Beichtväter auch predigen und alles andere tun, während in den Orden jemand, der eine bestimmte Aufgabe hat, von anderen freigestellt ist" (PB 352).

Aber selbst diese Klage Tarugis enthüllt auch, dass Philipps Werk nunmehr einen ungeahnten Höhepunkt erreicht hatte. Es gab eine vom Papst kanonisch anerkannte Kongregation; eine der bedeutendsten Kirchen Roms – die Chiesa Nuova – war zur Hälfte fertig; die Versammlungen des Oratoriums zogen ganz Rom in ihren Bann und waren über Rom hinaus berühmt; neue Berufungen meldeten sich in einer Zahl, die man kaum verkraften konnte. Dennoch gab es eine Merkwürdigkeit, die unerhört war und die nur jemand erklären konnte, der Philipp kannte: Der Obere der Kongregation, der Gründer und Vater des Ganzen, wohnte nicht bei seiner Familie, sondern immer noch in San Girolamo.

Darunter litt die ganze Gemeinschaft und nicht nur, weil man regelmäßig zur Beichte und zu anderen Begegnungen hinübergehen musste. Das dauerte nun bereits sechs Jahre. Gewiss, auch nach San Giovanni war Philipp nicht umgezogen, aber damals handelte es sich nur um ein „Konvikt", jetzt aber doch um das eigene Haus.

Warum Philipp so an San Girolamo hing, hat wohl viele Gründe. Wie viel Segen, wie viel an Bitterem hatte er dort erlebt. Immerhin liebte er seine Kammer so sehr, dass er bis zu seinem Lebensende immer wieder dorthin ging. Die Schlüssel dazu hatte er dem seligen Johannes Leonardi übergeben.

Die Patres der Chiesa Nuova wussten, dass es nur ein Mittel gab, Philipp zu bewegen, und so erwirkten sie mit Hilfe eines befreundeten Kardinals eine Weisung des Papstes. Philipp gehorchte auch sofort. Aber seinen Umzug wusste er in einen typischen Triumphzug zu verwandeln. Man sah die feierliche Prozession durch die Gassen ziehen: Jeder trug ein Stück der ärmlichen Habe: eine Pfanne, sein Essgeschirr und Küchen- und Ofengerät. Das Ganze war ein nie gesehenes Spektakel für die Umgebung und ein besonderes Lustspiel für die Gefangenen, die auf der Via Giulia hinter ihren Gefängnisgittern zuschauten und spöttische Kommentare hinausriefen. Zu Hause in San Girolamo blieb nur die Katze, die noch einige Jahre lebte und der Gallonio oder ein anderer jeden Tag das Futter bringen musste.

Kaum war Philipp umgezogen, zog er sich auch in der Chiesa Nuova zurück. Er kam nicht zu den Versammlungen. Seine Kammer hatte er hoch unter dem Dach genommen und ließ sich eine Loggia bauen, von wo er weit über den Tiber und die Stadt sehen konnte und wohin er sich zum Gebet zurückzog. Man sah ihn nicht beim gemeinsamen Essen. Besucher nahm er mit zu sich hinauf. – Philipps Leben schien ruhiger zu werden. Das innere Licht und die Wärme seines Herzens schienen immer stärker zu leuchten. Aber gerade das bewegte ihn zu den seltsamsten Clownerien und bizarren Schelmenstücken. Es war, als ob er mit aller Gewalt sein Herz verstecken wollte. Er war tatsächlich ein „Mystiker im Narrenkleid“ (M) geworden.

Neugründungen

Als Philipps Werk seine volle Blüte erreicht hatte, geschah ein Ereignis, das seine Entwicklung entscheidend bestimmte: die Gründung eines zweiten Hauses in Neapel.

Diese Gründung hatte eine Vorgeschichte. In der Zeit der Prüfung unter Pius V. hatte Karl Borromäus bereits eine Gründung in Mailand angeboten und zehn Jahre lang hartnäckig darum gekämpft (siehe oben S. 107-110). Damals zeigte schon Tarugi großes Interesse, nach Mailand zu gehen. Hatte doch Tarugi damals die Vorstellung, das Oratorium müsse über Rom hinausgehen. In einem Brief bat er 1579 den Kardinal, dem Papst ein Memorandum vorzulegen, das von einem „weltlichen Orden" sprach, das heißt ein Oratorium von Weltpriestern, das der Kirche überall in der Welt dienen könne. Diese Idee eines universalen Apostolats des Oratoriums spukte damals nicht nur in Tarugis Kopf. In Denkschriften der damaligen Zeit wird vorgeschlagen, „nicht nur Rom zu versorgen, sondern auch viele Diözesen in der ganzen Welt, die Priester nötig haben". Das Ziel der Kongregation sollte sein, „Leute zu allen Bischöfen zu senden, die Hilfe brauchten" (PB 328). Auch Talpa gab später zu, dass er das Oratorium als Institut für eine Reform der Weltkirche gehalten habe. Gerade die Tatsache, dass sie Weltpriester waren, hätte ihr Wirken besonders fruchtbar machen können. Von all diesen Ideen muss

Philipp wohl gewusst haben, nahm aber keine Stellung dazu. Er hielt nichts von abstrakten und weit greifenden Plänen.

Schon recht früh hatte das Oratorium auch in anderen Diözesen als Mailand einen so tiefen Eindruck gemacht, dass verschiedene Bischöfe versuchten, es in ihre Diözesen zu holen. Ein Adliger aus Genua, der das Oratorium in San Giovanni kennen gelernt hatte, bot eine Kirche und finanzielle Hilfe, wenn Philipp Oratorianer schicken würde. Alles verlief im Sand. So auch die Angebote aus Rimini und Bologna. Dem Bischof von Fermo schrieb Philipp: „Gott, der Herr, weiß, dass es nicht nur mein Wunsch ist, sondern der Wunsch der ganzen Kongregation, dass unser Institut des Oratoriums sich weit verbreitet, da wir seine überreiche Frucht sehen. Wir würden uns gerne dieser Aufgabe widmen, wenn es uns klar wäre, dass dies unsere Berufung ist. Aber bisher schien es uns immer besser, unsere Kräfte klug abzuwägen und mit der Errichtung neuer Oratorien außerhalb Roms vorsichtig zu sein" (13. Januar 1580: PB 382). Eine Ausnahme bildete die Gründung von San Severino. Sie war nicht vom römischen Haus ausgegangen, sondern war eine Art Adoption. 1579 wurden drei Priester von San Severino, der Heimat Talpas, zu Oratorianern erklärt. Später erhielten sie eine Kirche. Ähnlich verhielt es sich mit Fermo. – Dennoch gab es bald überall in Italien Oratorien, zum Beispiel in Mailand, Padua, Lucca, Bologna, Verona. Sie nahmen das römische Haus als Modell, waren aber nie der römischen Kongregation unterstellt. Einer der Hauptgründe für die Verbreitung des Oratoriums war zweifellos die neue Art zu predigen, die Philipp so sehr am Herzen lag.

Natürlich hatte diese Verbreitung auch eine Rückwirkung auf die Mitglieder des römischen Hauses. Interessant ist eine Bemerkung in den Konstitutionen, die Bordini verfasst hat. „Wenn eines Tages mit Gottes Hilfe die Väter der Kongregation weit verstreut sind, weil es Häuser und Schulen in weit entfernten Städten und Provinzen gibt, dann ist es nicht nötig, alle Priester zusammenzurufen, sondern nur die Provinzialen und Rektoren der verschiedenen Orte" (PB 384). So erklärt sich, dass bereits damals der Titel Generalpraepositus auftauchte. Und was sagte Philipp dazu?

Er ließ alles gewähren, widersprach nicht grundsätzlich und wies nur immer wieder darauf hin, dass man nicht genug Leute für Rom habe. Philipp nahm sogar die Titel „General", „Provinzial", „Rektor" ohne Widerspruch hin. Dass aber diese Entwicklung nicht Philipps Stil war, mag sein späterer Brief nach Neapel zeigen, in dem er sagt: „Im Vergleich mit so vielen und zahlreichen Orden, die voll Heiligkeit und Gelehrsamkeit sind, sind wir wie Zwerge gegenüber Riesen" (9. November 1585: PB 454). Philipp selbst hat nie hoch hinaus gewollt. Wahrscheinlich wollte er sich auch diesmal für die Führung der Vorsehung und die weitere Entwicklung offen halten. Sicher ist, dass weder die Titel noch die Absicht weiterer Gründungen auf ihn zurückgingen. Auch hier zeigt sich, wie fremd ihm Strategie und weit ausholendes Planen waren. Er ging vom Nächstliegenden und Konkreten aus, von dem, was man sehen und anrühren konnte.

Die Gründung in Neapel ist nur zu verstehen, wenn man Tarugi versteht – seine außerordentliche Begabung und seinen Einfluss auf Philipp und die Mitbrüder im Oratorium. Alles hatte wohl angefangen nach Art glücklicher Fügungen: Tarugi musste eine Kur in Ischia und Neapel machen. Er wohnte bei geistlichen Freunden und predigte in der Stadt nach Art des Oratoriums. Die Wirkung war unmittelbar und so groß, dass sich nun die Theatiner und andere kirchliche Kreise um die Gründung eines Oratoriums von Rom aus bemühten. Freilich gab es bereits ein Mitglied der römischen Kongregation in Neapel: Alessandro Borla. Die Triebfeder der Gründung war aber Tarugi. Als er 1584 wieder zur Kur ging, gab man ihm zwei Novizen und zwei Laienbrüder mit. Die kleine Gruppe hatte auch schon ein Dekret der römischen Kongregation mit Weisungen, was im Fall einer Gründung zu tun sei.

Die Predigten Tarugis wurden immer stärker besucht. Der Kardinal lud ihn in den Dom ein, und Adlige, Künstler und die Spitzen der Gesellschaft drängten sich zu den Versammlungen. Tarugi schrieb an Philipp: „Die ganze Stadt ist in Bewegung, solche Erregung ist weder in Rom noch in Neapel je gesehen worden" (15. Juni 1584). Natürlich war es nicht nur der moderne Predigtstil, sondern auch das glänzende Redetalent Tarugis, sein Charme und seine ihm eigene gewinnende Vornehmheit.

Die Neapolitaner wollten unbedingt das Oratorium in ihre Stadt holen und fingen an, die passende Kirche zu suchen und Geld aufzubringen. Tarugi, ein geborener Diplomat und Meister in der Verhandlungskunst, sah sich bald in die Enge getrieben, da alle seine Vorschläge in Rom zwar nicht abgelehnt, aber in der Schwebe gehalten wurden.

Hinter diesem Zögern steckte Philipp selbst. Wieder einmal war er unsicher, wohin der Weg ging. Er war gegen eine Aufteilung seiner Kongregation und eine Neugründung, wollte sich ihr aber auch nicht widersetzen, wenn sie von Gott gewollt war. Also zögerte er alles hinaus. Dennoch gelang es der Gruppe Baronius, Talpa und Bordini, Philipp dazu zu bringen, die Entscheidung ganz in die Hände der Mitbrüder in Neapel zu legen. Das wiederum war für Tarugi zuviel. Mit Briefen und diplomatischen Schachzügen versuchte er, sein Ziel zu erreichen. Um Philipp zu bewegen, wandte er sich an einen früheren Novizenmeister der Minerva, er möge „es für Philipp zu einer Gewissensentscheidung machen, ihn nicht von Neapel zurückzurufen" (PB 439). So versuchte Tarugi mit Geschick, Philipp zu manipulieren, legte seine Pläne nicht immer offen und ehrlich dar. Und doch brach bei all diesen Briefen immer wieder seine Verehrung für Philipp durch.

Tarugi hatte geschrieben, er brauche nur einen „ausdrücklichen Befehl" Philipps und er komme sofort nach Rom zurück, wohl wissend, dass Philipp gerade so etwas nie tun werde. Wahrscheinlich steckte Tarugi auch hinter dem Manöver, vom

Papst ein genau entgegengesetztes Gebot zu bekommen. Jedenfalls datiert der Befehl des Papstes, die Oratorianer sollten in Neapel bleiben, vom 26. Oktober 1584. Nach einigem Hin und Her in den Verhandlungen um ein günstig gelegenes Haus erhielt Tarugi ein Angebot für ein Haus im vornehmsten Stadtviertel und sah darin die Zustimmung der Vorsehung. So schreibt er Philipp im Januar 1585: „Nach meiner Ansicht existiert die Frage unserer Abreise nicht mehr. Würden wir das tun, bedeutete es eine Beleidigung Gottes, und die ganze Stadt, vor allem der Adel, würde darüber ungehalten sein und es als eine Zumutung ansehen" (PB 444).

Obwohl nun alles entschieden und sicher zu sein schien, war Tarugi nicht im Frieden mit sich. Wusste er doch, dass Philipp die Gründung in Neapel zwar zugelassen hatte, sie aber im Herzen nicht bejahte. Und da Tarugi bei allem Manövrieren den größten Wert auf die Zustimmung Philipps legte, schrieb er ihm noch einmal eindringlich. Gerade diese Briefe verraten die Liebe Tarugis zu seinem Meister – eine Liebe und Anhänglichkeit, die ihm über alles ging. „Solange Ihr lebt, möchte ich den Willen Gottes kennen lernen durch Euren Befehl und Euren Rat, und das verspreche ich Euch" (PB 444).

Auf einmal jedoch wurde die Frage ganz neu aufgeworfen. Philipp befahl ganz plötzlich die Rückkehr der Gruppe aus Neapel, so wie er es damals auch mit der Gruppe in Mailand getan hatte. Tarugi gehorchte sofort, und alle außer Borla kehrten nach Rom zurück. Die Gründe für diese plötzliche Entscheidung Philipps sind nicht ganz klar. Vielleicht hatte er Sorge um die Stabilität der Neugründung, weil sie noch kein Haus hatte finden können. Vielleicht war aber auch die Wahl des neuen Papstes Sixtus V. ausschlaggebend. Da er seinem Charakter nach an Paul IV. und Pius V. erinnerte, hatte Philipp wohl Sorge um seine Gemeinschaft und hielt es für klug, den gewandten und am päpstlichen Hof gut bekannten Tarugi in seiner Nähe zu haben. Allerdings erwies sich diese Befürchtung als unbegründet. Der neue Papst war zwar nicht besonders freundlich dem Oratorium gegenüber, war aber auch kein Gegner. Zudem war das Oratorium inzwischen eine feste und in der ganzen Stadt beliebte Einrichtung.

Tarugi zog es bald wieder nach Neapel, und der Erzbischof von Neapel und andere Freunde, die zur Zeit in Rom waren, bedrängten Philipp, er möge doch seine Zustimmung zur Gründung in Neapel geben. Philipps Antwort war immer noch die gleiche: Er werde sich nicht sperren, wenn er Gottes Willen klar erkenne. Das legte Tarugi dann wieder auf seine Weise aus: „Wenn er sieht, dass alles zu einem guten Abschluss kommt, … wird er Gottes Willen im Verlauf dieser Ereignisse erkennen" (PB 453). Und Tarugi wusste mit seiner Diplomatie für fertige Tatsachen zu sorgen. Im Oktober 1585 wurde der Palazzo Seripandi, ein prächtiges Haus direkt gegenüber dem Dom, gekauft. Aber die Antwort aus Rom war alles andere als Jubel. Hinter dem Brief, den Bordini schrieb, erkennt man Philipps Meinung: „Wir sind immer noch voll Sorge und umso mehr, als alles von Anfang an in so großem Stil begonnen wurde … Im Vergleich mit so vielen und zahlreichen Orden, die voll Heiligkeit und Gelehrsamkeit sind, sind wir wie Zwerge gegenüber Riesen" (PB 454). Immer noch gab es nur eine Erlaubnis, aber kein Gebot für eine Neugründung.

Wie tief Philipps Bedenken gegen eine Neugründung in Neapel gingen, zeigte sich in einer Sitzung der Kongregation im Jahre 1586, in der Philipp der Kommunität drei Fragen zur Entscheidung vorlegte und sich dann selbst von der Diskussion zurückzog. Eine dieser Fragen lautete: Ist es angebracht, dass die Kongregation in Rom eine Gründung in Neapel vornimmt, obwohl sie selbst erst vor kurzem gegründet worden ist? Dennoch entschied sich die Kommunität für die Neugründung, und Philipp nahm diese Entscheidung an. Der Wille der Kommunität war für ihn maßgebend, nicht sein eigener. Nach dieser Entscheidung brachen Tarugi, Talpa, zwei Subdiakone, zwei Theologiestudenten und zwei Laienbrüder nach

Neapel auf. Später wurden noch Giovenale Ancina und andere von Rom geschickt.

Nach dem Tod Philipps flammte im Jahr 1629 ein Konflikt zwischen Rom und Neapel auf, der noch einmal die Situation der Gründungszeit beleuchtet. Neapel behauptete, es sei eine Gründung Philipps und es habe bei Philipp genauso viel Geltung gehabt wie Rom. Die römische Kongregation konnte aber mit zahlreichen Dokumenten und persönlichen Erinnerungen beweisen, dass Philipp mit seinem Herzen nie die Gründung in Neapel gewollt hatte. Als Tarugi ihn gedrängt hatte, lautete Philipps Antwort: „Wenn es mir doch nicht gefällt, wie kann ich dann das Gegenteil sagen“ (PB 456). Und der damalige General der Jesuiten sagte: „Nicht nur die Mitglieder der Kongregation, sogar die Wände selbst sind voll davon, dass der Heilige nicht einverstanden war“ (PB 456).

Am meisten schmerzte Philipp, dass Tarugi nicht mehr in Rom war. Wie sehr hätte er ihn jetzt gebraucht, da seine Gesundheit immer mehr nachließ. Keiner wie Tarugi besaß die Gabe, worauf es im Oratorium vor allem ankam: so zu predigen, dass „die Leute angezogen, bewegt und festgehalten wurden“ (PB 457). Tarugi war Philipp am nächsten als sein Vertrauter und Ratgeber; Tarugi sollte sein Nachfolger als Praepositus werden.

Philipp klagte, dass die Arbeit in der römischen Kongregation immer drückender werde. Die Kommunität in San Severino wurde wie das Haus in Neapel dem römischen Haus angeschlossen. Eine ähnliche Gründung in Fermo, der Heimat des Paters Ricci, wurde nicht von Rom übernommen. Auch Fermo hatte wie San Severino keine Mitglieder von Rom erhalten. Aber da gab es noch die Abtei in den Abruzzen, die im Jahre 1585 der römischen Kongregation geschenkt worden war und die mit ihrer weiträumigen Verwaltung und den vielen Streitfragen für Philipp eine schwere Last war. Dazu waren neue Aufgaben in Rom gekommen: So hatte die Kongregation den Auftrag erhalten, ein Kolleg für polnische Studenten aufzubauen. Ohne Philipp etwas zu sagen, hatte Bordini wieder die Kirche von San Giovanni übernommen, rührte aber selbst keinen Finger, um dort zu helfen. Gigli ging jeden Tag zum Kloster Tor de Specchi, um dort die Beichte der Schwestern zu hören. Andere waren ständig im Auftrag des Kardinalvikars von Rom unterwegs, um als Beichtväter, Katecheten oder als Visitatoren zu helfen. Baronius saß an seiner Arbeit über dem „Martyrologium". Kein Wunder, dass Baronius selbst klagte, für das Oratorium bleibe kaum Zeit und die berühmten Übungen verfielen immer mehr.

Schließlich kam es 1588 zu einer kritischen Sitzung. Es wurde beschlossen, dass die römische Kongregation die Abtei, San Severino und die Kirche San Giovanni aufgeben sollte. Auch von der Pfarrei wollte man sich trennen. Man teilte Neapel mit, dieser große Schnitt sei notwendig, um das Wichtigste, das Oratorium, zu retten. Dieser Entschluss war ganz nach dem Herzen Philipps.

Allerdings war die erste Wirkung dieser Entscheidung der Auszug von zwei Mitgliedern, die zu den Barnabiten gingen. Auch konnten nicht alle Beschlüsse sofort verwirklicht werden. Zwar wurde San Giovanni aufgegeben und San Severino in die Selbständigkeit entlassen, dies allerdings auf Betreiben Talpas hin wieder halb rückgängig gemacht. Um den Papst nicht zu verärgern, behielt man auch die Abtei und die Pfarrei.

Die Gründung Neapels sollte sich bald als ein schweres Problem für die noch junge Kongregation des Oratoriums erweisen. Zwischen beiden Häusern gab es einen engen brieflichen Kontakt, aber in diesen Briefen tauchte bald ein Wort auf, das die getrübten Beziehungen enthüllte: man sprach von „disgusto", Missfallen. Dahinter steckte die Tatsache, dass die Kongregation in Neapel sich in eine andere Richtung als Rom entwickelte. Immer wieder drängte Tarugi, man solle ihm Leute schicken, und immer wieder musste Rom wiederholen, dass man selbst nicht genug Priester habe. Die Hauptursache der Spannungen saß freilich tiefer. Neapel hatte Änderungen in der Regel festgelegt, die eindeutig in Richtung einer größeren Nähe zum Ordensleben zeigten. Hinter dieser Änderung stand Talpa, der schon am Anfang der Gründung in das Gründungsdekret hatte schreiben lassen: „In Neapel müssen alle in Gemeinschaft leben und sich am Gemeinschaftsleben orientieren“ – eine Formulierung, die hinweist auf eine strengere Observanz als die formlosere Lebensweise in Rom. Da Tarugi genug mit dem Oratorium zu tun hatte, nahm Talpa die innere Leitung der Kommunität in die Hand. Die straffere Führung schien nur in Kleinlichkeiten sichtbar zu werden: Die Kleidung wurde der Ordenstracht angeglichen, die Anrede „Messer“, wie sich Weltpriester und Oratorianer in Rom nennen ließen, wurde durch „Padre“ ersetzt, vor allem aber wurde Verzicht auf Privateigentum verlangt und ein geschlossenes Noviziat eingerichtet. Da lehnte sich Philipp auf und ließ ausdrücklich schreiben, die Frage des Privateigentums sei „viel wichtiger, als es aussehe, so wesentlich, wie es nur möglich ist“ (PB 482).

Wahrscheinlich waren die Schwierigkeiten mit Neapel auch der Grund, dass 1588 die Fassung der Konstitutionen von 1583 wieder zur Überarbeitung hervorgeholt wurde. Ein anderer Grund mag die schwache Gesundheit Philipps gewesen sein. Es schien besser, die Konstitutionen noch zu seinen Lebzeiten fertig zu stellen und dem Papst zur Approbation vorzulegen. Tatsächlich gelang es, nach verschiedenen Beratungen 1588 einen Text fertig zu stellen, der einstimmig angenommen wurde und auch in Neapel bei allen Zustimmung fand. Da die Konstitutionen „das Mark des Instituts“ darstellen, sollten sie noch einmal überarbeitet werden. Das nun gab Talpa Gelegenheit, die Besonderheiten Neapels herauszustellen.

Da Talpa zweifellos einer der fähigsten logischen Köpfe des Oratoriums war, machte er auf eine wesentliche Lücke der Konstitutionen aufmerksam. Es sei nicht genug, dass sie nur die innere Struktur der Kongregation behandelten wie Regierung, Ämter und Pflichten der Mitglieder. Es müsse auch klar etwas über ihren Daseinszweck und ihr besonderes Apostolat gesagt werden. Dann formulierte er in seinem Brief vom 28. Oktober 1588 sehr klar, was „das Wesen des Instituts" ausmacht: „Die Mitglieder der Kongregation sollen Übungen durchführen, die dem Seelenheil des Nächsten dienen, vor allem 1. die täglichen Predigten über Themen der Moral, das Leben der Heiligen und die Geschichte der Kirche, 2. die tägliche Übung des Gebets, 3. der häufige Empfang der Sakramente der Beichte und Kommunion ... Dies sind die besonderen Merkmale, die zu der besonderen Einrichtung der Kongregation berechtigen." In diesem Brief, der so klar das Wesen des Oratoriums benennt, erwähnt Talpa auch die neue Methode des Oratoriums, wenn er sie auch nicht im Einzelnen erklärt. Er schreibt: „Diese besonderen Merkmale sollten dem Apostolischen Stuhl zur Approbation vorgelegt werden, vor allem aber die Methode des Oratoriums, die man als etwas Außergewöhnliches beschreiben muss. Da alles über so viele Jahre hin von Gott approbiert zu sein scheint, sollte auch Sein Stellvertreter es mit seiner Autorität bezeugen" (PB 487).

Dieser Vorschlag Talpas sollte als Präambel die Konstitutionen einleiten. Aber obwohl Rom einverstanden war, unterblieb es. Den Grund dafür muss man in der schleppenden Arbeit an der Fertigstellung der Konstitutionen suchen.

Schließen wir das Kapitel über die Neugründungen mit dem Hinweis auf eine merkwürdige Tatsache. Im April 1588 hatte die Kongregation beschlossen, sich von allen von Rom abhängigen Häusern außer Neapel zu trennen. Dennoch erschien im selben Jahr 1588 in dem Entwurf der Konstitutionen die Erwähnung und Möglichkeit zahlreicher Gründungen. Obwohl Philipp persönlich besonders unter der Gründung Neapels gelitten hatte, ließ er die Mitbrüder wieder einmal gewähren. Ob er wohl ahnte, dass auch dieser Entwurf der Konstitutionen bald von der Zeit überholt sein würde? Erst 1612 wurden die Konstitutionen in einer neuen Überarbeitung vom Papst approbiert.

Philipp in seinen Sechzigerjahren

Als die Kongregation des Oratoriums errichtet wurde, war Philipp sechzig Jahre alt. 1583, als er zur Chiesa Nuova und zu seiner Kommunität umzog, blieben ihm noch zwölf Jahre bis zu seinem Tod. Allzu gerne hätte man ein Bild von ihm aus dieser Zeit. Aber es scheint, dass die meisten Bilder nach seinem Tod gemalt wurden und sich an der Totenmaske orientiert haben. Als eines der frühesten Bilder gilt ein Porträt in dem kleinen Buch „De Bono Senectutis" („Über das gute Alter"), das kurz nach Philipps Tod erschien. Dieses Buch stammt von einem Freund Philipps, dem Kardinal Palotto, der über dieses Thema oft mit Philipp gesprochen hat. Das Porträt nun, ein Stich, wurde sehr wahrscheinlich von Cristofero Roncalli angefertigt, der nach seinem Geburtsort bei Bergamo auch „il Pomerancio" genannt wird.[1] (Name und Heimatort

1 Ponnelle-Bordet schreibt über das Porträt Philipps: „Der Maler Pomerancio, der sonst so unpersönlich ist, hat ein Bild Philipps gemalt, dessen Impressionismus überrascht … Es zeigt den Heiligen hager, blutleer, das Gesicht ganz weiß bis auf einen roten Ring um seine Augen. Diese liegen tief, haben erweiterte Pupillen, haben eine seltsame Lebendigkeit und schauen aus dem Bild, als ob sie gar nichts sähen. Der Kopf, der tief auf den Schultern sitzt, ist leicht nach vorn geneigt. Der Kragen ist ganz in Unordnung geraten. Man spürt, dass sein Körper ganz in Erregung ist. In dem Gesicht brennt ein Lichtschein wie in den Porträts von El Greco, und die lang gezogenen Gesichtszüge unterstützen diese Ähnlichkeit noch" (118).

erinnern an Papst Johannes XXIII., der ebenfalls ein Roncalli aus der Gegend von Bergamo war.) Obwohl es zweifelhaft ist, ob Pomerancio Philipp persönlich gekannt hat, stammt von ihm das wohl ausdrucksvollste Porträt Philipps, das heute noch im Refektorium des Oratoriums von Neapel zu sehen ist. Aber sobald man über ein Porträt Philipps spricht, muss man anfügen, was Philipps Freunde sofort sagten: Die Augen Philipps und sein Lächeln, die habe niemand darstellen können.

Auch in den Sechzigerjahren Philipps zeigte sich sein gegensätzlicher Charakter: Am liebsten zog er sich zurück in sein Zimmer und seine Loggia hoch auf dem Dach, von wo der Blick weit über die Dächer und Kirchtürme geht. Und doch war er immer und für jeden zu sprechen. So sehr, dass seine Mitbrüder zuweilen die Besucher von ihm zurückhalten wollten, wenn sie sahen, wie müde und mitgenommen er manchmal aussah. Aber Philipp hatte immer nur die merkwürdige Antwort: „Ich sag' euch doch, dass all jene, die jetzt am weitesten auf dem Weg ihres geistlichen Lebens sind, auch genau die sind, die mir der Herr gegeben hat, weil ich immer für sie erreichbar war, sogar in der Nacht!“ Noch immer lag der Schlüssel unter der Tür, noch immer stand er für ganz Rom zur Verfügung.

Inzwischen hatte sich eine zweite Welle von Berufungen gemeldet, unter ihnen Manni, Pateri und Giovenale Ancina, die nüchterne und zuverlässige Berichte über diese Zeit hinterlassen haben. So erwähnt Manni, dass Philipp eine „äußerst starke Abneigung gegen Zeremonien“ hatte. In Rom, das sich nun zwar mehr gesittet und fromm zeigte, gab es noch immer Ehrgeiz und Jagd auf Titel und Ehren, Neid und Intrigen. Damals sahen die Leute sehr auf ihre Würde und die ihnen gebührende Beachtung. Philipp achtete den Menschen, aber nicht Titel und Rang. Obwohl es sonst gar nicht Philipps Art war, konnte er schroff die gestelzt daherkommenden Höflinge ohne ihre Titel anreden und sie fühlen lassen, was er von Pracht und Glanz dieser Welt hielt. In seinem Zimmer empfing er sie oft in seinem berühmten abgetragenen Gewand in roter Farbe. Und Consolini erzählt, wie man ihn oft eine Art Kindervers vor sich hin singen hörte: „Ich bin ein Hund, der an einem Knochen nagt / weil ich kein Fleisch zum Nagen bekomme / wenn die Zeit kommt, wo ich bellen kann / dann werde ich dem Reue beibringen, der mich nicht in Ruhe lässt." Wer weiß, warum Philipp das so oft sang? Gewiss lustige Verse, die den Jungen, die ständig in der Nähe seiner Kammer spielten, Freude machten; vielleicht, wie aller echte Humor, doch von tiefrem Sinn (PB 141).

Obwohl Philipp inzwischen in ganz Rom nicht nur ein „Tipo", ein Original, war, sondern auch ein „Orakel", zu dem immer öfter wichtige und große Persönlichkeiten kamen, gab es auch in diesen Jahren Spannungen von außen und – schlimmer – auch innerhalb des Hauses. Manni berichtet in seinem lateinischen Memorandum, dass Serrano, der in San Lorenzo lange Zeit Philipps Nachbar und inzwischen ein Bischof geworden war, Philipp „verfolgte" und beim päpstlichen Hof anschwärzte. – Und innerhalb der Kommunität traten wohl die Charaktergegensätze verschiedener Mitglieder ans Licht und schlugen Funken. Wie heftig die Zusammenstöße waren, zeigt noch ein Dokument, das Philipp in der Zeit eines Krankheitsanfalls – wahrscheinlich 1585/86 – Germanico Fedeli diktiert hat und das auch später von Fedeli erwähnt wird. Darin erklärte Philipp, dass Bordini und Talpa niemals Obere der Kongregation werden dürften. Bordini habe nicht gelernt zu gehorchen und habe zuviel Vertrauen in das eigene Urteil, deshalb sei er nicht geeignet zum Regieren. Talpa konnte ebenfalls schlecht nachgeben und hatte gegen Philipps Anordnungen gehandelt. Dann hatte er – so berichten die ältesten Biografen ohne Namensnennung – einmal Philipp einen Brief aus der Hand gerissen, den dieser lesen wollte – ein Vorfall, auf den Talpa nach Philipps Tod angesprochen wurde, an den er sich aber nicht mehr erinnern konnte. Obwohl Talpas Verdienste um das Oratorium groß sind und er später auch als geistlicher Ratgeber sehr geschätzt war, zeigt das Urteil Philipps, wie wichtig für ihn Gehorsam und das Hören auf die Meinung anderer waren.

Philipp blieb auf seine Weise unermüdlich tätig. Tagsüber sah man ihn wie immer auf den Straßen, in den verschiedenen Kirchen. Und wenn es dunkel geworden war, besuchte er seine verschämten Armen, um die er sich schon gekümmert hatte, als er noch Laie war. Sosehr er sich Mühe gab, sein Tun nicht ins Licht zu rücken, so gab es immer neue Ereignisse, die seinen Namen durch die ganze Stadt laufen ließen. Da war vor allem die Geschichte mit Paolo de Massimo. Heute noch wird auf der Hauptstraße Roms in dem alten und dunklen Palazzo der Familie am 16. März in der Kapelle des Hauses dieses Ereignisses in einer besonderen Messe gedacht. Was war geschehen?

In dem vornehmen Haus der Massimi war der vierzehnjährige Sohn krank geworden und litt an einem Fieber, das ihn mehr und mehr schwächte. Philipp besuchte ihn täglich, war er doch der Familie besonders verbunden. Fabrizio, der Vater, gehörte zu den ersten Freunden Philipps in Rom. Am 16. März wurde der Zustand des Jungen so schlimm, dass man in aller Eile nach Philipp schickte. Dieser aber las gerade die Messe, und als er eine halbe Stunde später kam, war der Junge gestorben. Man war schon dabei, ihn für das Begräbnis fertig zu machen, und der Vater hatte ihm die Augen zugedrückt. Dann ging Fabrizio Philipp bis zur Treppe entgegen. Philipp ging ins Zimmer, drückte den Jungen an seine Brust, legte ihm die Hand auf die Stirn und betete etwa sieben oder acht Minuten, wobei ihn heftiges Herzklopfen schüttelte und erzittern ließ. Danach – so berichten die Augenzeugen – rief er zweimal seinen Namen, und der Junge öffnete die Augen und begann mit Philipp zu sprechen. In diesem Zwiegespräch, das etwa eine Viertelstunde dauerte, fragte Philipp, ob er nun nicht doch lieber sterben wolle und seine Mutter und Schwester im Himmel wiedersehen wolle. Mit klarer Stimme willigte der Junge ein und starb. Philipp hatte ihm die Hand auf die Stirn gelegt und gesagt: „Nun geh, sei gesegnet, und bete zu Gott für mich." Beim Heiligsprechungsprozess berichteten mehrere Augenzeugen und gaben genaue Einzelheiten an. Der Vater Fabrizio sagte: „Viele glaubten und viele glaubten nicht" (P. P. II 354).

Dieses Ereignis im Palazzo Massimo und Berichte über andere außerordentliche Heilungen durch Philipps Fürbitte wurden überall in der Stadt bekannt. Und umso häufiger sprach man von Philipp als „il Santo", ein Titel, der ihm zuwider war und den er mit unglaublichen Mitteln und Auftritten unterdrücken wollte. Aber er schien das Gegenteil zu erreichen: Man erzählte sich auch seine Clownerien und fühlte sich noch mehr zu ihm hingezogen.

Diese Anziehungskraft Philipps ging bis in die höchsten Kreise. Dörfler schreibt: „Er verkehrte bei Hof, bewies aber jedermann seine Talentlosigkeit für einen Höfling. Er wirkte auf den Hof, aber der Hof wirkte nicht auf ihn zurück" (D 111). Viele Mitglieder des Kardinalkollegiums wurden seine Freunde, besuchten ihn regelmäßig, gingen zu ihm beichten. Philipp – der ärmlich, aber sauber gekleidete alte Mann mit weißem Bart, den funkelnden Augen und dem schelmischen Lächeln – wurde schon damals Titelfigur von Büchern aus der Feder von Kardinälen. So schrieb Kardinal Valier aus Verona „Philipp oder die christliche Freude", Kardinal Paleotti von Bologna „De Bono Senectutis" („Über das gute Alter"). Philipp war Modell der wahren Freude und Vorbild eines erfüllten Alters. Die Kardinäle Agostino Cusano und Federigo Borromeo besuchten Philipp täglich und gingen zu ihm zur Beichte. Dem Vetter des Karl Borromäus war Philipp in vertrauter Freundschaft verbunden. Es war Philipp, der Federigo Mut machte, die Bitte der Mailänder anzunehmen und ihr neuer Erzbischof zu werden. Federigo war von scheuer Natur, liebte mehr die Zurückgezogenheit und das Studium. Philipp blieb bis zu seinem Lebensende sein kluger Ratgeber. Federigo verdanken wir einen großen Teil der zuverlässigen Berichte über Philipps

Leben. Er hatte persönliche Aufzeichnungen niedergeschrieben und noch einmal 1597 in Mailand sein Zeugnis zu Protokoll gegeben. Von Federigo stammt der wertvolle Hinweis, dass Philipp nach der Weise der alten Väter – Cassian, Climacus und Richard von St. Viktor – betete und diese Art zu beten die Menschen lehrte. Von Federigo wissen wir, dass Philipp geradezu sinnliche Wahrnehmungen vom inneren Zustand eines Menschen hatte: Er roch buchstäblich den Gestank der Sünde, er sah das Leuchten der Heiligkeit. Und Philipp sagte ihm: „Visionen ereignen sich, aber das Wichtigste ist, zu wissen, wie man mit ihnen umgeht. Man muss große Demut, eine tiefe Hingabe und Losgelöstsein vom Ich haben, um nicht über den Visionen Gott zu verlieren."

Fast wäre Philipp selbst Kardinal geworden. Das geschah unter Gregor XIV., dem früheren Kardinal Sfondrato und Bischof von Cremona. Als Philipp ihm die übliche Huldigung erwies, setzte dieser ihm sein Kardinalsbirett auf und erklärte: „Wir machen Euch zum Kardinal!" Gleichzeitig befahl er, das übliche Dekret auszustellen. Philipp flüsterte ihm etwas zu und fragte später den Sekretär öfters schelmisch, wann er denn wohl endlich das Dekret fertig bringe. Dem Papst ließ Philipp bestellen, er werde Bescheid geben, wann er zur Übernahme des Kardinalats bereit sei.

Im selben Jahr 1590 war unter seinem Vorgänger, Papst Sixtus V., etwas passiert, von dem bald die ganze Stadt redete. Der Kardinal Agostino Cusano wollte Philipp eine besondere Freude machen. In seiner Titelkirche auf dem Forum waren die Reliquien der Märtyrer Papias und Maurus gefunden worden, und er ließ sie am 11. Februar zur Chiesa Nuova bringen. Das war eine ungemein feierliche Prozession: Elf Kardinäle und Philipp mit seiner ganzen Gemeinschaft erwarteten die Reliquien am Eingang der Kirche, Schweizer Gardisten standen würdevoll und bildeten Spalier. Und dann geschah es – einer der berühmten „Späße" Philipps: Auf einmal sah die Menschenmenge, wie Philipp auf einen der Schweizer Gardisten zuging und anfing, ihm den Bart zu streicheln oder – wie andere sagen – ihn am Bart zu zupfen. Was war geschehen und was begann das Volk bereits zu ahnen, wenn es diese typischen Späße Philipps sah? Oft, wenn Philipp dem Heiligen begegnete – dem Heiligen im Sakrament, im Gebet, in Reliquien –, dann kam regelrecht der Geist über ihn, und er war in Gefahr, außer sich zu geraten. Dann klammerte er sich sozusagen an das Trivialste und Lächerlichste, um nicht den Boden zu verlieren. Er praktizierte an sich, was er als Rat gab, um „Visionäre" zu heilen: Man muss sie an den Beinen auf die Erde zurückziehen (MRF 475/20).

Da gab es die unglaublichsten Vorfälle: In der Kirche tauchte er auf einmal auf, den Mantel links gedreht über der Soutane tragend, sein Birett schief über dem Ohr; so ging er ohne Kniebeuge am Tabernakel vorbei. Oder er saß am Kircheneingang und ließ sich während der Messe in der Kirche die Haare schneiden, drehte sich eitel und fragte die Kirchgänger, ob er nicht „fein" hergerichtet sei. Andere hatten ihn in der Kirche San Pietro in Vincoli herumhüpfen und -laufen sehen wie einen römischen Gassenjungen. Und wenn er dann den Kommentar hörte: „Sieh doch den verrückten Alten!", war er glücklich, wie wenn ihm etwas gelungen sei. Denn das wollte er doch: Keiner sollte in ihm den „Santo" sehen, sondern nur den alten Wirrkopf. Deshalb gebrauchte er oft die deftige Sprache der Straße, schlug den Leuten auf die Schulter, nannte sie „Esel", eben so, wie die Ungebildeten miteinander auf der Straße umgingen. Diese Art der öffentlichen Demütigungen mutete er unerbittlich seinen Gefährten und Pönitenten zu. Da hatte er doch den Marcello im heißen Sommer von 1590 einen Pelz anlegen lassen und schickte ihn mit einer unwichtigen Botschaft zu Baronius, der gerade im Chor die Vesper sang. Es war Sonntag und die Kirche voller Leute. Marcello genierte sich und schlich über einen Seitengang. Aber Philipp holte ihn zurück und schickte ihn noch einmal, und zwar durch den Mittelgang, damit die „Buße" auch richtig sei.

Manni selbst erlebte kurz nach seinem Eintritt Philipps harte Güte. Er hatte in Perugia die Rechtswissenschaft studiert und war der amüsante Mittelpunkt des dortigen Studentenlebens. Alle hörten zu, wenn er erzählte, und diese Fähigkeit des Brillierens ging bei seiner ersten Predigt mit ihm durch. Er entfaltete seine mächtige rhetorische Begabung. Als er aber von der Kanzel stieg, sagte Philipp ihm, er solle die gleiche Predigt in der nächsten Zeit mehrfach halten. Das war alles! Die Leute sagten dann, wenn er auf die Kanzel ging: „Hier kommt der arme Pater, der nur eine Predigt kann."

Aber von Manni stammt auch diese Bemerkung über Philipps Art: Wenn Philipp zu Leuten über ihre Fehler sprach, dann sprach er, als ob es ihm selbst auch so ergehe. Wenn er einem zeigte, wo er im Argen lag, wenn er ermahnte, dann war Philipp immer gütig und verständnisvoll. Und er passte seine Worte den verschiedenen Menschentypen an. Man sagte von Philipp, er könne „schlagen, ohne zu verwunden", einen treffen und doch nicht verletzen, er sei streng zu den Seinen und dabei dennoch voller Zartheit – so der Barnabit Tito degli Alessi.

Wie gut kann man es Nicolo Gigli nachempfinden, als er eines Tages kam und sagte: „Ich habe keine Ehre mehr; der Vater hat sie mir ganz genommen." Dabei liebte Philipp diesen zart fühlenden Franzosen (Gilles aus Troyes), der nur fünf Jahre jünger war als er und ihm als Sekretär half. Als Gigli 1591 starb, sagte Philipp, diese „lilienreine" Seele (giglio = Lilie) sei direkt in den Himmel gekommen. Und man hatte gesehen, wie sich Philipp um die Mittagsstunde, als die Kirche geschlossen war und er sich ganz allein glaubte, über den Toten beugte, ihn immer wieder liebkoste und voll Freude lachen musste, wenn er ihn ansah. Jetzt war sichtbar geworden, wie sehr der alte Mann ihn liebte und sich über seinen Heimgang freute. – Wirklich: Ein Mystiker im Narrenkleid. Es schien, als ob er das bunteste Narrenkleid überziehen musste, um seine Liebe zu verbergen!

Der zweite Apostel Roms

Jedes Jahr trifft sich am 26. Mai, dem Todestag Philipp Neris, in Rom am Portal der Chiesa Nuova eine merkwürdige Versammlung: Der Obere der römischen Kongregation empfängt eine kleine Gesandtschaft der Stadtverwaltung von Rom. Dabei überreicht der Bürgermeister der Stadt einen Kelch, den die Stadt Rom als Dank an ihren zweiten Apostel stiftet. Nach Petrus verehrt Rom Philipp Neri als ihren zweiten Apostel. – Versuchen wir behutsam, einige Gründe für diese Verehrung darzulegen.

Cistellini schreibt: „Der Titel, den man Philipp bald beilegte, war ‚Reformator Roms'", und er zitiert Bremond: Philipp war „einer der größten Schöpfer der Gegenreformation, vielleicht der größte von allen, da wohl niemand sonst mit so großem Erfolg daran gearbeitet hat, das Gesicht der Ewigen Stadt in einer äußerst verzweifelten Epoche zu verändern. Als Philipp von Florenz nach Rom kam, erschien eine Reform der Kurie unmöglich; als er dann 1595 starb, war sie eine vollendete Tatsache." Aber Cistellini hat Recht, wenn er dennoch sagt: „Sagen wir sofort: Philipp selbst wäre der Erste gewesen, der eine Bezeichnung als Reformator von sich zurückgewiesen hätte. Wir können ganz sicher sein, dass er sich nie ausdrücklich mit Reform als Thema seines pastoralen und apostolischen Handelns beschäftigen wollte" (Ci 503,1).

Philipp selbst hatte eben nichts zu tun mit einem interessanten Manuskript, das einige Jahre nach seinem Tod geschrieben wurde und sich in der Vatikanbibliothek befindet. Darin wird Philipp ein genialer Reformplan zugeschrieben: Er habe die Kirche reformieren wollen von Rom aus und Rom von der Kurie aus und die Kurie vom Klerus aus und den Klerus von seiner Kongregation aus.

Diese Art strategischen und weit ausholenden Denkens war Philipp völlig fremd. Er hätte niemals sich und seine Kongregation als den Drehpunkt der echten Reform der Kirche verstanden, obwohl er – merkwürdigerweise – genau das geworden ist. Tatsächlich hat Philipp neben Ignatius eine Spiritualität entwickelt, die zum Fundament der kirchlichen Erneuerung wurde. Versuchen wir nun, einige Elemente seines Apostolats herauszustellen, selbst auf die Gefahr der Wiederholung hin.

Philipp ist vor allem Zeuge seiner Begegnung mit Christus. Davon kann er nicht schweigen. Ihm geht es ähnlich wie Colombini: Er muss davon reden, er muss die erfahrene Liebe weitergeben. Das zeigt auch die Art seines Betens: Stammelnd und ganz persönlich vollzieht es sich, meist sind es Anrufungen, die sich am Rande der Sprache bewegen. „Ich suche dich, und ich finde dich nicht; komm zu mir, mein Jesus!" „Ich werde dich niemals lieben, wenn du mir nicht hilfst, mein Jesus." „Zerschneide meine Fesseln, wenn du mich haben willst, mein Jesus." „Jesus, sei mir Jesus." So kann nur jemand sprechen, den der Ruf zur Nachfolge ins Herz getroffen hat und der eine ganz persönliche Antwort gibt. Diese glühende Christusliebe bestimmt sein ganzes Wirken. Philipps Apostolat ist ganz und gar christozentrisch.

Deshalb sind für ihn die Sakramente wichtig. In der Beichte geschieht die dauernde Umkehr zu Jesus, zu der Jesus selbst aufgerufen hat. Für Philipp ist sie vor allem eine Begegnung mit der Liebe Gottes. „Die Beichtväter sollen möglichst viel Verständnis haben für die, die zu ihnen kommen und keine

Härte zeigen … Sie sollen mit Zärtlichkeit etwas von der Liebe Gottes in sie einsenken, und das wirkt mehr, als der Beichtvater habe erreichen wollen" (MR 100). Die Liebe Gottes und die Liebe zu Christus waren für Philipp eine so lebendige und gewaltige Macht, dass er sagen konnte: „Wenn ich zehn Leute gehabt hätte, die ganz frei von Anhänglichkeit an die Dinge dieser Welt waren und nichts anderes wollten als Christus, dann wäre das genug gewesen, um die Welt zu erobern" (MR 49). Und weiter: „Auch sagte er oft, man müsse sich ganz und gar Gott hingeben … Und dann sagte er oft voller Liebe zu Gott: Ich möchte von dir wissen, wie dieses Netz der Liebe gemacht ist, das so viele umfängt" (MR 50).

Ganz deutlich sagte er, dass es nicht auf die Mittel ankomme, sondern auf das Ziel. Und unser Ziel, das ist nichts anderes als sich „Gott in Liebe hingeben, … das heißt Gott lieben und sich ihm in Liebe überlassen" (vgl. MR 12).

Kardinal Newman sagt in seiner berühmten Ansprache an seine Kommunität über Philipps Apostolat: „Daheim, im Herzen der Christenheit war seine Aufgabe. Und sie hieß nicht Glaubenspredigt, sondern innere Erneuerung, und nicht die Taufe war sein Bekehrungsmittel, sondern die ‚Buße'; der Beichtstuhl war der Sitz seines Apostolats, Beichthören sein besonderes Charisma. Wie Franz Xaver Tausende taufte, so war Philipp durch 45 Jahre täglich, ja fast stündlich am Werk der Erneuerung, lehrte, ermutigte und führte Sünder den schmalen Weg des Heils" (Sermon on various occasions, 12).

Gottes Liebe wusste er gegenwärtig in der Eucharistie, und vor allem in seinen letzten Lebensjahren wurde das auf bewegende Weise deutlich, wie viele Augenzeugen berichten. (Über die Zelebration seiner Messen gegen Ende seines Lebens wird noch eigens zu sprechen sein.)

Aus der Beichte entwickelte sich auf ungeplante Weise ganz natürlich das Oratorium, wie schon dargelegt wurde. Das Oratorium hatte einen ungeheueren Einfluss auf Rom, genauer gesagt: auf die Jugend von Rom, auf eine Elite der Künstler und Gelehrten und auf den päpstlichen Hof. Baronius beschreibt in seiner Kirchengeschichte das Oratorium in seinen Anfängen (um 1557) geradezu als eine Wiederkehr der apostolischen Zeit. In seinem ersten Band der Annalen spricht Baronius von der Anfangszeit der Kirche und dann auf einmal vom Oratorium. Die Stelle lautet: „Es war gewiss durch Gottes Fügung, dass wir in unseren Tagen in der Stadt Rom sehen konnten, wie sich das erneuerte, was der Apostel zum Besten der Kirche zu tun befahl: über das Göttliche zu sprechen zur Erbauung der Hörer. Dies vollzog sich durch das Verdienst des P. Philipp Neri aus Florenz, der als fähiger Architekt dafür den Grund legte … Den Bemühungen dieser beiden" – Philipp und Tarugi – „ist es zu verdanken, wenn jene Menschen, die sich nach der christlichen Vollkommenheit sehnten, sich zum Oratorium von San Girolamo begaben, woher übrigens die Kongregation des Oratoriums ihren Namen herleitet. Dort in San Girolamo hielt man eine religiöse Versammlung ab, und zwar auf folgende Weise: Nach einer bestimmten Zeit des inneren Gebets las einer der Brüder ein geistliches Buch, und während dieser Lesung sprach der Pater, der die Leitung des Ganzen hatte, über das Gelesene, erklärte den Text genauer und brachte ihn den Herzen der Hörer nahe. Gelegentlich bat er einen der Brüder um dessen eigene Meinung in dieser Sache, wobei sich der Vortrag zum Dialog entwickelte. Das Ganze dauerte eine Stunde und erfreute alle lebhaft. Danach musste ein anderer auf einen kaum erhöhten Sitz steigen und ohne jeden sprachlichen Schmuck über ein anerkanntes Heiligenleben sprechen und es darlegen, indem er Stücke des Evangeliums oder Worte der Väter zur Erläuterung heranzog. Ihm folgte dann ein zweiter, der in derselben Art, aber über ein anderes Thema sprach. Schließlich kam ein dritter, der über die Geschichte der Kirche sprach. Jedem war eine halbe Stunde Zeit gegeben. Nachdem alles zur Zufriedenheit und zur Erbauung der Hörer vorüber war, sang man ein geistliches Lied, sprach noch einmal ein kurzes Gebet, und alles wurde beendet … Es schien, als ob die alte und schöne Art der apostolischen Zeit wieder sichtbar geworden sei" (Ann. I 162).

Über die Wirkung des Oratoriums in Rom und über Rom hinaus berichten Zeitgenossen Philipps ihre frischen Eindrücke, die Newman zitiert: „Unter allem Wunderbaren, was ich in Rom sah, war es mit meine größte Freude, die vielen frommen, innerlichen Menschen zu beobachten, die das Oratorium besuchten. Unter den Denkmälern des Altertums, den prächtigen Palästen und Höfen von großen Herren war mir, als ob das Licht dieses Vorbildes viel heller und reiner strahle" (Newman, a. a. O. 12. 7).

In einem Brief an seinen jüngeren Bruder Giovanni Matteo schrieb Giovenale Ancina: „Ich gehe zum Oratorium, wo täglich so schöne Konferenzen über das Evangelium, über Tugend und Laster, über Kirchengeschichte und Heiligenleben gehalten werden. Es nehmen bedeutende Menschen teil, darunter Bischöfe und Prälaten. Am Ende wird ein wenig Musik dargeboten, um den Geist, der durch die Vorträge angestrengt wurde, zu trösten und zu erfrischen. Es ist eine wunderbare Übung, die einen tröstet und erbaut. Geistliche von vorbildlichem Wandel führen die Konferenz, ihr Oberer ist Vater Philipp, ein ehrwürdiger Sechziger, ein Orakel, wie man sagt, nicht nur in Rom, sondern weit darüber hinaus in Italien, Frankreich und Spanien, so dass viele kommen, um seinen Rat zu holen. Er ist wie ein zweiter Ruysbroek, Thomas von Kempen oder Tauler" (Giovenale Ancina in Marciano I 1, cap. 8).

Eines der wichtigen Elemente im apostolischen Wirken Philipps ist die Hinwendung zur Heiligen Schrift. Spielt doch in den Übungen des Oratoriums das Lesen der Heiligen Schrift und das Hören auf Gottes Wort eine entscheidende Rolle. Da es in der Versammlung des Gebets geschieht und mit dem Willen, daraus den Weg der Nachfolge Jesu zu lernen, hat man das Vertrauen, in dieser Stunde den Beistand des Heiligen Geistes zu erhalten. Diese Hinwendung zur Schrift war geradezu eine Fügung, denn im Norden Europas ist zur gleichen

Zeit die Reformation bemüht, die Kirche Christi zu erneuern von der Hinwendung zur Heiligen Schrift her. Für Philipp war das Buch, vor allem die Heilige Schrift, Instrument des Heiligen Geistes (PB 203). Und das gehört so sehr zum Wesen des Oratoriums, dass Talpa in einer Zeit, wo nach der Gründung von Neapel die Übungen des Oratoriums viel von ihrer Kraft und Frische verloren hatten, dennoch erklären konnte: „Der Zweck des Oratoriums besteht hauptsächlich in der täglichen Beschäftigung mit dem Worte Gottes, das in Einfachheit (familiär) dargeboten wird. So stellte sich der Vater das Institut vor: Wohl führte er außer der Verkündigung des Wortes Gottes auch den häufigen Empfang der Sakramente und andere geistliche Übungen ein – das hinderte aber nicht daran, dass unsere ausgesprochene und eigentümliche Übung, durch die wir uns von anderen Instituten unterscheiden, das Wort Gottes ist, und zwar nicht nur einfach und sachlich dargeboten, sondern in vertrauter und familiärer Weise" (PB 322). Und Tarugi sagt ähnlich: „Der Gedanke unseres Gründers war, dass sein Institut die besondere Eigenschaft haben müsse, jeden Wochentag wie jeden Sonntag das Wort Gottes zu verkünden." Was im Norden mit Kritik und Protest entstanden war, hatte Philipp fast unmerklich und mit seiner liebenswürdig gewinnenden Art mitten in Rom begonnen: die schlichte Verkündigung des Evangeliums.

Wie sehr diese Hinwendung zur Heiligen Schrift, zum Evangelium verstanden und aufgegriffen wurde, dafür gibt es geradezu ergreifende Beispiele. Da wurde im Jahre 1583 ein Häretiker, ein Ex-Dominikaner namens Paleologus zur Hinrichtung geführt. Er sollte im Campo dei Fiori, gleich neben San Girolamo, verbrannt werden. Philipp sah den traurigen Zug, und – wie Gallonio schildert – stürzte sich auf den Verurteilten, umarmte ihn und erreichte, dass er losgebunden wurde. Philipp konnte eine Aufhebung des Urteils erreichen, und von Augenzeugen wurde im Prozess berichtet, dass der Verurteilte laut gerufen hatte: „Wo ist dieser Mann, der zu mir mit der Schlichtheit des Evangeliums gesprochen hat?" (T 230), und Philipp hatte seinem Begleiter im Gefängnis gesagt: „Diese stolze Sorte von Leuten kann man nicht mit tiefsinnigen Schriften gewinnen, sondern nur mit einfachen Dingen und dem Leben der Heiligen." Er hatte Paleologus das Buch über Colombini und Jacopone da Todi gegeben. Im Norden hatten die Reformatoren sich zu Recht gegen die überfeinerte Scholastik in der Theologie aufgelehnt. In Rom sprach Philipp in der einfachen Direktheit des Evangeliums und schloss den Häretiker einfach in seine Arme.

Die Heilige Schrift scheint für Philipp auch die Brücke zu den Juden gewesen zu sein. Ohne die Einzelheiten verschiedener Konversionen zu berichten, kann man allgemein feststellen: Philipp argumentierte nicht, sondern bat sie, „zum Gott Abrahams und Isaaks zu beten", und erwähnte, dass er selbst Jude werden würde, wenn er ihr Gesetz als besser erkennen sollte. Da gab es keinerlei militanten Streit um den rechten Glauben. Auch diesmal war es Philipps Respekt vor dem Gewissen und der Freiheit des anderen und seine für alle offene und freundliche Liebe, die ihnen zur Bekehrung half.

Diese Eigenart Philipps, die ihn zum Apostel Roms machte, wird besonders deutlich, wenn man sie mit seinem großen Landsmann Savonarola vergleicht. Diese Parallele hat schon Capecelatro ausgeführt, und Kardinal Newman hat sie wohl von ihm aufgegriffen. Beide Florentiner waren einander gleich im Kampf gegen das Heidentum ihrer Zeit, beide wollten die Menschen zu den Sakramenten zurückführen, aber wie verschieden war ihre Art! Das Werk Savonarolas war farbig, dramatisch, fiel überall in die Augen. Philipp schien weniger zu tun, manchmal sogar gar nichts zu tun, begegnete allen mit liebenswürdiger Freundlichkeit. „Während Philipps Sanftmütigkeit in sich immer die zarte und befruchtende Liebe Jesu des Erlösers sichtbar macht, ist Savonarola schrecklich wie ein Prophet des Alten Testamentes, beruft sich vor allem immer auf Ezechiel, versucht Amos nachzumachen. Es scheint, als ob er in seiner Predigt den harten und schrecklichen Geist des Alten Gesetzes wieder aufleben lasse“ (C 314). Während Savonarola voller Wucht von den Lastern der Zeit sprach und der Notwendigkeit der Reform, sprach Philipp davon nie, da er vertraute, dass die Liebe, die er ganz allmählich in die Herzen senkte, das Heidentum besiegen werde. Und wie verschieden war ihre Reaktion, als sie die Faust der Autorität zu spüren bekamen, als sie selbst verfolgt wurden. „Obwohl auch Philipp die Reform mit ganzem Herzen herbeisehnte, … vergaß er nie Gehorsam und Achtung gegenüber der Autorität der Kirche, eine Achtung und ein Gehorsam, ohne die jeder Versuch einer Reform der Kirche die Übel nur vergrößert und verschlimmert“ (C 314). Wie war es denn, als Philipps Werk auf seinem Höhepunkt über Nacht verboten wurde, als man ihn zu Unrecht verleumdete und anklagte: Seine Antwort war nichts anderes als ein ruhiges Annehmen des Urteils: „Ich bin ein Sohn des Gehorsams.“ Und dann die Hinwendung an den Herrn am Kreuz: „Herr, du weißt um das, was ich tue …“ Newman sagt: „Savonarolas Gewalt bekehrte viele, aber erschreckte und erregte noch mehr; und die Rückschläge trafen ihn selbst wie seine Bekehrten. Manche von ihnen, darunter Künstler, wurden ermordet, andere verbrannt, wieder andere gaben, vom Leben angeekelt und verzweifelt, das Begonnene wieder auf … Philipps Liebe war so zart und innig zu jedem, dass es ihm bis ins hohe Alter ein Bedürfnis war, für die Sünden anderer Buße zu tun.“ Darum übernahm er strenge Bußübungen, fühlte sich selbst mit ihnen schuldig und beweinte ihre Sünden wie eigene. „Ich lese nicht, dass Savonarola gegenüber Alexander VI., den er so heftig anklagte, ähnlich empfunden hätte!“ („The Mission of St. Philip Neri“).

Nicht das Abkanzeln der Missstände, nicht die unbarmherzige Kritik an Fehlern und Schwächen der anderen, vor allem der Mächtigen und Reichen machte Philipp zum Apostel Roms, sondern mehr die Hinwendung zu den Armen, den Verfolgten, den Entrechteten. „Barmherzigkeit“ – das war das

Grundelement der Seelsorge Philipps. Hatte er es nicht oft gesagt: „Barmherzigkeit mit denen, die schwach geworden sind, bewahrt einen selbst vor dem Fall" (MRF 449/26)? Barmherzigkeit – das galt nicht nur für die Sünder, die verirrt oder verführt waren, sondern seine Barmherzigkeit drängte ihn auch zur Hilfe für die an Leib und Seele in Not Geratenen. Seine ständige und verschwiegene Sorge für die Armen dauerte bis zum Lebensende, ebenso sein Beistand für die Kranken und Sterbenden.

Aber mit einer inneren Freiheit, die damals kaum zu finden war, wandte sich Philipp auch den „Häretikern", den Verurteilten und Entrechteten zu. (Über sein Eintreten für die Zigeuner und für den Häretiker Paleologus wurde bereits gesprochen.) Da gab es 1583 große Aufregung in Rom, als der Bargello, der Polizeichef, von den Orsini, einer der mächtigsten Familien der Stadt, eingesperrt wurde und niemand für ihn einzutreten wagte. Philipp setzte sich für ihn ein, besuchte ihn im Gefängnis, war bei ihm, als er hingerichtet wurde. Philipp hatte in aller Öffentlichkeit zu ihm gehalten ohne Rücksicht auf seine eigene Sicherheit, seinen eigenen Ruf.

Fragt man nun nach der Methode seines Apostolats, der Methode, die Philipp benutzte bei der Bekehrung seiner Zeitgenossen, dann gerät man in Verlegenheit. P. Matthews, selbst alt geworden im Oratorium in London, schreibt: „Es scheint tatsächlich so, als ob die Methode Philipps just darin bestand, keine fertige Methode zu haben. Er handelte jeweils von Tag zu Tag und von Stunde zu Stunde, so, wie es ihm seine zarte Liebe eingab. So behandelte er den einen so und einen anderen ganz anders, ganz gefügig auf die inneren Regungen des Heiligen Geistes eingehend. Um die Führung des Heiligen Geistes bemühte er sich ständig in Demut und Treue. Er gewann die Herzen der Menschen oft mit seinem persönlichen Charme, oft aber auch mit der Kraft seiner übernatürlichen Gaben. Er betete, er zitterte, er weinte; er las Witzbücher, und er geriet in Ekstase; er konnte jungen Männern gegenüber zärtlich sein und gab ihnen Ohrfeigen; er erzählte lustige Geschichten und zählte den Leuten all ihre Sünden auf, noch bevor sie zur Beichte kamen. Niemand konnte bei ihm sagen, was er jetzt tun werde; aber es gab wenige, die der merkwürdigen Verbindung von Philipps Liebenswürdigkeit und der Macht seines Betens widerstehen konnten" (Mtt 59).

Methode? Fragt man, warum Philipp gerade so handelt, findet man als letzten Grund immer wieder die Erfahrung seiner Gottesbegegnung, seiner glühenden Erfahrung der Liebe Gottes. Davon kommt er nicht los. Diese muss er mitteilen. Sein Apostolat besteht darin, dass er ansteckt. Unwillkürlich wird man an Jesu Wort erinnert: „Ich bin gekommen, Feuer auf die Erde zu werfen. Was will ich anders, als dass es brenne!" (Lk 12,49). „Philipp war überzeugt, dass das Herz, die Liebe Gottes und die Liebenswürdigkeit die besten Beweise bei der Bekehrung und dem inneren Wachstum der Seelen sind" (C 180). Oder wie Gallonio sagt: „Mit dem Wort Gottes entzündete er in ihnen die Liebe zu Christus und bemühte sich vor allem darum, in ihnen das Verlangen nach dem Gebet zu entfachen, nach den Sakramenten und den Werken der tätigen Liebe" (G 64).

Philipps persönliche, menschliche Eigenart wird von allen Biografen immer wieder mit denselben Vokabeln beschrieben: „affabilità" heißt jemanden mit Liebenswürdigkeit und Vertrautheit aufnehmen; „dolcezza", eigentlich die „Süße" von Zucker und Honig, gemeint ist hier die angenehme, gefällige Art, das Wohltuende, Liebenswürdige eines Menschen. Diese menschliche Art Philipps gab seinen Zeitgenossen sofort das Gefühl, er sei einer von ihnen, mitten unter ihnen. Über alles konnte man mit ihm reden. Für alle war er immer da. „Er kam nicht mit einem traurigen Gesicht daher, gab sich nicht, als wolle er missionieren ..., er war heiter, umgänglich, unbefangen ... Er machte den Eindruck, einer von ihnen zu sein. Im rechten Augenblick allerdings warf er sein Netz aus, sprach über dies und jenes, aber einmal muss man doch anfangen, Gutes zu tun …" (L 93). Er weint mit den Menschen, er lacht mit ihnen. Ja in seiner Sensibilität erfährt er Trauer und Freude noch viel tiefer als sie. Er ist ganz einfach ein Mensch – deshalb so nahe den einfachen Menschen seiner Zeit und den Menschen zu allen Zeiten.

Kardinal Newman sagt: „Nichts war zu hoch für ihn; nichts war ihm zu niedrig." Es ist wohl diese Menschlichkeit, die auf Goethe während seiner Reise in Italien tiefen Eindruck machte. Was er darüber in seiner „Italienischen Reise" schreibt, zeigt, dass er die Wurzel dieses Erscheinungsbildes, das Übernatürliche nicht richtig erkannt hat. Um so mehr ist er von der Ausstrahlung Philipps angetan.[1]

Die Menschlichkeit Philipps wird besonders sichtbar in seinem *common sense* (PB spricht von „sens pratique" im französischen Original). Diesen Begriff verwendet Ponnelle-Bordet, als er das Wirken Philipps in Rom charakterisieren will. Philipp ist das genaue Gegenteil von einem Theoretiker. Er organisiert nicht, er improvisiert: Im Augenblick reagiert er auf eine Eingebung, einen Einfall, eine Situation. Deshalb auch gelingen die meisten seiner Unternehmungen. In den Übungen des Oratoriums lehnt er die Diskussion theoretischer Probleme ab. Statt dessen zieht er Konkretes vor: die Geschichte der Kirche, das Leben der Heiligen und immer wieder Beispiele aus dem Leben.

1 „Doch wir sagen, er sei ein höchst ausgezeichneter Mensch gewesen, der aber das einem jeden dieser Art angeborene Herrische zu beherrschen und in Entsagung, Entbehrung, Wohltätigkeit, Demut und Schmach den Glanz seines Daseins zu verhüllen trachtete. Der Gedanke, vor der Welt als töricht zu erscheinen und dadurch in Gott und göttliche Dinge sich erst recht zu versenken und zu üben, war sein andauerndes Bestreben, wodurch er sich und sodann auch seine Schüler ausschließlich zu erziehen unternahm" (Goethe: Italienische Reise [Reclam: 111/3; 127/371]).

Von Lebensnähe und praktischer Erfahrung quellen viele seiner Maximen und Sätze über. Und gerade unter ihnen treffen wir auf Menschenkenntnis und Lebensweisheit. So sagte er: „Man muss nicht alles an einem Tag machen wollen, und man wird kein Heiliger in vier Tagen, sondern Schritt für Schritt" (MR 14). Oder: „Es ist leichter, fröhliche Menschen auf dem Weg des Geistes zu führen als traurige" (MR 33). „Wenn du willst, dass man dir gehorche, gib wenig Befehle" (MR 21). Dass manche seiner Heilungen mehr auf seinem gesunden Menschenverstand als auf Wundermitteln beruhen, ist längst erkannt worden. Sah er doch sofort, dass bei dem einen Kranken ordentliche Ernährung fehlte, bei anderen einfach die frische Luft. Und Philipp wusste, wie viel schon ein Wort der Ermunterung, ein Stück Optimismus und ein heller Blick in die Zukunft half. Einmal sagte er über eine angeblich Kranke, man solle sie doch verheiraten, über eine andere hieß es, die brauche den Stock!

Über diese Menschlichkeit Philipps, seinen gesunden Menschenverstand sagt Newman einmal treffend – und zwar noch vor seiner Bekehrung: „Wenn es je einen Heiligen gegeben hat, der keinen Humbug mochte, dann war es der heilige Philipp." P. Faber schreibt in seiner Hymne auf Philipps Tod:

„Sein Leben war zur Hälfte im Himmel / zur Hälfte auf der Erde: ein wunderbar vermischtes Bild von irdischer Mühe und himmlischer Freude." – Mitten in Rom das Licht des Übernatürlichen – das war Philipps Apostolat.

Die Spiritualität Philipp Neris und des Oratoriums

Etwas Zusammenfassendes über Philipps Spiritualität zu sagen fällt schwer. Hat er doch keinerlei System entwickelt – alles systematische und analytische Denken scheint ihm fremd gewesen zu sein – und hat er doch kaum etwas Schriftliches hinterlassen. Vor seinem Tod ließ er seine Schriften verbrennen, und außer etwa dreißig Briefen und ein paar Gedichten ist uns nichts erhalten. Um so kostbarer ist deshalb eine Sammlung seiner Sprüche, die unter dem Titel „Massime e Ricordi" oft gedruckt wurden, vor allem aber die Niederschrift von Stoßgebeten Philipps durch Francesco Zazzara. Er nennt sie: „Gebete, die der Selige Philipp Neri, mein geistlicher Vater, mich gelehrt hat ... Er empfahl mir oft, in Form eines Rosenkranzes dieses oder jenes der Stoßgebete zu sagen, die er selbst über die Maßen schätzte" (PB 596).

Mit der Sammlung dieser Gebete schließt Ponnelle-Bordet sein großes Buch über Philipp Neri. Beim ersten Hinsehen auf diese Gebetsrufe, wie man sie eigentlich nennen muss, bemerkt man nichts großartig Neues. Ja man kann sagen, dass Philipp Gebete wie das Ave-Maria geradezu komprimiert und auf den Kern reduziert hat. Es lautet bei Philipp: „Jungfrau Maria, Mutter Gottes, bitte Jesus für mich." So hat er auch einen Rosenkranz „erfunden" mit 63 Anrufungen (B II. II). Es ist wie eine Verdichtung auf das Wesentliche, ja sogar auf Namen – den Namen Jesu: „Jesus, sei mir Jesus“ und den Namen Mariens. Aber Philipp hat diese Gebete geradezu „ausgekostet“, das heißt Wort für Wort voll Gefühl in sich aufgenommen. Diese Art erinnert an Formulierungen, die sich bei den Wüstenvätern und Mönchen finden. Dort spricht Cassian von „volutatio cordis“ (Wiegen des Herzens), Makarius von „ruminari“ (Wiederkäuen), und schon Lukas hatte berichtet, dass Maria „all diese Worte in ihrem Herzen bewegte“. Als Philipp einmal krank war und sich allein glaubte, hatte ihn Lucci so beten hören.

Das gibt der Spiritualität Philipps nicht nur die Wärme und Zartheit des Gefühls, sondern etwas Kindliches, ja Stammelndes. Sein Biograf sagt, dass Philipp seine Gebete laut sprach und es so auch seinen Gefährten empfahl. „Sein Beten … war so voller Gefühl, dass das Herz einfach nicht weiter konnte, sondern sich auf einige Worte beschränkte und diese immer wiederholte, wobei sich die innere Glut steigerte. Die Worte dienten nur dazu, die tiefe zitternde Erregung seines Herzens zu lösen“ (PB 595).

Auf den ersten Blick begegnet einem nur Wiederholung desselben. Erst beim genaueren Hinsehen merkt man das Nicht-Loskommen von einer erschütternden Erfahrung, die immerwährende Rückkehr und Versenkung in diese Erfahrung und das Wiederholen-Müssen einer tiefen Liebe. Diese scheinbare Einseitigkeit erinnert an das Wort Kierkegaards: „Die Reinheit des Herzens ist: eines zu wollen, eines.“

Mittelpunkt und Herzstück der Spiritualität Philipps ist sein Pfingsterlebnis. Genauso, wie man Pascals Erfahrung des göttlichen Feuers als die entscheidende Wende in seinem Leben ansehen muss, genauso ist das Pfingsterlebnis Philipps die Grunderfahrung seines Lebens. Nach Pascals Tod fand man in seinem Rockfutter ein Pergamentblatt mit einer Niederschrift über seine Gotterfahrung „im Jahr der Gnade 1654“ mit dem großgeschriebenen Stichwort „Feuer“ und dem Schriftzitat Ex 3,6. Von Philipps Pfingsterfahrung sagt Peter Dörfler mit

Recht: „Er trug von da an den brennenden Dornbusch in sich … Es gab in Rom seit Philipps Berufung ein heiliges Feuer, das in die Finsternisse leuchtet, das Licht des Heiligen Geistes, entzündet im Herzen eines Mannes, der es sorgsam hütete und durch alle Gassen und Heiligtümer trug, zu der empfänglichen Jugend zuerst, zum schlichten Volk“ (D 52).

Dass es sich hier tatsächlich um etwas Erfahrbares handelt, um geistliches Leben und nicht eine geistliche Lehre, davon gibt das ganze Leben Philipps Zeugnis. Erinnern wir nur an seine Begegnungen mit den Kranken, die er an sich zog und die durch den körperlichen Kontakt gesund wurden. Da gibt es die vielen Beispiele der seelisch Kranken und der von Versuchungen geplagten Pönitenten, die Philipp an sich drückte und durch das innere Feuer seines Herzens heilen ließ. Die Gotteserfahrung Philipps ist ein lebendiges Zeugnis der machtvollen Gegenwart des Gottesgeistes mitten in der kranken Welt der Renaissance. Sie ist eine Erfahrung, die ansteckt und weiterwirkt: Wer Philipp beim Beten und bei der Feier der Eucharistie erlebt hat, der weiß Tieferes, als Theorie ihn lehren kann.

Philipp selbst deutete sein Pfingsterlebnis als eine Erfahrung der Liebe Gottes. Zuweilen hörte man ihn sagen: „Vulneratio caritatis sum“ – mich hat die Liebe ganz verwundet. Dieses Verwundet- und Gezeichnetsein von der Liebe sah er auch als sein eigentliches Leiden, das hinter seinen körperlichen Krankheiten steckte. Wie sehr Philipps nächste Umgebung Philipps „Verwundung“ erlebte, zeigt ein Bericht Tarugis beim Prozess: „Sein Herz wallt und ergießt Flammen und eine solche Erhitzung, dass sein Schlund Stellen hat wie von echter Verbrennung“ (Brief 29. Januar 1586: PB 129). Und manchmal erzählte Philipp von dem Mönch Antonio, der in Aracoeli lebte, alles Nötige zum Leben hatte, aber immer sagte: „Amore langueo“ („die Liebe verzehrt mich“) (MR 12). An dieser geheimnisvollen Krankheit siechte er dahin – eben an der Verwundung und Heimsuchung durch Gottes Liebe.

„Liebe" ist das Herzwort für die Spiritualität Philipps. Von der Erfahrung der Liebe Christi, die gerade in seiner Passion sichtbar wird, ist Philipp nie losgekommen. Es war das Bild des Gekreuzigten im Vorlesungssaal, das ihn von allem anderen ablenkte. Wenn er mit den Jungen zum Spielen nach San Onofrio ging, zog er sich bald zurück, zog ein kleines Buch mit dem Bericht der Passion Jesu aus der Tasche und war bald ganz versunken in seiner Betrachtung. Einige kurze Gebete, die Philipp besonders teuer waren, ließ er in Musik setzen, so den Vers: „Ich starb für dich den Tod aus reiner Liebe / Und du in deinen Sünden tötest mich" (PB 595).

Nach Gallonios Bericht rückte er am Abend neben seinem Bett den Korpus des Kruzifixus in das abgedunkelte Licht, um zu beten. Was sich in diesen Gesten zeigt, offenbart ein Brief an seine Nichte: „Geben wir uns ganz und gar seiner göttlichen Liebe hin und gehen wir ganz und gar in die Wunde seiner Seite ein, jene lebendige Quelle der Weisheit des menschgewordenen Gottes. Geben wir uns so sehr hin, dass wir uns selbst auslöschen und nie mehr den Weg hinaus finden."

Die Liebe zu Gott und zum gekreuzigten Herrn ist der Grund, warum Philipp sich vor allem zum seligen Colombini hingezogen fühlt und seine Biografie immer wieder liest. Heißt es doch über Colombini: „Sein Herz war so sehr von der göttlichen Liebe entbrannt, dass er sein Gewand über der Brust geöffnet trug … Und er sprach von den Dingen Gottes mit einer solchen Not, dass es schien, ihm wolle das Herz nicht im Leibe bleiben. So glühend war seine Liebe zu Gott, dass er fast vor Liebe gestorben wäre, so wie der selige Giacopone da Todi" (Belcari 169). Auch Colombini musste diese erfahrene Liebe weitergeben: „Um Liebe in den Herzen zu wecken, beschloss er, ohne Unterlass von der Liebe Jesu Christi und seiner Liebe zu sprechen, allen Geschöpfen viel Zuneigung und Liebe entgegenzubringen, ihnen viel Freude zu machen und übergroße Liebe zu zeigen, sich selbst aber große Buße aufzuerlegen" (Feo Belcari 58).

Die Erfahrung der Liebe Gottes weckt und fordert unsere Hingabe an sie. Philipp wiederholte oft: „Was Not tut, ist, sich ganz Gott hinzugeben. Wer etwas anderes will als Christus, weiß nicht, was er will" (MR 44f). In dieser ganz natürlichen Ausrichtung auf den Herrn, der uns zuerst geliebt hat, wird die Christozentrik der Spiritualität Philipps sichtbar: „Wer etwas anderes will als Christus, weiß nicht, was er will; wer etwas anderes sucht als Christus, weiß nicht, was er wünscht; wer arbeitet und nicht für Christus wirkt, der weiß nicht, was er tut."

Die Liebe Gottes, die erfahren wurde – in der Begegnung mit Philipp, im Leben der Heiligen, vor allem aber in den Sakramenten und besonders in der Vergebung der Sünden im Bußsakrament – ist eine Erfahrung, die sozusagen am Anfang des geistlichen Lebens steht. Sie ist nicht erst die Krönung nach einem mühevollen asketischen Aufstieg zu den Höhen des geistlichen Lebens. Wir begegnen hier einem wichtigen Grundsatz der Spiritualität Philipps: Er vertraut auf das Positive, auf die Gnade. Was gemeint ist, zeigt sich an seiner Behandlung mancher Unsitten seiner Zeit. So verwirft er nicht die unsinnige Mode, den übertriebenen Reichtum. Er verbietet nicht die üppigen Auswüchse der damaligen Kultur. Er vertraut auf die Liebe Gottes, die in den Menschen von selbst wirksam wird wie ein Feuer oder ein Samenkorn – am Anfang unscheinbar und verborgen, aber doch schon im Keimen. Tarugi hat es selbst erfahren und beschreibt es schon nach seiner ersten Beichte bei Philipp: „Von diesem Augenblick an fühlte ich eine helle Flamme in meinem Herzen brennen. Meine Sünden konnten sie nicht ersticken. Sie quälten mich so lange, bis ich mich ganz in seine Hände gegeben hatte" (P.P. III 377). Und Philipp rät den Beichtvätern und Seelenführern: „Man muss nur mit Güte versuchen, den Menschen ganz allmählich ein wenig vom Geist der Liebe zu Gott einzuflößen, denn dann wird dieses von sich aus bewirken, was der Beichtvater beabsichtigte" (MR 100).

Aus eigener Erfahrung rät Philipp – er ist wirklich ein Empiriker in seiner Spiritualität und Seelsorge! – seinen Mitbrüdern, den Sündern mit Liebe zu begegnen: „Gebt euch immer Mühe, sie mit Freundlichkeit und Liebe für Christus zu gewinnen, habt für ihre Schwächen so viel Verständnis wie eben möglich, bemüht euch ganz besonders, ihnen jene Liebe Gottes nahe zu bringen, die allein wirklich Großes vollbringen kann" (B II 75). Die Menschen spürten damals bei Philipp diesen Blick der Liebe. Ein Biograf sagt: „Wie auch sonst die Heiligen, sah Philipp beim Sünder mehr das Unglück als den Fehler" (C I 148).

Wer sich von Gottes Liebe packen und führen lässt, der kann auch mitten in der Welt ein geistliches Leben führen. Das ist tatsächlich etwas Neuartiges an der Spiritualität Philipps. Sie zeigt, wie jeder Christ mitten in der Welt ein Leben der Nachfolge Christi führen kann. Dieses erfrischend Neue fiel bereits seinen Zeitgenossen auf. Schon 1570 schrieb jemand an Philipp, er habe eine Schule „geistlicher Weltmenschen" gegründet (PB 189). Bei ihm durchdrangen sich Geist und Welt; an ihm konnte man sehen, dass man mitten in der Welt ein guter Jünger Jesu sein kann. (Wie immer zeigte sich, dass Philipps Spiritualität mehr Praxis als Lehre ist, ein Beispiel, das man nachahmen kann.)

Wenn jemand vor der Zeit Philipp Neris ein geistliches Leben führen wollte, versuchte er, den Weg bei den Mönchen und Ordensleuten zu lernen. Meist begann er dann mit der Askese, forderte von sich körperliche Abtötungen, etwa Essens- und Schlafentzug, Zurückgezogenheit, schäbige Kleidung. Dazu kamen dann zuweilen noch selbstquälerische Übungen, wie Schlafen auf nacktem Boden, Essen widerwärtiger Speisen … Der heilige Franz von Sales berichtet, dass er dieses Rezept eines heiligmäßigen Mannes auf sich anzuwenden versuchte, bis er dann Philipps Art kennen lernte. Philipp hielt nicht viel von diesen Regeln. Den jungen Novizen der Minerva sagte er bei einem Ausflug: „Esst nur! Wenn ich sehe, wie es euch schmeckt, werde ich schon selbst davon dick." Philipp hielt nichts von traurigen Mienen, sondern brachte die Leute auf der Straße und in den Häusern zum Lachen. „Die Fröhlichen", sagte er, „sind leichter auf dem Weg des geistlichen Lebens zu führen als die Schwermütigen" (MRF 452/22). Mit der Mode hielt er es wie mit dem Geld: Geld haben und modisch gekleidet daherkommen, ist nicht das Problem, sondern von Geld und Mode abhängig zu sein.

Man muss nicht die Welt verlassen, um ein geistliches Leben zu führen. „Die Leute, die in der Welt leben, sollen sich bemühen, in ihren eigenen Häusern heilig zu werden. Denn weder das Leben am Hof, im Beruf oder bei der Arbeit ist ein Hindernis, wenn man Gott dienen will" (MRF 441/20). Und die Askese, der Weg dahin, geschieht im Alltag. Nicht das Suchen nach besonderen Bußübungen, sondern das Annehmen und Ertragen der täglichen Beschwerden und Nöte, vor allem in der Krankheit, bringen uns Christus näher. „Prüfungen, die wir geduldig aus Liebe zu Gott ertragen, scheinen anfangs bitter zu sein, aber sie werden süß, wenn man sich an ihren Geschmack gewöhnt" (MRF 477/12). Und zunächst rätselhaft sagt er: „Wir müssen dort Christus suchen, wo er nicht ist, das heißt in Kreuz und Prüfungen, wo er tatsächlich jetzt nicht ist, aber wir werden ihn in seiner Herrlichkeit finden, wenn wir auf diesem Weg suchen" (MRF 480/30). Dieser Weg der Nachfolge geht mitten durch die Welt unseres Alltags, ist fast immer ein völlig unauffälliger Weg. „Selbst mitten in der Menschenmenge können wir auf dem Weg zur Vollkommenheit sein" (MRF 471/22). Philipp wusste, was er da sagte: Als ihn einmal die Frau des spanischen Gesandten fragte, seit wann er die Welt verlassen habe, war seine Antwort: „Ich wüsste nicht, dass ich sie je verlassen hätte!" (C I 498). Das ist eben das Neue: Während man früher ein intensives geistliches Leben nur für einige wenige Privilegierte für möglich hielt, erreichte Philipp, dass geistliches Leben „so familiär und häuslich wurde, dass es für jeden Stand möglich und willkommen war.[1] Mithin war jeder, gleich welchen Lebensstandes und in welcher Situation auch, ob in seinem Haus oder seinem Beruf, ob geistlicher oder weltlicher Würdenträger, ob Höfling oder Familienvater, gebildet oder ungebildet, Adliger oder Nicht-Adliger, Kaufmann oder Handwerker, tatsächlich jeder Mensch fähig, ein geistliches Leben zu führen" (Talpa in Cistellini I 508).

In seiner Menschenkenntnis hatte Philipp erfahren, wie sehr man auch von den Übungen seiner Askese abhängig und sogar noch stolz auf die Leistungen seiner Frömmigkeit sein kann. Da hatte Philipp gute Heilmittel zur Hand. Als ihn Alberto, einer seiner geistlichen Söhne, einmal drängte, er wolle etwas mehr für sein geistliches Leben tun und Philipp möge ihm doch erlauben, ein härenes Bußhemd zu tragen, da willigte Philipp schließlich ein und erlaubte ihm, das Bußhemd zu tragen – aber außen, das heißt über seiner gewöhnlichen Kleidung.

Damit treffen wir auf ein Herzstück der Spiritualität Philipps: die Demut. Sie ist das Gegenstück der Liebe: die liebende Antwort auf die Erfahrung seiner Gottesliebe. In dem Sonett, das übrig blieb, als Philipp vor seinem Tod seine Aufzeichnungen verbrannte, heißt es in Philipps Handschrift aus dem Jahr 1581: „Immer in Gott leben und sich selbst sterben" – Allein Gott ist wichtig, Gott ist alles, ich bin absolut unwichtig. Das wird auf eine erschütternde Weise deutlich in den Worten Philipps während seiner letzten Krankheit. Als Kardinal Federigo Borromeo ihm die Kommunion bringt und das „Domine, non sum dignus" (Herr, ich bin nicht würdig)

1 Faber sagt treffend: „Die Härte, die er (Philipp) empfiehlt, ist solche, die gerade für unsere moderne Zeit am besten passt: Verzicht auf Bequemlichkeit und eine sich selbst nicht zu ernst nehmende, aber beharrliche Gewöhnlichkeit … Er brachte ein neues Element in das geistliche Leben – den Heroismus des common sense, des gesunden Menschenverstandes" (Spirit and Genius of St. Philip Neri, 59).

betet, hört man Philipp: „Ich habe nie etwas Gutes getan, nichts, gar nichts. Niemals, niemals bin ich würdig gewesen." Einem Besucher sagte er: „Wenn ich gesund werde, werde ich mein Leben ändern" (BM 188). Bis zuletzt wiederholt Philipp seine Hingabe an Gott, sein Ablösen vom eigenen Ich.

Darum geht es ihm bei der Demut: ganz vom eigenen Ich loszukommen, sich ganz Gott zu geben. „Wir müssen uns ganz und gar Gott hingeben" und „Gott nimmt den, der sich ihm ganz geschenkt, ganz zu eigen" (MRF 483/22,23). „Der Heilige Gottesgeist wohnt nur in den Herzen, die rein und einfach sind" (MRF 456/26). Die Demut ist der Weg zu dieser Reinheit und Einfachheit des Herzens. Sie ist also nicht Selbstzweck, sie will den Egoismus überwinden, immer neu die Egozentrik des Menschen aufbrechen, damit der Mensch ein Werkzeug der Liebe Gottes, des Heiligen Geistes, werden kann. Philipp wird nicht müde, die Ursünde des Stolzes zu bekämpfen, die Ich-Sucht und Habsucht. Jede Art von „Singolarità", Anders- und Besser-Sein-Wollen ist ihm zuwider. Gerade darin aber traf er einen Nerv der Renaissancekultur, die eingebildet war auf ihre Errungenschaften.

Wie wichtig für Philipp die Demut war in seinem ganzen Leben und im Leben seiner Gefährten, darüber gibt es unzählige Anekdoten. Da die meisten von ihnen sehr exzentrisch und farbig sind, verkennen viele den wahren Charakter dieser Geschichten. Sie zeigen, dass Philipp alles daransetzt, das Herz des Menschen frei zu machen für das einzig Wichtige, besser gesagt: den Einen, der allein wichtig ist. Um dieses Ziel zu erreichen, konnte Philipp mit sich und anderen unerbittlich sein, so sehr, dass Gallonio einmal nahe daran war fortzugehen und dass Baronius ebenfalls schon über seine Trennung vom Oratorium nachdachte.

Als Grund-Satz seiner geistlichen Lehre ist Philipps Wort berühmt geworden: „Die Heiligkeit eines Menschen liegt in Dreifingersbreite: Alles kommt darauf an, dass man sein ‚Razionale' abtötet", wobei Philipp drastisch drei Finger seiner

Hand an die Stirn legte. Mit „Razionale“ ist hier nicht das Erkenntnisvermögen des Menschen, das Licht seiner Vernunft, gemeint, sondern vielmehr den kritischen Stolz des Denkens, meint Selbstgefälligkeit und Egoismus. „Als er das sagte, hatte er die im Sinn, die ständig diskutieren müssen, diejenigen, die hartnäckig sind, ob das vom Willen oder vom Verstand her kam, wobei das Letztere ihm noch mehr Sorge machte“ (PB 584). Hier traf Philipp wohl das schlimmste Übel seiner Zeit: den Stolz und die Einbildung des Renaissance-Menschen. Das Leben Philipps zeigt, dass ihm die kalte Intelligenz, die nur Kritik kennt und rechthaberisch an ihrer Meinung festhält, fremd und zuwider war. Das sieht man besonders am Fall von Camillo Severini, den Philipp aus der Kongregation ausschloss, den er sogar dem Heiligen Offizium übergab. Bordini nannte ihn „ein Gehirn aus Eis“, einen Intellekt, der ohne Liebe denkt, eine Gelehrsamkeit, die keinen Raum für den Geist lässt (PB 305).

„Vor allem“, so sagte Philipp seinen geistlichen Söhnen immer wieder, „vor allem muss man demütig sein.“ Mit dieser Mahnung beginnt die Sammlung der „Maximen“ (übrigens genauso die uns erhaltenen Aufzeichnungen seines wohl vertrautesten Schülers Consolini: „Carità, Humiltà“, „Liebe, Demut“). Und was Philipp da sagt, wendet er auf sich und auf andere, die bei ihm Führung suchen, unerbittlich an und entwickelt dabei ein unglaubliches Talent an Humor und Einfallsreichtum. „Die Behandlung der Eigenliebe ist seine Spezialität“, sagt Ponnelle-Bordet. „Seine Wachsamkeit galt vor allem jeder Regung von Selbstbespiegelung, sein Kampf der Selbstbezogenheit, sein großes Ziel war die letzte Demut vor Gott und den Menschen“ (D 76). Immer wieder zitierte er das Wort, das damals Bernhard von Clairvaux zugeschrieben wurde: „Spernere mundum – spernere nullum, spernere seipsum – spernere sperni“ („Die Welt verachten – niemand verachten, sich verachten – es verachten, verachtet zu werden“). Wie buchstäblich das Philipp nahm, wie er Spott und Verachtung herausforderte, davon laufen seine Biografien über. Da sah man ihn mit einem Besenkopf aus Ginster durch die Straßen ziehen, alle paar Schritte stehen bleiben und daran mit einer Miene des Behagens riechen, als ob er den prächtigsten Blumenstrauß trage. Oder er zog mit feierlicher Miene durch die Gassen – ein Kissen wie einen Turban auf dem Kopf oder behängt mit Fuchsschwänzen, die er dann einem seiner Gefährten gab, damit er mitten im Sommer nicht so friere.

Die Leute lachten, nicht nur das Gefolge der Gassenjungen, aber die Leute wussten, dass diese abstrusen Aufzüge im Grunde nur etwas verdecken wollten – den Glanz der Gottesliebe, der immer wieder durchbrach in seinem Leben. Man wusste, wie mühsam sich Philipp vor dem Gang zum Altar beherrschen musste. Wo andere sich sammeln müssen, musste er sich zerstreuen, spielte in der Sakristei mit Vögeln, wirbelte seinen Schlüssel um den Finger, las in seinem geliebten Arlotto, schüttelte sich vor Lachen und las dann im Eiltempo die Lesungen, um ja nicht stecken zu bleiben und sich zu verlieren. Er wusste: Sobald er anfing innezuhalten und nachzusinnen, war es um ihn geschehen. Dann war er in Ekstase, herausgerissen aus Raum und Zeit. Hatte ihn nicht einmal einer seiner Gefährten so in seiner Kammer gefunden: beim Anziehen eines Kleidungsstückes, den Arm noch ausgestreckt, ganz starr und nur noch körperlich anwesend?

Wenn Philipp für sich und die Seinen nach der Demut suchte, dann war sein letztes Ziel wohl die fraglose, ganz bereite Einfachheit des ganz Armen und die Einfachheit des Kindes. Das zeigt die ergreifende Geschichte, die er seinem Freund Angelo Vettori ausmalte: „Angelo, was würdest du sagen, wenn du eines Tages den Henker hinter mir her sähest, wie er mich auspeitschte, und ihr und alles Volk würdet spotten: ‚Das ist nun dieses Philippchen! Was hat er uns gegolten!' " Dann begann er zu schluchzen und meinte, so weit möchte er es gerne bringen. – Die Einfachheit des Kindes, das nicht einmal nötig hat, sich in Demut zu bücken, sondern das sein Geringsein angenommen hat, begegnete Philipp vor allem in der Gestalt des heiligen Bruders Felix von Cantalice, der nicht lesen und schreiben konnte und für seinen Kapuzinerorden unermüdlich sammelte, deshalb auch den Namen „Bruder Deogratias" hatte. Philipp liebte ihn besonders, hatte er doch ohne Nachdenken und Anstrengung die fraglose Armut und Einfachheit, die Philipp suchte.

Einfachheit als Gefäß für eine Liebe, die auf alles, auch die Tiere, ausstrahlt, das verweist auf Philipps Verwandtschaft mit dem großen Heiligen des Mittelalters: Franz von Assisi. Die kleine Geschichte, die Philipp seinem Freund Angelo erzählt, erinnert an die Geschichte mit Bruder Leo, die merkwürdigerweise „die Verteidigung der ganz vollkommenen Freude" genannt wird. Es ist, als ob Philipp wünschte, man würde von ihm sagen, was Dante über Franziskus sagt: „Sein Anblick erregte eine wunderbare Verachtung" (PAR. XI 20), und aus der Legende der drei Gefährten kannte Philipp wohl den Satz über den armen Bruder Franz: „Viele verlachten ihn, weil sie ihn für einen Narren hielten."

Dass wir abnehmen müssen, damit Er, der Herr, groß wird in unserem Leben, das machte Philipp seinen Gefährten immer wieder klar. Er tat es auf seine Weise – mit Worten: „Demütigt euch immer, und erniedrigt euch in euren Augen und den Augen der anderen, damit ihr groß in Gottes Augen werden könnt" (L 364), und er sorgte mit nimmermüder Fantasie für die Verwirklichung im täglichen Leben. Einige wussten davon ein Lied zu singen. Im buchstäblichen Sinn der Bruder Macaluffi, der immer herhalten musste, wenn Gäste kamen – meist illustre Gäste wie Kardinäle –, und dann einen drolligen Bauerntanz aufführen musste. Das war so schlimm, dass die Mitbrüder ihn bei der Ankunft hoher Herren vor Philipp versteckten, aber der wusste ihn immer aufzufinden. Oder Gallonio, der eines Tages ohne jede Vorbereitung in das vornehme Frauenkloster Tor de Specchi geschickt wurde, um zu predigen. Am Ende musste er auch noch seine Soutane aufknöpfen und den frommen Damen zeigen, wie armselig geflickt es darunter aussah. Ein andermal musste Consolini sich einer gelehrten Prüfungskommission stellen, wobei der Papst selbst anwesend war. Consolini erklärte dann auf Anweisung Philipps, er habe es gar nicht nötig, sich prüfen zu lassen; dafür sei er viel zu gelehrt. Auch Philipps Sekretär, der feinsinnige Gigli, war einmal ganz geknickt von einer „Veranstaltung" Philipps zurückgekommen. Hatte doch Philipp ausgerechnet ihm aufgetragen, sich als Trunkenbold zu präsentieren.

Bacci, einer seiner ältesten Biografen, schreibt: Wenn man alle die Einfälle erzählen wollte, mit „denen Philipp andere über sich zum Lachen brachte, käme man an kein Ende" (B II. 18). Diese Übungen schienen „das Eisen" zu sein, von dem er gesprochen hatte. – „Was also brauchen wir? Feuer, Glaube und Eisen ... Eisen, um unseren Willen zu formen und uns zu heiligem Gehorsam Ihm gegenüber zu bringen" (Brief Philipps vom 23. Dezember 1588). Aber das Eisen war nicht das Wichtigste, sondern „das Feuer" und „der Glaube".

Das Herz sollte rein sein für den Heiligen Geist; der Mensch einfach und armselig wie ein Kind, das sich führen lässt vom Heiligen Gottesgeist. „Lasst uns nach der Reinheit des Herzens streben, denn der Heilige Geist wohnt in einem reinen und einfachen Herzen" (MRF 456/26). Philipp spricht mit einer geradezu kindlichen Unbefangenheit über seine Beziehung zum Heiligen Geist. Sein oft impulsives, die Umgebung überraschendes Handeln kam aus der Überzeugung, er sei ein Werkzeug des Heiligen Geistes. „Ich glaube, Gottes Geist zu haben", konnte er mit ruhiger Bestimmtheit manchmal vorbringen, obwohl das doch seiner Liebe zu Demut und Zurückhaltung zu widersprechen schien (PB 132). Zu Federigo Borromeo sagte er einmal, als ob es sich um Gewöhnliches handle: „Manchmal sage ich Dinge und weiß nicht wieso. Gott ist es, der mich so sprechen lässt" (L 236). (Es handelte sich um eine Heilung.) Mit dem Hinweis auf die Führung des Geistes erklärte Philipp auch seine überdimensionalen Pläne für die Chiesa Nuova, die seine Mitbrüder erschreckten (T 181). Einem seiner Pönitenten sagte er am Ende des Schuldbekenntnisses: „Der Heilige Geist hat mir enthüllt, dass kein Wort davon wahr ist“ (M 63). Dass er manchmal auf das innere Licht und die Führung durch den Geist wartete, erklärt das Zögern und Zuwarten Philipps vor manchen wichtigen Entscheidungen. Er sagte dies selbst, als es um die Gründung des Hauses in Neapel ging. Wie natürlich er die Führung durch den Geist ansah, zeigte eine Bemerkung an seine Mitbrüder: Wenn man die Gewalt des Geistes zu stark bei der Messe spüre, dann solle man ihn bitten: „Jetzt nicht, später in meinem Zimmer!“ (BM 134). So natürlich und vertraut war Philipps Verhältnis zu Gottes Geist, dass seit seinem Pfingsterlebnis in den Katakomben der Geist ihn nie verlassen hat. Die ungestüme Erregung seines Herzens ließ ihn oft auch nachts keine Ruhe finden. Um von sich abzulenken, sprach Philipp von Menschen, die vor Tränen, Beten und Liebe nicht zum Schlafen kommen konnten und schließlich flehten: „Herr, ich bitte dich, lass mich ein wenig ruhen“ (PB 117). Am Todestag Philipps schrieb Federigo Borromeo: „Der Heilige war ganz brennend vor Liebe“ (PB 498). Es scheint, dass Philipp in seinem geistlichen Leben nie Trockenheit und die Nacht der Seele, von der die Mystiker sprechen, kennen gelernt hat.

Auch Philipps Umgebung hatte längst gespürt, welche Gotteskraft durch Philipp mitten in Rom am Werk war. Da gibt es die humorvolle hintergründige Geschichte über eine Frau namens Sulpizia, die in Philipps Messe war und gesehen hatte, wie seine Gestalt bei der Wandlung tatsächlich über dem Boden schwebte. Ihr erster Gedanke war: „Dieser Priester ist besessen.“ Dann aber erschrak sie über einen solchen Gedanken und ging voller Herzklopfen zu Philipp zur Beichte. „Padre, ich hab' gesagt“, und dann stockte sie. Philipp ermunterte sie. Aber als sie sagte: „Padre, ich sah Euch während der Messe über dem Boden schweben ...“, unterbrach Philipp schnell:

„Sei still" und legte die Hand auf seinen Mund. Da gestand Sulpizia: „Ich dachte bei mir: ‚O Gott, dieser Pater ist besessen.'" Darauf lachte Philipp und meinte: „Es ist wahr, es ist wirklich wahr: ich bin besessen; ja ich bin besessen" (T 138).

Der Einbruch des Gottesgeistes in das Leben Philipps war geschehen, als er mit besonderer Inbrunst gebetet hatte. Heiliger Geist und Beten gehören eng zusammen. Kein Wunder, dass Philipp einer der großen Meister des geistlichen Lebens und vor allem des Betens geworden ist. Den Namen „Oratorium" nimmt Philipp in seiner Bescheidenheit zwar von dem Ort, dem Raum, wo die erste Kommunität betete; aber der Name trifft auch das Wesen dieser Gemeinschaft: Ihr Auftrag ist das Gebet. Gebet ist allerdings hier im umfassenden Sinn zu verstehen als Leben in der liebenden Gegenwart Gottes. Bacci schreibt: „Philipp hatte das Gebet so gern, dass alle Übungen, die er im Oratorium ins Leben rief, nur dieses eine Ziel hatten. Und es führte ihn auch dazu, den Namen der Kongregation als ‚Oratorium' zu bezeichnen" (BF 164).

Wie immer ist Philipp auch hier vor allem ein Meister des geistlichen Lebens durch sein Beispiel, ist er vor allem Lebemeister, nicht Lesemeister, um Meister Eckharts Wort auf ihn anzuwenden. Dennoch haben uns seine Gefährten und alten Biografen viele Worte Philipps über das Beten hinterlassen. Ohne der Versuchung nachzugeben, verschiedene davon aufzuzählen, sei nur erinnert an einige charakteristische Züge dessen, was Philipp über das Beten sagt. Auch hier begegnet uns wieder das Befreiende und Natürliche der Art Philipps. Er befreit vom Zwang der Gebete als Pflichtübungen, von den langen mündlichen Gebeten. Auch hier zeigt Philipp, dass man mitten in der Welt beten kann und soll. Darum lehrt er ja vor allem die so genannten „Stoß- oder Pfeilgebete, die man immer wieder in allen Lebenssituationen zu Gott hinschicken soll" (MRF 477/11). Philipp wollte nicht, dass man nach dem Beten erschöpft und des Betens überdrüssig ist, sondern es sollte einen froh machen und immer wieder anziehen. Deshalb liebte er die kurzen Stoßgebete und Anrufungen (BF 171). „Nichts", sagte er, „hilft einem Menschen mehr als das Gebet" (MRF 476/29).

Im Grunde ist Beten ja das Sich-Gott-Anvertrauen, ja das Sich-Gott-in-die-Arme-Werfen des Kindes: „Um zu lernen, gut zu beten, gibt es als ein vorzügliches Mittel das Sich-Verdemütigen und das Wissen um die eigene Unwürdigkeit eines so großen Geschenkes. Man muss sich ganz und gar dem Herrn in die Arme werfen, damit Er uns das Beten lehre" (MR 118). „Der Heilige Geist ist der Lehrer des Gebets. Er verleiht uns, in ständigem Frieden und ständiger Freude zu leben, die ein Vorgeschmack des Paradieses sind" (MRF 456/27). An Philipp konnten die Zeitgenossen sehen, dass Beten die Atmosphäre seines Lebens war. Als er später die Messe allein in seiner Kapelle in der Chiesa Nuova feierte, war er nach der Kommunion für Stunden im Gebet verloren, und abends zog er sich regelmäßig zurück, verschloss sein Zimmer und versank im Gebet (PB 520). So sehr lebte Philipp in einer Atmosphäre des Betens, dass er zu Gallonio sagte: „Antonio, wenn du möchtest, dass ich Schlaf finde, weißt du, was du dann tun musst? Gib mir ein Buch, das ich nicht mag." Und er hatte für diesen Zweck immer ein Buch mit lateinischen Gedichten und philosophische Bücher griffbereit (BF 166).

So nur kann man auch erklären, dass er mit der Direktheit eines Kindes manchmal von Gott die Erhörung seines Gebets forderte. Er nahm Jesus geradezu beim Wort: „Bittet, und ihr werdet empfangen." Er konnte sagen: „Solange ich Zeit habe, um Gott zu bitten, dass er mich anhört, so lange habe ich Zuversicht, dass ich jede Gnade von ihm erhalte" (MR 154). Und die kranke Anna Morona ließ er einfach beten: „Herr, Philipp hat mir in deinem Namen befohlen, nicht zu sterben" (PB 581). Von dieser Art des Bittgebets sagt C. S. Lewis, dass man so nur beten kann, wenn man sozusagen ganz auf Gottes Seite ist, sich seinem Willen ganz angeglichen hat (Petitionary Prayer). Die Art, wie Philipp betete und besonders einfache Leute das

Beten lehrte, weist vor allem zurück auf das Evangelium und die Väter. So lehrt er die Betrachtung durch das langsame Beten des Vaterunsers: Bitte für Bitte und das ruhige und hingegebene Betrachten jeder Bitte. „Damit man sich nicht ermüde, solle man oft am Tag sein Herz zu Gott erheben, und zwar mit einem Stoßgebet" (MR 75). Auch hier hielt Philipp nichts von System und Methode. Im Gegenteil: Er mahnte die Beichtväter, ihre Pönitenten nicht auf den eigenen Weg festzulegen, sondern ihnen Freiheit zu lassen. Ist doch der Heilige Geist selbst der beste Lehrmeister des Betens.

Gerade von Philipps Spiritualität muss man sagen, dass sie den ganzen Menschen angeht. Ihr Ort ist das Herz im biblischen Sinne, also die Mitte der Person, wo der Mensch ganz er selbst ist, wo Gott ihn anruft, wo der Mensch sich hingibt. Philipp sagt: „Um gut zu beten, braucht es den ganzen Menschen" (MRF 470/10). „Unserem Verstand erschließt sich Gottes Geheimnis nicht." „Die Weisheit der Heiligen Schrift erlernt man mehr durch Beten als durch Studieren" (MRF 446/1). Von Anfang an haben alle Vorträge im Oratorium das Ziel, das Herz des Hörers zu wecken und zu treffen, zum Beten anzuregen und zur tätigen Liebe Mut zu machen. Tarugi hatte es klar festgestellt: „Die Aufgabe unseres Instituts ist es, zum Herzen zu sprechen" (Brief 1584: PB 392). Obwohl das Wort „Herz" den Sitz des geistlichen Lebens meint, ist damit dennoch nicht das affektive Leben, das Gefühl des Menschen abgewertet. Im Gegenteil: Schon in der Person Philipps kann man sehen, eine wie große Rolle sein Charme, sein liebenswürdiges Wesen spielt. Es gibt wenige Heilige, die sich so sehr mit den Menschen gefreut und mit ihnen geweint haben, die wie Philipp an ihren Freuden und Leiden teilgenommen haben. Kein anderer wie Philipp hat sich so spontan und aufrichtig seinen Gefühlen hingegeben. „Welcher Meister, außer unserem Herrn, hat soviel Mitgefühl in seinen Beziehungen zu seinen Gefährten gehabt" wie Philipp (Bou 68)!

Über Philipp wird berichtet, dass er die Gabe der Tränen hatte. Was er selbst von der Überbetonung des Gefühls in der Religion hielt, zeigt ein Ereignis wenige Jahre vor seinem Tod. Bordini hatte über Visionen und Ekstasen gepredigt. Kaum war er unten, stieg Philipp auf die Kanzel. Aber er konnte nicht sprechen, so sehr schüttelten ihn Zittern und Weinen. Er zog sich am Bart, fuhr sich über das Gesicht, um sich zu beruhigen. Dann sagte er mit großer Bewegung: „Wer nach Ekstasen verlangt, der täuscht sich sehr, denn er weiß gar nicht, was Ekstasen sind" (M 193). Die Heftigkeit seiner Gemütserregungen war auch der Grund, dass er selbst nicht mehr predigte. Und zur Gabe der Tränen meinte er: „Aber auch die Dirnen weinen doch, wenn man zu ihnen von Gott spricht." Und einer hohen Persönlichkeit, die ihn beim Lesen eines Buches in Tränen sah, rief er zu: „Warum soll denn so ein armes Waisenkind wie ich nicht weinen dürfen!"

Weil für Philipp das geistliche Leben den ganzen Menschen angeht, kann Cistellini von einer „zweifellos voluntaristischen Richtung" (Ci 1, 509) dieser Spiritualität sprechen. Das steht nicht im Gegensatz zum vorher über die Affektivität Gesagten, sondern ist eine Ergänzung. Man braucht nur an die vielen Worte Philipps über die Beharrlichkeit zu denken: „Er bat seine geistlichen Söhne, sie sollten ständig den Herrn bitten, er möge ihnen Beharrlichkeit schenken ..., denn Beharrlichkeit sei das Wichtige" (MR 80). Denn nicht, wer beginnt, sondern wer durchhält bis zum Ende, der wird gerettet. Die Tatsache, dass das Grundprinzip der geistlichen Lehre Philipps die Liebe ist, darf nicht darüber hinwegtäuschen, wie wichtig für ihn der Gehorsam ist. Im Gehorsam verwirklicht sich die Demut. Was Philipp über den Gehorsam sagt, bezieht sich nicht nur auf Gemeinschaften, sondern betrifft eine Grundbeziehung beim Bußsakrament: Immer wieder fordert Philipp Gehorsam gegenüber dem geistlichen Führer. „Gehorsam ist der kürzeste Weg zur Vollkommenheit" (MRF 440/15). Philipp schätzte mehr einen Menschen, der ein gewöhnliches Leben unter dem

Gehorsam lebt, als einen anderen, der zwar große Bußübungen vollbringt, allerdings auf seine eigene Entscheidung hin. Er sagte oft: „Der Gehorsam ist das wahre Brandopfer, das wir Gott auf dem Altar unseres Herzens darbringen“ (Ri XIII). Es ist wahr, dass Philipp zuweilen von einem seiner Beichtkinder etwas forderte in der Form einer Bitte. Aber wenn man nicht sofort darauf hörte, konnte er hart reagieren. „Er gewann die Menschen mit seinem Charme: Er hielt sie in ihrer Frömmigkeit mit seinem liebenswürdigen Wesen. Aber in einigen Fällen konnte er sie unbarmherzig vorantreiben“ (M 145). Philipp sagte: „Es genügt nicht, darauf zu achten, ob Gott das Gute will, das man zu tun glaubt, sondern ob er es auf seine Weise will, das heißt auf eine bestimmte Weise und in einer bestimmten Zeit. Den Unterschied zu kennen, das macht den wahren Gehorsam aus“ (Ri XIX).

Und doch ist das strahlende Kennzeichen der Spiritualität Philipps die Freude. Freude und Demut sind nach Philipp besonders wichtig für das geistliche Leben; sie gehören im Tiefsten zusammen. „Liebe und Freude oder Liebe und Demut sollte unser Motto sein“, sagt Philipp (MRF 452/25). Der Humanist Kardinal Valier schrieb einen platonischen Dialog: „Philipp oder die christliche Freude“, weil Philipp neben Sanftmut und Einfachheit am meisten Freude ausstrahlte. Und der Abt Maffa sagte: „Mit einem Wort: Sein Zimmer war eine Schule der Heiligkeit und Freude“ (PB 594). Vordergründig gesehen, ist damit zunächst Philipps Art und Charakter bezeichnet. Philipp hatte ein heiteres, manchmal überschäumend fröhliches Temperament, aber er war nie banal oder wie ein Hanswurst, sondern liebenswürdig und mit angenehmen, freundlichen Manieren. Er war von Natur her schon ein Optimist. Kein Wunder, dass er besonders die Jugend anzog, dass er sie ins Herz geschlossen hatte. „Seid gut, wenn ihr könnt“ („State buoni, se potete!“), rief er ihnen immer wieder zu.

Aber Philipps Freude hatte eine tiefere Wurzel: Sie ist ein Geschenk der Gnade. Gehört sie doch zu den besonderen

Gaben des Heiligen Geistes. Beim Heiligsprechungsprozess wird immer wieder von dem Glanz, ja geradezu von dem Frohlocken gesprochen, das die Gegenwart des Gottesgeistes in Philipp ausstrahlte. Selbst in der Krankheit verlor Philipp nie seine innere Heiterkeit.

Dass Philipp sich ständig dem Höchsten und dem Ende aller Dinge nahe fühlte, könnte auch seinen köstlichen Humor erklären. Hat doch nur derjenige Humor, der dieses irdische Treiben in seiner eigentlichen Relation sieht. Nur der kann über diese Welt lachen, der sie in der rechten Proportion sieht, eben aus der Perspektive Gottes: vor dem Allerhöchsten und vor der Endlichkeit alles Irdischen. Vor dem Höchsten ist jeder Stolz und jeder Titel lächerlich, und am Jüngsten Tag sinken alle Würden in den Staub.

Damit wird der tiefe innere Bezug der Freude zur Demut offenbar. Wenn Philipp immer das Sich-Hervortun (singolarità) bekämpfte und die Loslösung von den Dingen und der Welt forderte, dann ging es ihm nicht um Weltverachtung. Mit vanità, mit Eitelkeit meinte Philipp nicht die Schöpfung. Im Gegenteil, noch einer seiner letzten Briefe zeigt, mit wie viel zarter Offenheit Philipp die Schönheit der Natur sieht, wie viel Lobpreis ihm die Schönheit der Schöpfung aufdrängt. Nein, „vanità", die Eitelkeit und Vergänglichkeit der Welt, bedeutet ihre Vorläufigkeit, ihre Unvergleichlichkeit mit dem Höchsten und Letzten. Einsicht in die Eitelkeit dieser Welt und Loslösung von Glanz und Gütern dieser Welt machen den Raum frei für Gott.

Frei sein von der Welt und von sich selbst, ganz allein Gott zur Verfügung stehen, diese Haltung der Demut bei Philipp erinnert an Kapitel VIII der Fioretti des heiligen Franz von Assisi. Der heilige Franz erklärt dem Bruder Leo die vollkommene Freude. Sie besteht nicht in Wundern und Gnadengaben, nicht in tiefem Wissen und großartigem Können, sondern „über allen Gnadengaben des Heiligen Geistes ... ist diese: sich selbst besiegen und gern um Christi willen, aus Liebe zu

Gott, Entehrung und Kränkung tragen“ (Manesse 363). Wer ganz frei geworden ist vom Egoismus, wer sich ganz hingegeben hat, der hat die vollkommene Freude gefunden. Die Egoisten sind immer die traurigsten Menschen, während die ungetrübte Freude aus der Demut folgt.

Wer so aufgeht in der Nachfolge Jesu, der hat auch die wahre Freiheit gefunden. Hier wird die tiefste Wurzel der inneren Freiheit und Unabhängigkeit Philipps offenbar. Das ist mehr als das florentinische Erbe mit seiner Vorliebe für die demokratische Regierungsform und bürgerliche Freiheit. Das ist auch mehr als seine „atavistische Freiheitsliebe“ (Ci 3.13), das ist die Freiheit dessen, der sich ganz Gott übergeben hat und deshalb so frei und unabhängig über diese Erde gehen kann. Erinnern wir uns an die innere Freiheit Philipps, selbst in dem bedrückenden Klima unter den strengen Reformpäpsten Paul IV. und Pius V. sich für die Zigeuner und die Häretiker einzusetzen. Immer wieder hat Philipp die Beichtväter ermahnt, ihren Pönitenten Freiheit zu lassen, sie nicht auf ihrem persönlichen Weg der Nachfolge zu behindern, ihnen nicht die eigene Art des Betens aufzudrängen. Philipp war selbst ein Individualist und liebte die Verschiedenheit und Mannigfaltigkeit wahrhaft freier Menschen. Um sein wahres Selbst zu finden, in sich das Böse zu bekämpfen und um wahrhaft frei zu sein, war ihm nur eines notwendig: sich ganz Gott hinzugeben.

Die Liebe zur Freiheit, die Freude an der Eigenart und Mannigfaltigkeit verschiedener Gaben und Talente ist auch ein Kennzeichen der Kongregation des Oratoriums geworden. Darum ist die Regel sehr weit, gibt mehr ein Vorbild als ein Gesetz, will keine Uniformität erzeugen. Im Vorwort zur ersten Ausgabe der großen Biografie von Ponnelle-Bordet schreibt Baudrillart: „Darin besteht der Geist des Oratoriums: jeden seinen eigentlichen Platz finden zu lassen, keinen Zwang auszuüben, zuzulassen, dass jeder in den erlaubten Grenzen die Eigenart seines Denkens und seines Charakters ausdrücken kann, und Freude zu finden an der Vielfalt wie an der Einheit, die Originalität der Mitbrüder zu achten, und zwar grenzenlos“ (PB[f] XX). Es ist die Freiheit der Kinder Gottes. Es ist die wahre Freiheit, die allein dort ist, wo der Geist des Herrn ist.

All das, was sich unserem Blick erst nacheinander und in Verschiedenheit enthüllt – Liebe, Demut, Gehorsam, Freude, Freiheit –, all das fügt sich in Wirklichkeit zusammen zu der einzigartigen Gestalt Philipps. Sucht man nach einem Wort, um sie zu beschreiben, so könnte man sagen: Philipp ist wie kaum ein anderer Heiliger einfach in seiner Menschlichkeit. Das Übernatürliche hat seine Natur ganz durchdrungen, strahlt von seiner Gestalt auf seine Umgebung aus. „Es hat wenige Heilige gegeben, die so natürlich im Übernatürlichen gelebt haben“ (Bou 66). Seine Mystik durchstrahlt seine Menschlichkeit mit einer so selbstverständlichen Natürlichkeit, dass er auch den einfachsten Menschen ganz nahe sein kann. „Der Heilige Geist hat dem Menschen Philipp etwas von jener klaren Tiefe gegeben, von jener unergründlichen Einfachheit, die die Gestalt Jesu von den größten Heiligen unterscheidet: Es ist eine Menschlichkeit, die mehr ist als menschlich, eben weil sie göttlich ist“ (Bou 68).

Solche Menschlichkeit erwächst aus seinem ganz persönlichen Verhältnis zu Gott: Wie ein Kind steht Philipp in Gottes Gegenwart, spricht mit ihm, vertraut sich ihm an: Als Kardinal Borromeo ihm während seiner Krankheit die Kommunion bringt, hört er Philipp sagen: „Ecco, il mio amore! Ecco, il mio amore. Gebt ihn mir doch gleich.“ Es war, wie wenn Philipp jeden Tag neu seine Nachfolge des Herrn beginnen würde. Die Hostie in der Hand, betete er jeden Tag: „Herr, nimm dich heute vor mir in Acht. Ich habe Angst, dass ich dich verrate.“ Und oft hörte man ihn sagen: „Lass mich den heutigen Tag gut beenden, dann habe ich keine Angst vor morgen“ (PB 578).

Schließlich versteht man, wieso Ponnelle-Bordet in seiner gelehrten Biografie über Philipp auf einmal sich selbst unterbricht und gesteht: „Wie gerne hätten wir an seiner Seite gelebt, wie gerne uns gewärmt an dem göttlichen Feuer in ihm! Wie gerne hätten wir diesen Freund kennen gelernt, der so spontan, so andersartig und so lebendig war. Wie gerne hätten wir uns der Führung dieses Meisters anvertraut, der manchmal so schroff sein konnte und den Egoismus so hart verfolgte und der voller Freude und Vertrauen mit einem sprechen konnte und dessen Liebe so zart war“ (PB 165).

Die letzten Lebensjahre

An einem Morgen im Januar 1586 hatte man Philipp bewusstlos in seinem Zimmer gefunden. Die Ärzte hatten größte Mühe, ihn wieder zu sich zu bringen. Man hatte ihm die Krankensalbung gegeben. Aber am darauf folgenden Tag schien Philipp ganz wiederhergestellt zu sein. Vermutlich war es ein Erstickungsanfall, da man in der Nacht ein Becken mit Holzkohlenfeuer hatte brennen lassen. Wohl glaubten seine Mitbrüder mehr an einen Schlaganfall und hatten Angst, dieser würde sich wiederholen. Tarugi schrieb, sie alle hätten Sorge, „er würde nur noch von einem Moment zum anderen in unseren Händen sein“ (PB 454). Diese und spätere Krankheiten im Jahr 1587 hatten Philipp schnell altern lassen. „Dieser alte Mann“, nannte ihn Tarugi in seinem Brief, und aus Rom kam 1586 die Nachricht: „Er ist wie eine Mumie, ohne Fleisch, nur Haut und Knochen … Es geht mit ihm bergab, wohl auf Grund seines Alters, seiner Schwäche und Appetitlosigkeit. Ständiges Schwitzen erschöpft ihn. Und was mir am meisten auffällt: Er selbst denkt an den Tod und spricht davon im Ton der Gewissheit“ (PB 458).

So schlimm stand es, dass er nicht mehr an den Zusammenkünften der Kongregation teilnehmen konnte. Germanico Fedeli schrieb, dass Philipp von da an in einem Zustand „ständigen Unwohlseins“ blieb. Er aß kaum und gab an, dass Essen ihm das Brennen in Brust und Kehle und seine typischen Herzstörungen verschlimmere. Und doch ging er noch in die Kirche zum Beichthören; ein Brief hält fest: „Was Erholung bei seinen körperlichen und seelischen Mühen betrifft, so scheint mir das unmöglich für ihn, solange er noch atmen kann." Dennoch liest man nicht ohne Ergriffenheit, was er Fedeli diktiert hatte: „Er bittet den Herrn und Euch, ihm in der Hinfälligkeit seines Alters zu helfen, da er doch Ruhe braucht für Seele und Leib, aber im Gegenteil nun noch mehr zu tun hat als je zuvor" (PB 459). Sehnsucht nach „distacco", nach Zurückgezogenheit und Frieden und das Verlangen, nur noch für Gott da zu sein, das ist es wohl, was Philipp in den letzten Jahren bestimmt.

Fragt man nach dem äußeren Bild Philipps, so ist immer noch gültig, was Giovenale Ancina an seinen Bruder Matteo 1575 geschrieben hatte: „Der geistige Führer ist ein gewisser Philipp aus Florenz, ein alter Mann von mindestens sechzig Jahren, aber wunderbar in mancher Hinsicht, besonders was die Heiligkeit seines Lebens angeht. Er ist ein schöner alter Mann, sauber und weiß wie ein Hermelin. Seine Haut ist zart und jungfräulich, und wenn er seine Hand hebt, um sie gegen die Sonne zu halten, dann ist sie transparent wie Alabaster" (Brief 26. Juli 1576). Dazu muss man ergänzen, was ein langjähriger Freund sagt: „Er hatte den reinen Blick eines Kindes, und in seinem Gesicht und in seinen Augen sah man ein Leuchten, das kein Maler je hat festhalten können, so viele es auch versucht haben" (P. P. II 346). Das war Philipp zu dieser Zeit: ein schmächtiger alter Mann, ein demütiger Priester, schlecht, aber sauber gekleidet. Aber noch immer strahlten seine Augen, spiegelte sein Lächeln die verborgene Güte und rührte sein Wort die Herzen an.

Man kannte ihn überall in Rom, und noch immer versuchte Philipp sein Herz vor der Neugier der Menschen zu verstecken. Das gelang ihm aber nicht immer. So war er einmal mit Gallonio zu Besuch bei der einflussreichen Frau des spanischen Gesandten. Sie hatte ihn bekanntlich gefragt, seit wann er die Welt verlassen habe, und Philipp hatte geantwortet, er wisse nicht, dass er sie je verlassen habe. Dabei hatte er sich an Gallonio gewandt und gesagt: „Antonio, stimmt es nicht, dass ich noch immer Spaß finde an Büchern mit hübschen Geschichten und Gedichten?“ Gallonio bestätigte: „Ja, das ist ja das einzige Mittel, mit dem Ihr das Feuer Eurer Liebe zu Gott dämpfen könnt!“ Auf dem Nachhauseweg meinte Philipp mit ärgerlicher Miene: „Antonio, da hast du mir wieder eins geliefert! Gott möge es dir vergeben.“

Es gab in diesen Jahren einige unerwartete Veränderungen in seinem Leben. Obwohl er früher sehr empfindlich war und nur mit Mühe Geschirr benutzte, das auch andere gebrauchten – er hatte aus diesem Grund seinen eigenen Kelch –, war diese Empfindlichkeit auf einmal nicht mehr bei ihm zu bemerken. Sein Geschirr war grob und dick; auch sein Kelch ohne jeden Schmuck. Seine Kleidung oft abgenutzt und fadenscheinig, aber immer noch von peinlicher Sauberkeit. Noch immer zitierte er St. Bernhard: „Armut ja, aber kein Schmutz!“

Ein merkwürdiges Ereignis fiel in die letzten Lebensjahre Philipps: Zum ersten und einzigen Mal hatte Philipp in die Politik eingegriffen. Es ging um die Versöhnung des französischen Königs Heinrich IV. mit der Kirche. In diesem Tauziehen und Ränkespiel der Diplomaten hatte auch Philipp seine Rolle und selbst sogar Druck angewandt.

Die Sache verhielt sich so: Der spanische König Philipp II. war der „Re catolicissimo“, der mächtigste Herrscher in Europa; er war allerdings am päpstlichen Hof mehr gefürchtet als geliebt. Hatten die Spanier doch selbst im Konklave ihre Macht durchgesetzt und vor allem die Franzosen an die Wand gespielt. Deren Position war wohl auch recht heikel wegen der allbekannten Unbeständigkeit ihres Königs Heinrich IV. Dieser war schon zweimal katholisch geworden und hatte sich dann wieder aus politischem Opportunismus dem Protestantismus zugewandt. Wie sollte man ihm trauen, da er jetzt wieder zur römischen Kirche zurückkehren wollte. Andererseits wäre eine Versöhnung Frankreichs mit der Kirche sehr wichtig gewesen, schon um ein Gegengewicht gegen die übermächtigen Spanier zu haben. Die Lage war sehr gefährlich. Ein Teil der französischen Kirche hatte – ohne den Papst zu fragen – den König absolviert, ihn gekrönt und in der Kathedrale von Chartres gesalbt. Wollte Rom dies zurückweisen, drohte die Gefahr eines Schismas. Auf der anderen Seite wollten die Spanier ihren Gehorsam aufkündigen, wenn Heinrich wieder aufgenommen würde.

Philipp war wie die meisten Florentiner auf der Seite Frankreichs, obwohl enge Freunde, darunter die Kardinäle Federigo Borromeo und Cusano, auf der Gegenseite bei den Spaniern standen. Und der Papst hätte am liebsten die Entscheidung verschoben. Von Natur schon war er ein Zauderer, und diese Frage ging nun wirklich an die Substanz. Heinrich von Navarra hatte bereits kluge Verhandlungsstrategen geschickt, darunter Kardinäle. Ende 1593 sandte er nun den Herzog von Nevers. Dieser musste von Papst Clemens VIII. hören, dass er dem König nicht traue, und da müsse schon ein Engel vom Himmel kommen, um ihn von der Ehrlichkeit Heinrichs IV. zu überzeugen. Wie die Spanier, so begann auch der Herzog von Nevers nach Bundesgenossen zu suchen.

Philipp Neri gehörte zu den Ersten, die der Herzog aufsuchte. Man hatte ihm gesagt, Philipp sei „sehr gut gelitten" beim Papst und er sei ein „ehrwürdiger, aber etwas einfacher Mann", mit dem man klugerweise über Allgemeinheiten reden und um sein Gebet bitten solle. Dagegen seien seine Mitbrüder Baronius und Bozio sehr gelehrte und gewichtige Leute. Am 8. Dezember 1593 stattete der Herzog Philipp seinen Besuch ab, und Philipp sprach mit ihm von seinem Bett aus. Danach berichtete Philipp, er habe die Eingebung des Geistes gespürt, hier zu helfen, und er bat, beim Papst vorgelassen zu werden. In der Kommunität war auch Baronius für Frankreich, während Bozio die Spanier bevorzugte. Wenige Tage später ging Philipp auch zum Papst, erhielt aber keine klare Zusage. Der Papst litt so sehr unter dem Konflikt, dass man ihn mehrfach sagen hörte, er wünschte, er sei tot. Seine Entscheidung wurde nicht leichter durch ein Memorandum, das Baronius aufgesetzt hatte. Doch der gelehrte Rat des Baronius, den der Papst sehr schätzte, gab wohl den Hauptausschlag. 1594 hatte der Papst Baronius zu seinem Beichtvater gemacht, nachdem Philipp nach dreißig Jahren dieses Amt wegen seiner angegriffenen Gesundheit hatte niederlegen müssen.

So sicher war Philipp in seiner Überzeugung, der Papst müsse die Abschwörung Heinrichs IV. annehmen, dass er zu einem Mittel griff, das man ihm nicht zugetraut hätte. Er befahl Baronius, er solle alles daransetzen, den Papst zu überzeugen; er solle sogar ablehnen, weiterhin seine Beichte zu hören, wenn er hart bliebe.

Vor der endgültigen Entscheidung starb Philipp. Aber dieser so unpolitische alte Mann hatte mitgeholfen, das Schicksal Frankreichs zu wenden. Als ob er geahnt hätte, wie viel das geistliche Leben der Kirche in dem folgenden Jahrhundert von Frankreich bekommen würde! Ludwig von Pastor schreibt in seiner Papstgeschichte, dass die wichtigsten beteiligten Personen in dieser Entscheidung der Jesuit Kardinal Toledo, Baronius und Philipp waren.

Dieses bedeutende, weit reichende Ereignis in den letzten Lebensjahren Philipps darf nicht darüber hinwegtäuschen, dass sein äußerer Lebensraum immer enger wurde. Ab 1576 predigte er nicht mehr, war wohl noch immer bei den Konferenzen des Oratoriums anwesend und griff mit Fragen und Bemerkungen ein. Aber auch dabei wurde er mehr und mehr zurückhaltend, weil er oft genug sein Gefühl nicht kontrollieren konnte. Seit 1589, da er unter Tränen verstummt war, griff er gar nicht mehr ein. Im Jahre 1590 gab er sein Amt als Beichtvater der Kommunität gegen alle drängenden Bitten auf. Man kann sich vorstellen, wie viel dieser Schritt bedeutete, da doch auf diese Weise das Oratorium ins Leben getreten war.

Nun hielt er wieder das „Oratorium" in seinem Zimmer ab, und es war merkwürdigerweise wieder den ersten Anfängen in San Girolamo ähnlich. Philipp schlug ein Thema des geistlichen Lebens vor, und jeder sagte reihum seine Meinung, wonach Philipp selbst mit einem Wort alles zusammenfasste und abschloss. Es kamen vor allem die engsten Freunde, darunter einige Kardinäle, und man sprach neben geistlichen Themen über Literatur. Die Bemerkung einiger Zeitgenossen, dass in Rom das Oratorium ein Hort des Platonismus sei, wogegen vor allem die Jesuiten für einen wachsenden Einfluss des Aristotelismus sorgten, gilt auch sicher für diesen kleinen Zirkel der vertrauten Freunde Philipps. Trotz seines Alters hielt Philipp immer noch an seinem Grundsatz fest, dass seine Zeit allen gehöre, und sorgte dafür, dass alle zu ihm kommen konnten, die es wünschten. Oft konnte man sehen, wie er mit diesem und jenem seiner hohen Gäste das Brevier betete.

In dieser Zeit (1590) nahm Philipp seinen jüngsten und wohl vertrautesten Schüler in das Oratorium auf: Pietro Consolini. Als er von Ancona nach Rom kam, überfiel Philipp ihn geradezu mit seiner Liebe, sagte ihm, dass er zu ihm zur Beichte kommen müsse, dass er eine Berufung für das Oratorium habe. Ohne lange auf seine Antwort zu warten, drängte er die Kommunität, ihn aufzunehmen. Merkwürdigerweise ließ Philipp ihn zur Theologie auch noch Medizin studieren. Pietro wurde der engste Vertraute Philipps, konnte immer zu ihm gehen, sprach oft und lange mit Philipp und betete zusammen mit ihm das Brevier. Philipp vertraute ihm seine Pfingsterfahrung an, machte ihn zum Novizenmeister. Und da die letzte Niederschrift der Konstitutionen, die 1612 zur päpstlichen Anerkennung führte, von Consolini stammt, ist damit eine Gewähr gegeben, dass sie von Philipps Geist geprägt sind.

Den Päpsten Gregor XIV. und Clemens VIII. stand Philipp besonders nahe. Seit seiner Ankunft in Rom sechzig Jahre zuvor hatte er die Regierung von elf Päpsten erlebt. Diese beiden waren seine Schüler gewesen. Gregor XIV. hatte ihn zum Kardinal machen wollen, aber Philipp hatte ausweichen können. Mit Clemens VIII. war das schwieriger. (Nach Philipps Tod ernannte er Tarugi und Baronius zu Kardinälen.) Für die freundschaftliche Vertrautheit zwischen Clemens und Philipp existiert ein sehr menschliches, schönes Zeugnis: ein Brief, der noch im römischen Oratorium Philipps in Rom zu sehen ist. Gegen Ende 1593 schrieb Philipp, dass er, trotz der Mahnung Gregors XIV., nicht mehr in der Kirche Beichte zu hören, zwar noch immer dort „drei oder vier armen Frauen" die Beichte abnehme, dass aber die Kardinäle zu ihm aufs Zimmer beichten kämen, auch wenn er manchmal dabei im Bett bleiben müsse. Und dann heißt es: „Heiliger Vater, wer bin ich denn, dass die Kardinäle sich erniedrigen und mich besuchen, wie gestern Abend der Kardinal von Florenz und Kardinal Cusano. Dieser blieb sogar noch zwei Stunden nach Sonnenuntergang und sagte mir viel Gutes von Eurer Heiligkeit, viel mehr, als es nach meiner Ansicht sein dürfte. Denn Ihr als Papst müsstet ja eigentlich die Demut in Person sein. Nun ist aber Jesus in der siebten Stunde der Nacht gekommen, um sich mir zu schenken und bei mir zu bleiben. Eure Heiligkeit aber hat sich bisher immer gehütet, auch nur ein einziges Mal unsere Kirche zu besuchen. Jesus Christus ist Mensch und Gott, und er kommt dennoch mich immer besuchen, wenn ich es wünsche. Eure Heiligkeit aber ist ein einfacher Mensch, ein Kind der Donna Agnesina, gewiss einer sehr würdigen Frau, aber Er ist Kind der Jungfrau aller Jungfrauen. Was könnte ich noch alles sagen, wollte ich meinem Groll freien Lauf lassen. Ich befehle Eurer Heiligkeit, mir zu gehorchen in der Angelegenheit eines Mädchens, das in Tor de Specchi eintreten will … Und ich darf Euch erinnern, dass es einem Papst gut ansteht, Versprechen zu halten."

Der Papst muss an diesem köstlichen Brief seine Freude gehabt haben, da er sofort auf dem freien Blatt in Philipps Brief antwortete, allerdings von sich in der dritten Person spricht: „Der Papst stellt fest, dass aus dem ersten Teil Eurer Bittschrift ein gewisser Ehrgeiz ausstrahlt, da Ihr sagt, dass die Kardinäle Euch häufig besuchen ... Was nun den Besuch bei Euch angeht, so sagt er, dass Ihr den nicht verdient, da Ihr ja auch nicht den Kardinalspurpur annehmen wollt, den er Euch so oft angeboten hat. Was nun Euren Befehl an den Papst betrifft, so erlaubt er Euch, die guten Mütter mit Eurer gewohnten Strenge anzufahren, wenn sie nicht tun, was Ihr wollt. Was nun Euch angeht, so befiehlt er Euch, auf Euch selbst Acht zu geben ... Und das nächste Mal, wenn unser Herr Euch besuchen kommt, dann bittet auch für den Papst und die großen Nöte der Christenheit" (PB 529).

Die Bemerkung im Brief des Papstes erinnert an die Verehrung, die Clemens VIII. für Philipp hatte. Auch er hatte ihn zum Kardinal machen wollen. Eines Tages war Philipp heimgekommen und hatte es dem Laienbruder Corona erzählt. Als dieser meinte, das sei eine gute Sache für die Kongregation, war Philipp bereits weitab mit seinen Gedanken. Er hatte sein Birett hochgehoben und rief: „Paradiso, Paradiso!" (L 450).

Obwohl schon sehr gebrechlich, sah man Philipp immer wieder in die Stadt gehen. Er besuchte Freunde, Kranke, brachte seine Geschenke – froh gestimmt und warmherzig –, und „er begegnete auch dem Ärmsten wie einem großen Herrn". Oft musste er sich auf den Arm Consolinis stützen. In die Kirche kam er seltener hinunter, und manche erzählten, wie sie den Atem anhielten, als er einmal mitten in einer feierlichen Liturgie (es war das Fest Mariä Geburt, das Titularfest der Kirche) unten erschienen war – ganz schmal und gebrechlich, wie er langsam nach vorne gegangen war und der präsidierende Kardinal aufgestanden war, ihm entgegengehen und ihn zu sich holen wollte, wie Philipp aber abwinkte und sich ganz still und klein zu Füßen des Kardinals auf die Stufe des Thrones setzte, dann sein Gesicht mit den Händen verbarg.

Philipp hatte sich immer mehr zurückgezogen. Durch Vermittlung von Kardinal Cusano hatte ihm der Papst die Erlaubnis für eine Privatkapelle gegeben. Ein kleiner einfacher

Raum in der Nähe seiner Kammer wurde dafür eingerichtet und bewahrt noch heute viele Erinnerungen an Philipp. Der Papst hatte ihm auch eine Dispens vom Breviergebet gegeben, aber Philipp litt darunter, wenn ihm die Ärzte das Brevier untersagten. „lo non fo oratione", hörte man ihn dann klagen. Deshalb ließ er einen Mitbruder laut das Brevier beten, um wenigstens auf diese Weise folgen zu können. In Wirklichkeit wurden diese letzten Jahre Philipps immer mehr zu einem ständigen Gebet. Wegen der vielen Besucher verschob er es oft in die Nachtstunden. „Ich habe heute Abend noch einige Kleinigkeiten zu tun, weil über Tag so viel Leute kommen ...", pflegte er zu Gallonio zu sagen, wenn er sich abends zurückzog. Es muss oft die Nacht über gedauert haben, denn am Morgen meinte er oft: „Lass mich noch ein bisschen ausruhen. Ich habe wenig geschlafen." Er wollte nicht, dass man ihm beim Beten zusah. Meist stand er beim Beten aufrecht – es wird berichtet, dass er gewöhnlich nur in den Kirchen kniend betete –, und im Alter setzte er sich meist in seinen Sessel. Von seinem Vertrauten Consolini wissen wir, dass Philipp immer wieder zum Heiligen Geist betete. Dabei schloss er die Augen, hob den Kopf und betete „in voce di canto" – singend –, und immer schloss er mit „Gehorsam, Demut, Losgelöstsein". Und Philipp hatte Consolini gesagt: „Wenn ich zu Gott bete, dann halte ich mein Gesicht so" (er hob sein Gesicht zum Himmel) „und nicht so" (den Kopf zur Erde neigend) (T 304). „Du weißt, ich vertraue Gott." Diese vertrauende Hingabe scheint seine Frömmigkeit bis in die Tiefen der Mystik hinein bestimmt zu haben: das Geheimnis der unermesslichen Liebe des Vaters zu uns armseligen Menschen. Peter Dörfler hat über Philipps Beten gut gesagt: „Was waren ihm nackte Gebetsformeln, heruntergesagt, in die Länge gezogen, ohne Geist und Seele? Sein Gebet ist verwandt dem Gesang, der oft im Überschwang von einem Wort, einem Satz nicht mehr loskommen kann, das strömende Gefühl weit ausschwingen lässt und es in allen Höhen und Tiefen auskostet" (D 56).

Erinnern wir uns, dass Philipp in seinen Jugendjahren gesagt hatte, es gäbe für ihn nur einen Grund, Priester zu werden: das Verlangen, die Messe feiern zu können. Auch hinterließ er immer tiefen Eindruck, wenn jemand an seiner Messe teilnahm, obwohl Philipp alles Mögliche anstellte, um seine Ergriffenheit zu verbergen. Wer aber auch nur etwas von diesen späteren Messfeiern in seiner Privatkapelle mitbekommen hat, kam nie mehr davon los. – Philipp feierte die Messe gegen Mittag wie schon früher, und alles schien sich wie gewohnt zu vollziehen. Bis zur Kommunion, zum „Domine, non sum dignus". Bei diesen Worten löschte der Messdiener die Kerzen, zündete eine Art Nachtlicht an, schloss Fensterläden und Türen und ging hinaus. An die verschlossene Tür hängte er außen ein Schild: „Stille. Der Vater feiert die Messe." Dann ging er fort. Philipp war ganz allein mit seinem Herrn. Nach zwei Stunden kam der Messdiener zurück, klopfte leise, und wenn Philipp keine Antwort gab, ging er wieder für eine gewisse Zeit. Erst wenn Philipp antwortete, trat er ein, öffnete die Läden, zündete die Kerzen an, und die Messe ging wie gewohnt zu Ende. Danach war Philipp ganz erschöpft und wie abwesend und musste sich in seinem Zimmer hinlegen. „Er sah aus, als müsse er sterben", schreibt Bacci.

1592 war für Philipp ein hartes Jahr. Papst Clemens VIII. hatte die Absicht, P. Flaminio Ricci vom Oratorium zum Bischof zu machen, und Philipp eilte zum Papst mit dem Hinweis, dann müsse das Oratorium in Rom geschlossen werden. Der Papst hörte auf ihn. Aber drei Monate später wurde Tarugi vom Papst nach Rom gerufen und im November zum Erzbischof von Avignon ernannt. Philipp bemühte sich wieder persönlich beim Papst. Dieser hörte Philipp freundlich an, entschied sich aber Ende November doch für die Ernennung Tarugis. In Neapel hatte die Kommunität die schlimmsten Befürchtungen für ihre Zukunft, und auch Philipp sah schwarz. Vor allem war für ihn der Abschied von Tarugi bitter. Dieser reiste im Mai 1593 ab und sah Philipp nicht mehr lebend.

Philipp war am Tag nach seinem Bittbesuch beim Papst (18. November) ernstlich erkrankt: Ein schwerer Husten ließ ihn nicht los, und er hatte 40 Tage hohes Fieber. Mitte Dezember hatten die Ärzte ihn aufgegeben. Tarugi schrieb nach Neapel: „Er ist so alt geworden und so verbraucht. Vielleicht lässt Gott ihn noch bei uns, obwohl es ein Wunder wäre, wenn er sich erholte“ (PB 506). Philipp selbst aber war sicher, dass seine letzte Stunde noch nicht nahe sei, und sagte, um Weihnachten könne er wieder Beichte hören. Wohl bat er, man solle ihn von seinem Amt als Oberer entlasten. Als seine Bitten keinen Erfolg hatten, erreichte er eine entsprechende Weisung des Papstes. Der Papst hatte auf Wunsch Philipps Baronius als Nachfolger ernannt, aber Baronius selbst bestand darauf, dass man den Konstitutionen folge und eine Wahl vornehme. Er wurde von allen gewählt.

Nun war Philipp 78 Jahre alt und zog sich noch mehr zurück. Nicht ohne Ergriffenheit berichteten einige, die ihn besuchten, Philipp habe gesagt: Endlich könne er nun wieder den Geist in seinem Herzen entfachen und damit anfangen, ein wenig Gutes zu tun. Aber bevor das Jahr 1593 zu Ende ging, waren Husten und Fieber wieder zurückgekommen, und in Rom verbreitete sich die Nachricht, Philipp müsse das Bett hüten. Der Papst ließ sich ständig über seine Gesundheit unterrichten. Im April schien sich alles zu bessern, als ihn plötzlich ein schmerzhafter Anfall heimsuchte, wohl eine Art Nierenkolik. Es ging einige Tage auf und ab. Philipp war durch den Vorhang vor seinem Bett von den Besuchern getrennt. Unter diesen waren zwei Ärzte. Auf einmal hörte man Philipp rufen: „Wer etwas anderes will als Gott, der ist im Irrtum. Wer etwas anderes liebt als Ihn, der begeht einen erbärmlichen Irrtum!“ Etwas später hörten die Besucher – vierzehn haben später das Ereignis bezeugt – einen Ruf Philipps „Madonna, mia Santissima. Madonna, mia benedetta“, dann unter Weinen und Schluchzen ein Gespräch mit der Muttergottes: „Nein, ich bin nicht würdig ..." Philipp hatte vergessen,, dass er nicht allein war. Er hatte sich im Bett erhoben, die Hände ausgebreitet, wie wenn er jemanden umarmen wolle. Als die Ärzte ihn ansprachen, kam Philipp zu sich. Er fragte, ob sie denn nicht die Muttergottes gesehen hätten, dann begriff er, verbarg unter Weinen sein Gesicht mit dem Bettlaken. Schließlich sagte er den Ärzten: „Ich brauche euch nicht mehr. Die Madonna ist gekommen und hat mich geheilt." Tatsächlich konnten die Ärzte nur noch die plötzliche Heilung des eben noch Todkranken feststellen.

Seine Genesung hielt auch etwa ein ganzes Jahr lang. Ende März 1595 kam aber das Fieber zurück und hielt ihn über einen Monat fest. Seine Ärzte wussten keinen Rat mehr, aber Philipp versicherte, er werde am Tag seines Namenspatrons Philipp, dem 1. Mai, wieder die Messe feiern. Er schien sich auch zu erholen und, wie oft früher schon, trieb er ein wenig Spott mit seinen Ärzten.

Am Morgen des 12. Mai aber hatte er einen schlimmen Blutsturz. Da Philipp aber schon lange glaubte, seine innere Hitze habe mit einem Überdrang seines Blutes zu tun, war er nicht sehr besorgt über den Blutverlust, hatte er doch selbst sich oft zur Ader gelassen. Diese Art Blutsturz hatte es aber bisher noch nicht gegeben, und Philipp war lange wie leblos. Er war leichenblass, und man fühlte kaum noch den Puls. Baronius spendete ihm die Krankensalbung. Kardinal Borromeo, der ebenfalls anwesend war, holte die Krankenkommunion, obwohl man zweifelte, ob Philipp sie nehmen könne. Umso ergreifender war die plötzliche Veränderung, die jetzt über Philipp kam. Kaum hatte er die Augen geöffnet und die Hostie gesehen, hörte man ihn mit überraschend starker Stimme rufen: „Ecco il mio amore! Ecco il mio amore! Gebt ihn mir schnell!" Und als der Kardinal das „Domine, non sum dignus" sprach, kam es unter Schluchzen von Philipp: „Nie habe ich etwas Gutes getan; noch nie habe ich auch nur ein wenig Gutes getan! Nie, noch nie war ich würdig!" Obwohl in der Nacht die Krankheit nicht von ihm wich, war er am nächsten Tag wieder wohlauf und meinte zu den erstaunten Ärzten, er selbst habe doch eine bessere Medizin als sie. Wieder begann er die Messe zu feiern und sagte einem Kapuziner, der ihn besuchte: „Wenn ich wieder gesund werde, dann werde ich mein Leben ändern.“ Dieses demütige Verlangen, endlich einmal Gutes zu tun, war auch der Ton in seinem letzten Brief nach Florenz und in einer Bemerkung zu Kardinal Borromeo.

Philipp, der oft gesagt hatte, Gott werde seinen Dienern den Tag ihres Heimgangs ankündigen, schien mehr zu wissen. Zu Germanico Fedeli sagte er: „Germanico, was wirst du alles in den nächsten Tagen sehn.“ Als Consolini ihm sagte, nun sei es wohl nicht mehr nötig, für ihn die Messe zu feiern, da er doch in so guter Verfassung sei, hörte er von Philipp: „Die Messe, um die ich dich bitte, ist die Totenmesse. Ich weiß schon, wie es um mich steht.“ Alle, die am nächsten Tag zur Beichte kamen, bat er, sie möchten für ihn den Rosenkranz beten. „Sie denken, ich sei gesund“, sagte er, „aber ich bin noch sehr krank.“

Vollendung

Der letzte Tag im Leben Philipps ist von verschiedenen Anwesenden gut bezeugt, und der Bericht Baccis darüber ist durch die Tradition geheiligt. Im römischen Oratorium, der Chiesa Nuova, wo Philipp gestorben ist, liest nach alter Tradition am 26. Mai, dem Tag, an dem Philipp aus diesem Haus heimgegangen ist, der älteste Mitbruder diesen Bericht Baccis vor der versammelten Kommunität.

„Als die Zeit näherrückte, da der Heilige aus dieser Welt scheiden sollte, feierte er jeden Morgen die Messe in einer so großen Freude und Hingabe, dass man spüren konnte, er wisse, dass ihm nur noch kurze Zeit bliebe. Das Fest Fronleichnam fiel auf den 25. Mai, und Philipp ließ schon in der Frühe ausrichten, dass jeder, der beichten wolle, kommen möge. Er begann schon früh, Beichte zu hören, so als ob er bei guter und kräftiger Gesundheit wäre. Er bat viele, sie möchten nach seinem Tod einen Rosenkranz für ihn beten. Auch gab er ihnen besondere Ermahnungen, vor allem sollten sie häufig die heiligen Sakramente empfangen, die Predigten hören und die Lebensbeschreibungen der Heiligen lesen. Danach nahm er sie mit noch größerer Zärtlichkeit als sonst in seine Arme.

Nach den Beichten betete er mit ungewöhnlicher Andacht das Stundengebet. Danach feierte er in seiner Kapelle die Heilige Messe, zwei Stunden früher als sonst. Aber bevor er damit begann, schaute er lange unverwandt auf San Onofrio am Gianicolo, den man von der Kapelle aus sehen konnte. Er stand ganz versunken, als schaue er eine große Erscheinung. Als er dann beim Gloria ankam, begann er zu singen – etwas Ungewöhnliches bei ihm –, und er sang den ganzen Hymnus mit großer Hingabe und Freude. Nach der Messe reichte er einigen die Kommunion, dann betete er seine Danksagung. Darauf brachte man ihm ein wenig Brühe, und er sagte: ‚Sie denken, ich sei wieder gesund, aber das ist nicht so.' Dann begann er wieder, Beichte zu hören. Alle, die kamen, empfing er mit großer Herzlichkeit und hatte noch mehr Zärtlichkeit für sie als sonst. Dann kamen die Kardinäle Cusano und Borromeo von der Prozession mit dem Heiligsten Sakrament zurück, und er sprach mit ihnen über religiöse Dinge bis zur Mittagsstunde.

Nachdem die Kardinäle sich verabschiedet hatten, nahm er wie gewöhnlich eine leichte Mahlzeit, ruhte ein wenig und betete dann Vesper und Komplet mit größerer Hingabe als sonst. Danach sprach er mit denen, die ihn besuchten und von denen er sich diesmal in einer besonderen Weise verabschiedete. Er ließ sich auch aus dem Leben der Heiligen vorlesen, besonders aus dem Leben des heiligen Bernardin von Siena, und als die Stelle über sein Sterben gelesen wurde, wollte er es noch einmal hören. Inzwischen war es fünf Uhr geworden, und Kardinal Cusano kam noch einmal und brachte Girolamo Panfilio, Auditor an der Rota, mit, und etwas später kam Spinello Benci, der erste Bischof von Monte Pulciano. Mit ihnen betete Philipp die Matutin des kommenden Tages, wobei er den Rest dieses Stundengebetes mit den Engeln und Heiligen im Himmel vollenden sollte. Nach der Matutin verließen sie den Raum, wo sie gebetet hatten, und Kardinal Cusano wollte ihm auf der Treppe helfen, von der Loggia in seine Kammer zu kommen. Aber er lehnte mit einem Lächeln ab und meinte: ‚Glaubt Ihr nicht, dass ich wieder kräftig genug bin?' In der Kammer kam nun der Arzt Angelo de Bagnarea hinzu und meinte: ‚Vater, Ihr seid besser dran als je zuvor. Seit zehn Jahren habe ich Euch nicht mehr bei so guter Gesundheit gefunden wie heute.' Danach hörte er die Beichte des Kardinals Cusano. Als dieser nun aufbrach, ging Philipp gegen seine sonstige Gewohnheit mit ihm bis zur Treppe, drückte ihm fest die Hand und sah ihn mit einem besonderen Blick an, als ob er sagen wolle: ‚Wir sehen uns nicht mehr wieder.' In der übrigen Zeit hörte er bis zum Abendbrot noch viele Beichten.

Wie immer, nahm er sein Abendbrot allein. Nachher hörte er die Beichten der Mitbrüder, die am nächsten Morgen die Frühmessen zelebrierten. Dann kamen viele aus dem Haus, um sich wie üblich den Segen zu holen. Er sprach mit ihnen in ungewohnter Herzlichkeit. Gegen drei Uhr in der Nacht (das heißt dreiundzwanzig Uhr), als alle gegangen waren, sprach er seine Gebete und legte sich zu Bett: ganz gesund und ohne Anzeichen von Krankheit. Aber er wusste, dass seine Todesstunde nahe war, und wiederholte, was er so oft in den letzten Tagen gesagt hatte, mit tiefem Empfinden: ‚Am Ende muss man schließlich sterben.' Kurz darauf fragte er, wie spät es sei, und man sagte ihm, es habe drei geschlagen. Darauf sagte er wie zu sich selbst: ‚Drei und drei sind sechs, und danach werden wir gehen.' Nun legte er sich ins Bett und entließ alle. Er wollte die kurze Zeit, die ihm noch blieb, allein sein und mit seinem Herrn sprechen. Ihm wollte er bald mit brennendem Verlangen begegnen.

Als es fünf Uhr schlug (das heißt ein Uhr nachts), stand er auf und begann, durchs Zimmer zu gehen. Als P. Antonio Gallonio, der im Zimmer darunter wohnte, das hörte, kam er heraufgelaufen. Er fand ihn wieder auf dem Bett liegend und mit einem leichten Husten. Als er ihn fragte, wie es ihm gehe, sagte er: ‚Antonio, ich gehe.' P. Antonio holte Hilfe und ließ die Ärzte rufen. Als sie mit einigen in das Zimmer zurückkehrten, fanden sie ihn im Bett sitzend, und er blieb so, bis er entschlief. Da sie dachten, es sei ein ähnlicher Blutsturz wie vorher, halfen sie mit ihren Mitteln, so gut sie konnten. Nach einer Viertelstunde hörte der Husten auf, und es schien, als ob er wieder hergestellt sei, da er wieder klar und deutlich sprechen konnte. Aber er wusste, dass seine Todesstunde gekommen sei und sagte: ‚Gebt Euch keine Mühe mit Eurer Medizin. Ich sterbe.' Dann wurde die Kommunität gerufen, und es schien, als habe er gewartet, bis alle da seien. Sie knieten neben seinem Bett und weinten.

Cesare Baronius, der Obere des Hauses, betete die Sterbegebete. Als er sah, dass Philipp starb, rief er ihn mit lauter Stimme an: ‚Vater, Ihr geht, ohne uns ein Wort zu sagen? Gebt uns doch Euren Segen.' Bei diesen Worten hob Philipp ein wenig die Hand, öffnete die Augen, die er vorher geschlossen hatte, wandte sie zum Himmel und verharrte so eine längere Weile, senkte dann die Augen zu den Mitbrüdern um ihn und neigte ein wenig den Kopf. Wie wenn er ihnen den Segen Gottes erbeten hätte, ohne jede andere Bewegung, gab er seinen Geist auf. Es war, als ob er ganz sanft eingeschlafen wäre" (B IV 3).

Nach Philipps Tod

Historiker sagen, dass Philipps Heiligsprechung die letzte Heiligsprechung durch Akklamation, mithin nach antikem Brauch war. Nachdem Philipp verstorben war, wurde sein Leichnam sofort in priesterlichen Gewändern unter der Kuppel der Chiesa Nuova aufgebahrt. Während der Totenliturgie gab es ein unglaubliches Gedränge der vielen Leute, die gekommen waren, um ihn noch einmal zu sehen. Die Blumen, mit denen man den Aufgebahrten geschmückt hatte, waren im Nu als Andenken und Reliquien verschwunden. Nachdem abends die Türen der Kirche wieder verschlossen waren, kamen die Ärzte, die Philipp betreut hatten, und führten eine Obduktion durch, um endlich selbst die eigenartige Geschwulst auf seiner Brust erklären zu können. Sie stellten fest, dass die zwei Rippen über seinem Herz nach oben gebogen waren, das Herz übernormal groß war und die Schlagader zum Herzen ebenfalls die doppelte Größe zeigte. Sonst gab es keinerlei Zeichen anderer Krankheiten. Dann wurde eine Totenmaske abgenommen.

Auch am nächsten Tag blieb der Leichnam in der Kirche, und seitdem die Nachricht von Philipps Tod wie ein Lauffeuer die Stadt durchquert hatte, riss der Strom der Menschen nicht ab. Abends wurde der Leichnam in einen gewöhnlichen Sarg gebettet. Aber als man ihn in der Gruft unter dem Chor beisetzen wollte, widersprachen einige Kardinäle, darunter Borromeo, weil sie eine baldige offizielle Heiligsprechung erwarteten. So wurde der Sarg über dem ersten Bogen im Kirchenschiff beigesetzt. Doch ein gewisser Nero de Neri bemühte sich bereits um den Bau einer besonderen Kapelle, die 1602 fertiggestellt wurde und die links des Hauptaltares noch heute die Ruhestätte Philipps ist. 1922 wurde am 300. Jahrestag der Heiligsprechung der Sarg geöffnet und der Leib in neue Gewänder gekleidet und in dem gläsernen Sarg geborgen, in dem er noch heute verehrt wird. Vorher wurde er in einem wahren Triumphzug – der ersten Prozession dieser Art seit der Säkularisation im Jahr 1870 – durch Rom getragen.

Obwohl Philipp sofort nach seinem Tod spontan als Heiliger verehrt wurde, ging der offizielle Prozess sehr schleppend voran. Bereits am 2. August 1595 hatte die erste Sitzung begonnen. Eine große Menge drängte sich, um Zeugnis zu geben. Hatten doch schon an seinem Todestag viele berichtet, Philipp sei ihnen erschienen. Und zahlreiche Berichte über Wunder und Gebetserhörungen wurden bereits vermeldet. Überall sah man schon Bilder mit dem Titel „Seliger", „Heiliger Philipp". Obwohl Clemens VIII. schon zu Lebzeiten Philipps öffentlich erklärt hatte, er halte Philipp für einen Heiligen, war der Ansturm der Verehrung so stark, dass er glaubte, ihn bremsen zu müssen. Immerhin war ja der Prozess noch nicht zum abschließenden Urteil gekommen. Die Verehrung Philipps sprengte den Rahmen des Üblichen und offiziell Erlaubten. Es war, wie wenn die überschäumende Spontaneität der Liebe Philipps noch am Werk sei. So erklärte Marcello Vitelleschi, der Kanoniker an St. Peter war, er bekomme das „De profundis" nicht über die Lippen und stimmte statt dessen das „Laudate Dominum omnes gentes" bei der Liturgie für Philipp an, obwohl dies für den Gebrauch bei verstorbenen Neugeborenen vorgesehen ist. Capecelatro weist auf das Motiv dieser Art Verehrung hin: „Oberflächlich gesehen, sind all das nur Übertreibungen, die aus einer gefühlsbetonten Frömmigkeit stammen. Aber die wahre Frömmigkeit ist Liebe. Und jede wirkliche Liebe – sei es menschliche oder göttliche – überschreitet alle Regeln der Konvention. Nur für jene, die keine Liebe verspüren, scheinen all diese Äußerungen übertrieben oder sinnlos" (C II 639). Als Gründe für den schleppenden Verlauf des Heiligsprechungsprozesses nannten Eingeweihte die Bemühungen um die Heiligsprechung anderer bedeutender Gestalten der damaligen Kirche, vor allem des Ignatius von Loyola und Karl Borromäus. Im Jahre 1608 drängten die Römer noch einmal auf die baldige Beendigung des Prozesses, und für Florenz bat der Großherzog von Toskana. Endlich war es soweit: Am 12. März 1622 erklärte der spitze Mutterwitz der Römer: Heute hat der Papst – Gregor XV. – in St. Peter „vier Spanier und einen Heiligen kanonisiert", das heißt heilig gesprochen. Es waren Ignatius von Loyola, Franziskus Xaverius, Teresa von Avila, Isidor, der Arbeiter – und Philipp Neri.

Von großer Bedeutung ist der Todestag Philipps für sein Oratorium. Man muss sagen, dass mit diesem Ereignis ein klares Bekenntnis zu seinen Ideen und eine Festlegung auf sein Konzept des Oratoriums erfolgte. Das wird sichtbar in dem Dekret vom 26. Mai 1595, das einstimmig von allen Mitgliedern angenommen wird, während unten in der Kirche noch Philipps Leib auf seine Beisetzung wartete. Baronius erklärte, dass dies „das letzte Testament" Philipps sei, „der Grundstein" des Oratoriums. Philipp selbst habe es in seinen letzten Lebenstagen entworfen und diktiert. Dieses Dekret sagt über die Frage der Gelübde, die bisher von einigen noch offen gehalten worden war: „Wenn in Zukunft irgendein Mitglied der Kongregation die Idee entwirft, Gelübde einzuführen und darüber in der Öffentlichkeit oder im Privaten spricht, dann soll er und alle, die seiner Ansicht folgen, sich auf Grund dieser Tatsache als entlassen und von der Kongregation getrennt betrachten. Und von dem Moment an können sie kein Recht mehr beanspruchen und sind wie solche, die nie zu unserer Kongregation gehört haben" (PB 558).

Entwicklung des Oratoriums

Als Philipp starb, existierten sieben Oratorien: Rom, Neapel, San Severino, Lucca, Fermo, Palermo und Camerino. Diese Gründungen geschahen „Ad instar", wie es noch in den Konstitutionen heißt: „nach Art und Vorbild" des römischen Hauses: Man sah, wie man dort lebte, wie die „Übungen", das eigentliche „Oratorium" vollzogen wurden, und ahmte es nach. Wohl geschahen die ersten Gründungen auch vielfach durch persönlichen Einfluss eines Mitglieds im römischen Haus. So hatte P. Ricci großen Einfluss bei der Gründung von Fermo, P. Pozzo, ein Sizilianer, ging nach Palermo aus gesundheitlichen Gründen und half bei der Entstehung des Oratoriums. Die Gründung Palermos geschah 1594. Von Palermo aus wurde dann Genua gegründet und zwei Häuser auf Sizilien. Um 1613 entstanden mehrere Kongregationen im Norden Italiens, darunter Bologna und im Jahr 1614 Perugia. Ebenfalls entstand bereits ein Haus in Montaigu in Brabant.

Capecelatro sagt, dass „der Baum des Oratoriums seine ersten Früchte" in Frankreich hervorbrachte. Franz von Sales gründete ein Oratorium in Thonon in Savoyen. Als Regel übernahm er die des römischen Hauses, und als Protektor wählte er Baronius.

Franz von Sales war 24 Jahre alt, als er das erste Mal nach Rom kam. Er war noch Laie, und von einem Wunsch, Priester zu werden, war nichts bekannt. Sein alter Biograf Gallizio schreibt, dass er in Rom Leute besuchte, die in Literatur und im kirchlichen Leben sich einen Ruf erworben hatten. Zwar gibt es keinen Hinweis darauf, dass er auch Philipp und das Oratorium aufsuchte, aber eine alte Tradition hat genau das festgehalten. Philipp war damals 76 Jahre alt. Nach der Tradition hat Philipp ihn in die Arme geschlossen, und das wiederum haben alte Bilder und auch der frühe Biograf Philipps, Sonzonio, dargestellt (C II 345). Diese Ansicht wird von der neueren Forschung nicht geteilt.

Sicher ist, dass Franz von Sales mit einigen Gefährten Philipps besonders befreundet war, vor allem mit Baronius und Giovenale Ancina, der später Bischof in Saluzzo in der Nähe zur heutigen Grenze mit Frankreich wurde. 1598 kam Franz von Sales wieder nach Rom, diesmal schon als Priester. Er blieb etwa sechs Monate in Rom, wurde zum Koadjutorbischof von Genf geweiht. In dieser Zeit nun besuchte er das Oratorium regelmäßig. Damals entstand seine Freundschaft mit Baronius und Ancina. Frucht dieser Begegnung war dann die Gründung des Oratoriums in Thonon im Jahre 1599. Franz von Sales erwartete eine starke Wirkung von einer Gemeinschaft, die auch bei allem Arbeitseifer die freundliche und anziehende Liebe ihres Gründers Philipp spüren ließ. Als Papst Clemens VIII. um seine Zustimmung zu dieser Gründung gefragt wurde, willigte er sofort ein. 1597 wurden Kirche und Haus unter dem Titel der „Jungfrau der Barmherzigkeit" errichtet. Franz von Sales wurde Oberer.

Im Süden Frankreichs exististierten bereits einzelne Gemeinschaften. 1586 hatte Rollin-Ferrier bei Cotignac, einem Marienheiligtum, eine kleine Familie des Oratoriums gegründet, nachdem er sich bei Philipp in Rom Rat geholt hatte (Ge 59). Unter dem Einfluss Tarugis wurde 1615 in Aix ein Haus eröffnet, später auch in Marseille. Alle diese Häuser bildeten eine gemeinsame Familie.

Die Grundidee Philipps, dass seine Kongregation aus Weltpriestern ohne Gelübde bestehen solle, hat auch auf Vinzenz von Paul und Bérulle gewirkt. Bei der Gründung der „Priester der Mission“ stützte sich Vinzenz von Paul auf die Regel Philipp Neris. Ebenfalls ging der spätere Kardinal de Bérulle, der das französische Oratorium gründete, von der Regel des römischen Oratoriums aus, kam dann aber zu der Überzeugung, er müsse das Oratorium den Verhältnissen in Frankreich anpassen. (Man muss sich erinnern, dass Frankreich damals bereits eine politische Einheit war, während Italien noch lange auf seine nationale Einheit warten musste.) So kommt es, dass 1611, also etwa 16 Jahre nach Philipps Tod, in Frankreich das berühmte „Oratorium Jésus“ durch Bérulle entstand, das im 17. und 18. Jahrhundert eine wichtige Rolle in Frankreich spielen sollte. Zwanzig Jahre nach seiner Gründung zählte es bereits siebzig Häuser. Einige seiner berühmtesten Söhne sind über Frankreich hinaus bekannt geworden: Malebranche, Massillon, Thomassin, Morin und Gratry. Das französische Oratorium verbreitete sich in Belgien, England und sogar in Italien. Von Belgien aus entstand die Gründung in Kevelaer am Niederrhein. Der Jansenismus hat vorübergehend auch über das Oratorium Bérulles seinen dunklen Schatten geworfen, und schließlich hat die Französische Revolution es vernichtet. Doch bereits 1852 wurde es durch Pététot neu gegründet, und zwar jetzt unter dem Namen „Oratoire de Jésus et de Marie-Immaculée“.

Nach der Entstehung des französischen Oratoriums durch Bérulle entstanden in Frankreich auch noch philippinische Häuser, und zwar in Apremont (1620) und im französischen Flandern in Douai (1626), später noch zwei andere.

Nach Italien zählte Spanien die meisten Gründungen. Capecelatro führt 1889 zwanzig auf und Gasbarri in seinem Buch sogar dreißig. Heute gibt es noch zehn Häuser. Die erste Gründung geschah in Valencia im Jahre 1645. Die noch heute bedeutsame Kongregation in Barcelona entstand 1671. In der zweiten Hälfte des 17. Jahrhunderts verbreitete sich das Oratorium in Spanien, dann gab es zur Zeit der Herrschaft Napoleons und der späteren Revolutionen große Schwierigkeiten. Während des Bürgerkrieges 1936/39 starben vier Mitglieder in Barcelona, und die Kommunität wurde zerstreut.

In Polen existieren zur Zeit sieben Häuser; als älteste Gründung wird Gostyn im Jahr 1655 angegeben. Die Kongregationen hatten schwer unter dem politischen Schicksal ihres Vaterlandes zu leiden. Nach der Aufteilung Polens durch Russland war nur das Haus in Gostyn noch stark. Dieses aber kam durch den Kulturkampf Bismarcks in Not, so dass die Mitglieder nach Süden zogen und 1878 das Haus in Tarnow gründeten. Zwischen den beiden Weltkriegen formten die drei noch bestehenden Oratorien eine enge Föderation unter einem Generaloberen und mit einem gemeinsamen Noviziat.

Nach Mexiko kam das Oratorium bereits in der Mitte des 17. Jahrhunderts. In Puebla de los Angeles, 140 km südlich der Hauptstadt, bildete sich 1651 eine Gemeinschaft von Weltpriestern, die unter Clemens X. 1671 die päpstliche Anerkennung erhielt.

Dass die schlimme Verfolgung der Kirchen in den zwanziger Jahren des 20. Jahrhunderts überstanden werden konnte, ist vor allem das Verdienst des Hauses in San Miguel de Allende. Das dortige Oratorium entstand 1712 und ein Jahr später das Seminar zum heiligen Franz von Sales. Die kleine, aber schöne Kolonialstadt wurde von der Regierung zum Nationalmonument erklärt – ein Umstand, der auch den Priestern des Oratoriums zugute kam. Ihnen verdankt das mexikanische Oratorium sein Überleben. Haben sie doch unter großen Opfern und persönlicher Gefahr die Generation der Mitbrüder herangebildet, die inzwischen in der Seelsorge, aber auch für die kirchliche Architektur in Mexiko Großes geleistet haben. Sie konnten auch ihre Kirche im Herzen von Mexiko-City „La Profesa" wieder eröffnen, eine der schönsten Kirchen der Hauptstadt, die früher den Jesuiten gehörte. Inzwischen existieren in Mexiko sieben Häuser. Die Erfahrung der Verfolgung hat in den verschiedenen Kongregationen einen wachen Sinn für Zusammenhalt und gegenseitige Hilfe geweckt, und die mexikanische Föderation hat für die Häuser, aber auch die internationale Konföderation Wertvolles geleistet.

In Süd- und Mittelamerika gibt es noch Häuser in Chile (Valparaiso), drei Kommunitäten in Kolumbien, eine in Costa Rica und eine von den politischen Wirren sehr bedrängte in El Salvador. Außer Pasto in Kolumbien sind diese Häuser neuere Gründungen.

Obwohl alle sechs oratorianischen Häuser in Portugal untergegangen sind, muss doch kurz das Oratorium in Goa in Indien erwähnt werden. Einmal, weil es die Kirche in Ceylon gerettet hat, dann aber auch, weil damit erwiesen ist, dass auch ein Missionsoratorium möglich ist. Jedin sagt in seiner Kirchengeschichte: „Der Gründung des Oratoriums vom heiligen Kreuz in Goa, nach dem Ideal des heiligen Philipp Neri ausgerichtet, verdankt der Klerus einen besonderen apostolischen Impuls und die Kirche von Ceylon ihre Rettung" (V 319).

Bereits 1646 wurde das Oratorium in Goa eingeführt, und zwar durch Micael de Castro. Aber der erste Obere und eigentliche Gründer ist Joseph Vaz (1651-1711). Er ist der „Apostel von Sri Lanka (Ceylon)". Im Jahre 1687 ging er als Bettler verkleidet ganz allein nach Ceylon, um den bedrängten Gemeinden zu helfen. Bereits 1544 hatte Franz Xaver den Glauben verkündet, aber die kalvinistischen Holländer vertrieben die Portugiesen und nahmen den Gemeinden ihre Priester. P. Vaz begann seine Arbeit ohne jede Hilfe; erst später erhielt er Unterstützung durch andere Priester des Oratoriums von Goa.

Sein Biograf Perera sagt: „Man kann bezweifeln, ob das, was Vaz für Ceylon getan hat, überhaupt eine Parallele auf der Welt hat. Wenigstens weiß man nicht von einem anderen Land, wo die Kirche Ähnliches erfahren musste wie in Ceylon … Da kam ein Priester, ganz auf sich gestellt aus einem anderen Land. Er kam freiwillig und unter großen Schwierigkeiten. Gegen alle Widrigkeiten und obwohl man einen Preis auf seinen Kopf ausgesetzt hatte, hielt er seine Arbeit heroisch durch. Dennoch erweckte er den Glauben in den Herzen aller, die ihn bisher im Geheimen verbergen mussten, er gewann Abgefallene zurück und gewann neue Gläubige, trotz Verfolgung, Gefängnis und offener Feindschaft." Er gründete sozusagen die Kirche in Ceylon zum zweiten Mal, aber diesmal „den Bedingungen des Landes, den Besonderheiten und dem Charakter des Volkes angepasst". Er selbst blieb „der heilige und demütige Apostel, der sich ganz der Führung durch die Vorsehung unterstellt hatte, seien es große oder kleine Dinge, und dessen persönliche Heiligkeit das Einzige war, das ihm die Unterstützung und Treue der Leute und der Regierenden gewann". In seinem Alter wurde in Einfachheit und Klarheit sichtbar, was sein ganzes Leben bestimmt hatte: das Verlangen, Gott zu dienen und den Mitmenschen, vor allem den Armen, Leidenden und Abgeschobenen. – Am 21. Januar 1995 wurde P. Joseph Vaz von Papst Johannes Paul II. auf seiner Südostasienreise in Colombo (Sri Lanka) selig gesprochen.

Zu den bedeutendsten Ereignissen in der Geschichte des Oratoriums gehört die Entscheidung John Henry Newmans für das Oratorium des heiligen Philipp. Damit beginnt auch die Geschichte des englischen Oratoriums, und auch die Neugründungen in Deutschland, den USA und Kanada verdanken dieser Entscheidung ihre Existenz.

Newman war 1845 zur katholischen Kirche übergetreten und besuchte 1846 Rom. Dort war N. Wiseman, der spätere Kardinal, Rektor des Englischen Kollegs. Er stand Newman sehr nahe und schlug vor, Newman solle Oratorianer werden und das Oratorium nach England bringen. In Rom wusste man um die Bedeutung Newmans und bemühte sich um ihn. Er wohnte im Haus der Propaganda Fidei, und der Papst empfing Newman und seinen Freund St. John. In dem Memorandum aus dem Jahr 1848 schreibt Newman rückblickend, dass sie überlegten, ob sie nicht zu den Redemptoristen gehen sollten. Sie waren noch nicht sicher, ob sie Ordenspriester werden oder Weltpriester bleiben sollten. Bei diesen Überlegungen tauchte wiederum das Bild des Oratoriums auf. 1846 hatte bereits P. Theiner von der Chiesa Nuova Verbindung mit ihnen aufgenommen. P. Theiner war Deutscher, hatte vom Rationalismus zum Glauben gefunden, führte die Annalen von Baronius fort. Newman schrieb einem Freund: „Wir waren in der Chiesa Nuova (St. Philipps Kirche) und dem Haus nebenan zusammen mit Theiner, der für uns die Messe hielt und uns die Kommunion reichte, und zwar in dem kleinen Zimmer, wo der heilige Philipp seine Ekstasen hatte (A 103). Die Oratorianer machten mir den Eindruck, dass sie einfache, liebenswürdige Leute sind, deren Leben sich im Haus und im Beichtstuhl abspielt. Das stimmt überein mit dem, was wir hören: Sie sind gute Beichtväter und sonst nichts. Keine großen Prediger, nicht gelehrt, mit der Ausnahme von Theiner." „Insgesamt scheint die Zeit gekommen für einen Säkularismus – äußerlich gesehen – aber innerlich leicht verbunden mit dem Asketentum – und genau das ist Oratorianismus" (A 104). Die Betonung des Positiven am Christentum, so typisch für die Art Newmans, hatte er im Oratorium gefunden. Von Anfang an sah Newman aber auch die literarischen und intellektuellen Möglichkeiten im Oratorium: So verschieden die Charaktere Philipps und Newmans waren, so gab es doch auch starke Gemeinsamkeiten: Beide „zeigten in ihrem ganzen Leben eine außerordentliche Feinfühligkeit für die Führung durch den Heiligen Geist. Die Verehrung der dritten Person der Heiligsten Dreifaltigkeit war eine ihrer stärksten gemeinsamen Bindungen" (A 107).

Als die Entscheidung klar geworden war, bat Newman formell den Papst, ein Oratorium in Birmingham errichten zu können, und um die Erlaubnis, auch in anderen Städten Oratorien zu gründen. Ferner bat er, die römischen Konstitutionen den Verhältnissen in England anpassen zu dürfen. 1847 wurde diese Fassung in Rom gedruckt. Gegen Ende dieses Jahres begann Newman dann mit sechs Gefährten ein Noviziat in der Abtei von Santa Croce, wo man ihnen einen ganzen Flügel des Gebäudes zur Verfügung gestellt hatte. In den vier Monaten wurden Konstitutionen und Gebräuche des Oratoriums studiert, und Newman beschäftige sich vor allem mit den wichtigsten Biografien Philipps, Marcianos „Geschichte des Oratoriums" und den „Pregi" („Excellences of the Oratory"). Dass der „Novizenmeister" des Oratoriums, P. Rossi, nicht die beste Figur machte, sieht man noch aus Aufzeichnungen Newmans (A 98f).

Am 26. November 1847 wurde das Oratorium in Birmingham unter Newman als Oberem errichtet mit dem ausdrücklichen Hinweis, das Oratorium solle sich besonders um Intellektuelle und die „Oberklasse" kümmern. Offiziell wurde das englische Oratorium am 2. Februar 1848 eröffnet, und nach zehn Tagen wurden P. Faber und seine Gefährten als Oratorianer aufgenommen.

Frederick Wilhelm Faber (1814-1863) war 1845 konvertiert und hatte in Birmingham eine Kommunität unter dem Namen „Brüder vom Willen Gottes" oder „Wilfridians" gegründet. Als er von Newmans Gründung eines Oratoriums hörte, bot er sich und seine Gruppe an. Newman wies in seiner Antwort auf die Unterschiede hin, erkannte aber auch Fabers Führungstalent, allerdings „in einem anderen Einflussbereich". Im Jahr 1849 begann Newman in Birmingham, und Faber ging mit einer Gruppe nach London. Es zeigte sich bald, dass Newman und Faber sehr starke und sehr verschiedene Persönlichkeiten waren. Dazu kamen sachliche Meinungsverschiedenheiten: über das Haus St. Wilfrids und auch über die Sendung des Oratoriums. Dann gab es das Problem der Autorität: Newman war Superior für beide Häuser, wie früher Philipp in Rom und Neapel. 1850 schrieb dann Newman in einem Brief: „Das Haus in London muss ein eigenes Haupt haben." Am 12. Oktober 1850 wurde schließlich Faber als erster Praepositus von London gewählt. Im Jahre 1864 veröffentlichte Newman seine „Apologia", die sofort eine enorme Wirkung bei Katholiken und Protestanten zeigte. Unter anderem kam die Frage nach einem Oratorium in Oxford auf. Newman hatte bereits ein Stück Land dafür erworben, dann aber scheiterte der Plan wegen einiger Vorbehalte Roms. Die Idee, ein Oratorium zu haben, das sein Apostolat ausschließlich an einer Universität entfalten würde, war ein Traum Newmans schon für Dublin gewesen und nun für Oxford gescheitert. Aber auch Newman hatte in der Schule Philipps gelernt, dass Gottes Wille zählt und wir ihn demütig annehmen sollen. Als er 50 Jahre alt war, sagte er von sich: „Ich habe keinen Hang dazu, ein Heiliger zu sein – es ist traurig, dies sagen zu müssen ..., für mich genügt es, den Heiligen die Schuhe zu putzen – falls der heilige Philipp im Himmel schwarze Schuhe trägt."

Auch diese Randbemerkung Newmans zeigt, wie gut er seinen geistlichen Vater Philipp Neri verstanden hat und wie sehr er ihm bei aller Verschiedenheit ähnlich geworden ist. Wie Philipp verehrte er den Heiligen Geist, das innere Licht („lead kindly light"), die Überzeugungskraft des Herzens (sein Wahlspruch als Kardinal: Cor ad cor loquitur). Er hat in der Geschichte der Kirche eine einzigartige Stellung: Der Autonomie des modernen Menschen, der Selbstbehauptung dem Schöpfer gegenüber, die Newman „Liberalismus" nennt, begegnete er mit seinem klaren Denken, aber auch mit einem glänzenden literarischen Stil, der an Augustinus erinnert. Und Newman gehört zu den großen Führergestalten des geistlichen Lebens: Er vermag mitten in der modernen Welt das Licht der Gegenwart Gottes zu zeigen, mitten in der konkreten Realität den mystischen Urgrund von allem aufzudecken.

Dem Oratorium hat Kardinal Newman seinen Weg in die Zukunft gezeigt. Nach seiner Vorstellung soll der Oratorianer offen sein für seine Zeitgenossen. Er sollte sie besser verstehen, als sie sich selbst verstehen. Und mit der Liebenswürdigkeit

Philipps sollte er sie gewinnen, sich selbst zu lassen und dem zu begegnen, der das wahre Gegenüber jedes Menschen ist.

„Die zukünftige Kommunität des Oratoriums ist nach Newman eine ganz schlichte Familie, … wo die Liebe herrscht, aber eine Liebe, die ausstrahlt" (Bou 90). Beides ist notwendig: Die offene und bereite Aufmerksamkeit auf das moderne Denken, vor allem aber auch die immer neue und sich vertiefende Betrachtung der bleibenden Schätze der Offenbarung – der Heiligen Schrift, der Väter und der Liturgie der Kirche. Schließlich das liebende Hinsehen auf das Leben und die Worte des heiligen Philipp, unseres geistlichen Vaters.

Kein Wunder, dass für die Erneuerung des Oratoriums vor allem in Nordeuropa und für den Neubeginn in Nordamerika Kardinal Newman eine entscheidende Bedeutung hat. Doch bevor darüber gesprochen wird, müssen wir noch einmal zurückschauen und die ersten Häuser des Oratoriums in Deutschland in den Blick nehmen.

Die Anfänge des Oratoriums in Deutschland gehen zurück auf Johann Georg Seidenbusch (1641-1729), der in ärmlichen Verhältnissen in München geboren wurde. Schon bald zeigte sich bei ihm ein Talent zur Malerei. Er wurde in München bei Jesuiten erzogen und 1666 zum Priester geweiht. Sein künstlerisches Talent half ihm später, selbst am Wiener Hof reiche Gönner zu finden. Während seiner Ausbildung in München hatte auf ihn ein kleines Marienbild, eine Holzstatue von etwa 60 cm, einen tiefen Eindruck hinterlassen. Nachdem sie an ihrem früheren Standort, dem „Bürgersaal" durch eine andere Figur ersetzt worden war, hatte der junge Seidenbusch das Glück, sie wiederzufinden, und trennte sich fortan nicht mehr von ihr. Er nahm sie mit, als er Pfarrer in Aufhausen, etwa 20 Kilometer südöstlich von Regensburg, wurde. Das Pfarrhaus war in einem erbärmlichen Zustand, aber der neue Pfarrer richtete sich in seiner genügsamen Art notdürftig ein. In dieser armseligen Klause begann er sofort mit einer Hausandacht – seine

Mutter und vier Geschwister waren mit ihm gekommen – zur Muttergottes. Die Andacht vor diesem Marienbild zog immer mehr Leute an, und bald entstand eine regelmäßige Wallfahrt aus der Umgebung und der nahen Donauebene.

Bald konnte Seidenbusch eine größere Kirche bauen und daneben ein kleines Kloster errichten, denn seit langem hatte er den Wunsch, mit einigen priesterlichen Mitbrüdern ein gemeinsames Leben zu führen. Ein Besucher, der in Rom studiert hatte, erzählte ihm vom Oratorium. Diese Nachricht ließ ihn nicht zur Ruhe kommen, und so machte er sich 1675 mit einem befreundeten Domherrn auf die Reise nach Rom. Der damalige Praepositus des römischen Hauses, P. Sozzini, nahm sie freundlich auf. Seidenbusch lernte die Bräuche des Oratoriums kennen und wurde als erster Deutscher in das Oratorium aufgenommen. Er erhielt eine Reliquie, ein Bild und eine Biografie des heiligen Philipp und kehrte nach Haus zurück. 1692 wurde dann die Gründung des Oratoriums in Aufhausen vom Ortsbischof in Regensburg bestätigt, und 1695 zog Seidenbusch wieder nach Rom zum Jubiläum von Philipps Todesjahr und brachte die päpstliche Anerkennung seiner Kongregation mit heim.

Während des Spanischen Erbfolgekrieges vermittelte Seidenbusch zwischen dem Kaiser in Wien und dem Kurfürsten von Bayern, da er an beiden Höfen eine bekannte und anerkannte Persönlichkeit war. Damals erhielt er in Wien die Kirche zur Heiligsten Dreifaltigkeit mit der Bitte, auch dort ein Oratorium zu gründen. Dies geschah 1704. Der gleichzeitige Versuch, auch ein Oratorium in Prag zu gründen, schlug allerdings fehl. Aber als er auf dem Rückweg nach Aufhausen war, blieb er einige Zeit in München und gründete mit der Zustimmung des Bischofs von Freising im Jahre 1707 auch ein Haus in München. Das Oratorium erhielt die Herzogspitalkirche, die heute noch einen Altar zum heiligen Philipp hat, und arbeitete vor allem in dem St.-Josef-Hospital nebenan. Merkwürdig ist, dass Seidenbusch Oberer für alle drei Häuser war, aber nach seinem dritten Besuch in Rom 1725 die Leitung der Häuser in Wien und München abgab. 1729 gab er eine Revision der Konstitutionen und eine „an die deutsche Art und die deutschen Bräuche angepasste" Regel heraus (A 80).

Das Haus in Wien wurde von Kaiser Josef II. 1783 geschlossen, die Kongregation in München ging während der napoleonischen Wirren unter. In Aufhausen starb das letzte Mitglied im Jahre 1886, und der Bischof übertrug 1890 den Benediktinern von Metten die Sorge für das Marienheiligtum. Der Gründer, P. Seidenbusch, hatte angeordnet, dass man nach seinem Tod (1729) auf seine Grabtafel schreiben sollte: „Hier ruht ein ganz geringer Priester", und dass man ihn am Kircheneingang beisetzen solle, damit er „von allen Eintretenden mit Füßen getreten werde". Neben seiner glühenden Marienverehrung erwies auch seine Demut ihn als echten Jünger Philipps. (In der jetzigen Wallfahrtskirche, deren Bau 1736 durch den bedeutenden Erbauer von Ottobeuren, Johann Michael Fischer, begann, wurden die Gebeine Seidenbuschs im Chor beigesetzt.)

Erst 1922 begann das Oratorium in Deutschland wieder Fuß zu fassen. Einige Theologiestudenten lernten damals durch Kardinal Newmans berühmte Predigt über die „Sendung des heiligen Philipp" das Oratorium kennen. Zwei von ihnen, Ernst Musial und Theo Gunkel, gingen 1925 zu einem Noviziat nach Birmingham und besuchten auch das römische Haus. Am 14. Januar 1930 wurde dann die Neugründung in Leipzig begonnen. (Die Gründungsurkunde nennt Gunkel, Musial und Heinrich Kahlefeld; wohl gehört auch Philipp Dessauer noch zur Gruppe der Gründer.) Das Wirken dieses ersten Oratoriums, dem der Bischof eine große Diasporapfarrei anvertraut hatte, war sehr fruchtbar, und die Zahl der Mitglieder wuchs bis zum Zweiten Weltkrieg ständig. 1934 ging Musial nach Rock Hill in den USA, um der Gründung des dortigen Oratoriums zu helfen. Der Versuch, andere Oratorien in Wesel und in Berlin zu gründen, wurde durch den Krieg vereitelt, allerdings konnten neue Kongregationen entstehen: im Westen und Süden in München (1954), Frankfurt/M. (1956), Aachen (1956) und Heidelberg (1968); auf dem Gebiet der ehemaligen DDR die Häuser in Dresden (1961) und Frankfurt/Oder (1971).

Durch die enge und fruchtbare Verbindung mit dem Oratorium München konnte 1981 eine Kongregation in Zürich entstehen. Und eine Gruppe von Priestern schloss sich 1978 zu einer Kongregation in Wien zusammen.

Das erste Oratorium des heiligen Philipp in den Vereinigten Staaten von Amerika entstand 1937 in einer ausgesprochenen Diasporagegend in Rock Hill, South Carolina. Das Seelsorgegebiet umfasste damals 136000 Einwohner, von denen nur 175 Katholiken waren. Den Anfang machten Fr. Paul V. Hatch, Fr. Matthew Shaw, zwei Laienbrüder und zwei Studenten. Aus Leipzig war Ernst Musial gekommen, der die Leitung der Neugründung übernahm. Er kehrte 1935 nach Leipzig zurück. Inzwischen hatten sich viele Berufungen gemeldet. Fr. Hatch wurde Superior und Novizenmeister.

Gleich zu Beginn hatte man ein Krankenhaus eingerichtet, das in dieser Gegend dringend notwendig war. Bis 1958 wurde es von Franziskanerinnen aus Illinois betreut, und Fr. Wahl sagt: „In all den Jahren, da dieses Krankenhaus funktionierte, hat es mehr getan für ein gutes Klima als alle unsere anderen und doch zahlreichen missionarischen Anstrengungen" („Oratorium" 1972). Es entstand auch eine Schule für bedürftige Kinder, und das Oratorium errichtete 1945 eine Pfarrei für Schwarze, die im Süden der USA zahlreich sind. Es gehört auch zum Verdienst des Oratoriums, die erste „integrierte" Schule eröffnet zu haben, das heißt eine Schule, in der weiße und schwarze Schüler gemeinsam lernten. Im Jahre 1947 kam der damalige Generalprokurator, P. Naldi, aus Rom zu Besuch, und die Kongregation wurde offiziell in das Institut (die Konföderation) aufgenommen.

Unabhängig von Rock Hill entstanden zwei andere Oratorien: in Monterey in Kalifornien (früher Yarnell in Arizona)

(1953) und Pittsburgh in Pennsylvania (1966). Bemerkenswert an der Gründung in Pittsburgh ist die Tatsache, dass ihr bei der Gründung keine Territorialpfarre zugewiesen wurde, sondern ihr die Seelsorge in der Universität anvertraut wurde. – Eine der blühendsten Kongregationen des Oratoriums ist das Haus in Toronto (Kanada). Es entstand in Montreal und verlegte seinen Sitz in die Metropole, die zu den bedeutendsten Städten des Kontinents gehört.

Die Konstitutionen des Oratoriums

Die Regeln (Konstitutionen) des Oratoriums sind noch immer ein Kuriosum in der Kirche, und für die römische Kurie war es deshalb nicht leicht, das Oratorium Philipp Neris richtig einzuordnen. Sind doch die Oratorianer Weltpriester – sie haben ja keine Gelübde –, werden aber wie die Orden bei der Religiosenkongregation geführt. Vor der Veröffentlichung des neuen Gesetzbuches der Kirche (Codex Iuris Canonici) im Jahre 1983 zählte man sie innerhalb der Religiosenkongregation zu den Säkularinstituten. Jetzt aber hat man eine neue Abteilung unter dem Namen „Gemeinschaften des apostolischen Lebens“ eingerichtet, wo nun auch das Oratorium als älteste dieser Gemeinschaften aufgeführt wird.

Geht man der Entstehung der Konstitutionen nach, begegnet einem auch hier die Eigenart Philipps und seiner frühen und späteren Gefährten. Die Regel wird sozusagen vom Leben geschrieben. Wichtig ist das Leben der Gemeinschaft, ihre Bräuche und Traditionen. So sagt es ja ausdrücklich schon die erste Fassung: „Die Kongregation des Oratoriums ist mehr von der Lebensart geformt als von Gesetzen zusammengehalten.“ Allerdings fällt auch auf, dass immer dann, wenn ein Wesensstück der Regel – Autonomie, Freiheit von Gelübden – bedroht war, das Interesse an der Regel auflebte und ihre Eigenart verteidigt wurde.

Angefangen hatte diese Regel mit den spärlichen Anordnungen, die Philipp der kleinen Gruppe im Priesterhaus von San Giovanni dei Fiorentini gab. Tarugi hatte sie verfasst, aber wohl unter Philipps Anweisung. Als später die Kongregation schon bei der Chiesa Nuova errichtet war, aber noch einmal die Seelsorge an San Giovanni übernahm, gab Philipp selbst prägnante Anordnungen. Sie existieren noch in Philipps Handschrift. Wie zu erwarten, zeigt Philipp keinerlei Neigung, sich als Gesetzgeber zu erproben. Außer einigen Anweisungen für das Refektorium gibt es noch den kräftigen Hinweis, sich ja nicht um die Gunst der Großen in der Kirche zu bemühen. Es komme darauf an, nicht zu vergessen, „man sei hergekommen, um Gott und der Kirche zu dienen".

Mit der formellen Errichtung des Oratoriums, „einer Kongregation aus Weltpriestern und Klerikern unter dem Namen Oratorium", am 15. Juli 1575 war die junge Gemeinschaft auch verpflichtet, eine Regel zu erarbeiten. Die Zeit des Experimentierens und Improvisierens war vorbei.

Die Ausarbeitung der Regel war allerdings gar nicht so einfach. War doch die Kongregation des Oratoriums eine ganz neuartige Gemeinschaft in der Kirche. Die lateinischen Konstitutionen von 1583 sprechen von einer „absolut neuen Situation unseres Instituts, die von anderen ganz verschieden ist" (PB 320). Zwar hatte es gerade im 16. Jahrhundert einige Neuerungen bei den Orden der Kirche gegeben. Neben den alten Orden der Benediktiner, Karmeliter, Dominikaner und Franziskaner waren die Regularkleriker entstanden, die Theatiner, Somasker, Jesuiten und Barnabiten. Sie behielten die Tracht der Weltpriester, lebten wie diese, waren aber durch ihre Regel auf die evangelischen Räte verpflichtet. Man hätte meinen können, dass auch das Oratorium unter diese Gruppe der Regularkleriker falle, aber Philipp wollte davon nichts wissen (PB 319). Er hielt unbeirrt daran fest, dass für das Oratorium einfache Weltpriester genügten.

Und doch hat wahrscheinlich der Einfluss einer Frauengemeinschaft bei der Gründung des Oratoriums eine Rolle gespielt. Am Fuß des Kapitols gibt es noch heute das Frauenkloster Tor de Specchi, das die heilige Franziska von Rom hundert Jahre vor Philipp gegründet hatte und zu dem Philipp gute Beziehungen hatte. Diese Frauengemeinschaft hatte keine Gelübde, keine Klausur. Auch sonst waren sie bemerkenswert frei: Sie konnten selbst ihren Beichtvater wählen und hatten eine unabhängige Leitung. Deshalb übernahm Franz von Sales später die Regel dieser Schwestern, als er seinen Frauenorden, die Schwestern der Heimsuchung, gründete.

Das päpstliche Dokument zur Errichtung des Oratoriums hatte der Kommunität die Vollmacht gegeben, ihre Regel zu korrigieren und zu erweitern, diese dann aber dem Papst zur Approbation vorzulegen.

Das sollte allerdings bis 1612 dauern. Zunächst wählte man einen Rat von „Deputierten" und verlieh Philipp den Titel „Praepositus", aber in Wirklichkeit blieben Philipps Weisung und Einfluss entscheidend wie vorher. So wenig fühlte man sich an Formen gebunden, dass man nicht einmal Inhalt und Ergebnis der Zusammenkünfte schriftlich festhielt. Philipp selbst war selten bei den Sitzungen anwesend, erhielt aber immer genauen Bericht über das Geschehene. Nicht mangelndes Interesse steckte hinter seinem Verhalten, sondern die bewusste Absicht, allen die Möglichkeit zu geben, unbefangen die eigene Meinung vorzubringen. (Bei den Beratungen ist es Sitte, dass die jüngsten Mitglieder zuerst sprechen und erst später die älteren, damit Alter und Erfahrung nicht die Neulinge belastet.)

Philipp selbst scheint sich kaum um die baldige und genaue Verfassung der Regel gekümmert zu haben. Die paar Regeln, die das Gemeinschaftsleben und das Apostolat in grober Weise ordneten, hätten ihm wohl genügt. Dazu wären dann Dekrete gekommen, die Probleme der Praxis lösten, und Ermahnungen, die nötig wurden, aber eben keine systematische

Gesetzgebung. So war es wohl bis 1581. Danach aber ist eine Besorgnis in der Kommunität festzustellen, doch eine klare und vollständige Regel zu erarbeiten. Die Ergänzungen werden alle Philipp vorgelegt, und seine Reaktion ist bemerkenswert. Einiges nimmt er widerspruchslos an, anderes gefällt ihm zwar nicht, lässt er aber dennoch durchgehen. Dann gibt es allerdings auch Neuerungen, die er zurückweist und die er auch später nicht annimmt. Mithin kann man auch diese Fassung der Konstitutionen auf Philipp zurückführen. Waren doch alle Ergänzungen, die die Kongregation angebracht hatte, ausdrücklich durch Philipps Hände gegangen. Ja, Philipp hatte selbst die Kongregation in einem Dekret „auf Befehl von Padre Messer Filippo" aufgefordert, dass alles, was die Kongregation angehe, von allen Mitgliedern beraten werden müsse. Der demokratische Charakter der Kongregation ist also ausdrückliche Entscheidung Philipps.

Die Arbeit an den Konstitutionen kam zu einem ersten Abschluss im Jahre 1582, denn Bordini erhielt den Auftrag, sie ins Lateinische zu übersetzen. Dann aber geriet alles ins Stocken. Auf einmal begann man nämlich zu diskutieren, ob das Oratorium nicht doch besser seine Gesetzgebung den Orden anpasse. Obwohl die Quellen nicht viel berichten, muss man annehmen, dass hier der Einfluss Talpas am Werk war, der später in Neapel seine Annäherung des Oratoriums an das Ordensleben stärker verwirklichen konnte. Jedenfalls stießen die Auffassung Philipps und Talpas so unvereinbar zusammen, dass die Arbeit an den Konstitutionen nur mühsam weiterging und erst nach dem Tod Philipps vollendet wurde.

Wie weit aber das Pendel hin zum Ordensleben ging, erkennt man daran, dass im letzten Abschnitt der von Bordini verfassten Regel auch ein Eid vorgesehen war, der zur Stabilität in der Gemeinschaft verpflichtete. Wenigstens zu einem Gelübde oder Eid der Stabilität hatten die Deputierten auf ihrer Sitzung im Februar 1583 geneigt. Der Grund dafür mag der Einfluss der Regel für die Oblaten des heiligen Ambrosius in

Mailand gewesen sein, vermutlich aber noch mehr die Sorge, dass die immer zahlreicher kommenden Berufungen auch bleiben sollten.

Da nun Bordini auch noch einiges gesagt hatte, das einem Gelübde der Armut nahe kam, brach der Sturm los. Bordini verteidigte sich mit dem Hinweis, dass dies die Meinung der Deputierten war, unter denen Talpa seinen Einfluss geltend gemacht hatte. Er selbst wolle „seine Freiheit bewahren ohne jede Bindung eines Gelübdes oder eines Eids" (PB 376). Schließlich war ja im ersten Kapitel der Konstitutionen klar gesagt, dass die Kongregation aus Weltpriestern bestehe.

Philipps Meinung in dieser wichtigen Frage ist noch erkenntlich an Randbemerkungen zum italienischen Entwurf und lateinischen Text der Konstitutionen. Nach seiner Meinung sollte das Gelübde der Stabilität ans Ende der Konstitutionen kommen (PB 377). Was Besitz und Armut betrifft, so existiert noch seine berühmte Anmerkung: „Habeat, retineat, sed videat ne qua sit lis" – „Er (der Oratorianer) mag besitzen, behalten, soll aber zusehen, dass es keinen Streit gibt."

Um den Konflikt zu beenden, kam man im Oktober 1583 zu einer salomonischen Lösung: Von dem Text, den Bordini erarbeitet hatte, nahm man eine Synthese der wichtigsten Artikel, nahm von zwölf Kapiteln nur vier, und damit entfiel auch die Frage über Gelübde der Stabilität und Armut. Dieses Dokument wurde von den acht ältesten Priestern unterzeichnet und feierlich verabschiedet. Nachdem Philipp noch kleine Änderungen vorgenommen hatte, wurde es im Beisein Philipps allen Mitgliedern, auch den jüngsten, zur Entscheidung vorgelegt.

Die Konstitutionen von Bordini aus dem Jahr 1583 behandelten auch in ihrer Kurzfassung nur die Leitung der Gemeinschaft, ihre Ämter und die Regeln über Zulassung und Ausbildung der Berufungen. Das Verhalten und die Verpflichtungen der einzelnen Mitglieder innerhalb der Kommunität wurden nicht behandelt. Dazu gab es Beschreibungen der Bräuche im Oratorium, die teilweise auch gedruckt worden waren. Erst spätere Ausgaben der Konstitutionen nehmen diese Hinweise über feste Bräuche in der Kommunität auf und machen sie zum Bestandteil der oratorianischen Gesetzgebung.

Die Bedeutung der Konstitutionen trat erst im Jahre 1588 wieder in den Vordergrund. Wahrscheinlich zeigten die Erfahrungen mit der Neugründung in Neapel, wie wichtig die Gesetzgebung einer Gemeinschaft ist. Die Deputierten gingen von dem Text Bordinis aus, berieten mehrere Monate, ließen dann einige Änderungen von Kardinal della Rovere einfügen, da dieser den Text dem Papst zur Approbation vorlegen sollte. Die Versammlung aller Mitglieder schlug ebenfalls noch einige Änderungen vor und nahm dann den Text an. Nach der einstimmigen Annahme wurde der Text nach Neapel geschickt und dort ebenfalls angenommen.

Aber gerade die Bedeutung der Konstitutionen – in einem Brief aus Rom nannte man sie „das Mark des Instituts" – wurde ihnen wieder zum Verhängnis. Man arbeitete noch an den letzten Feinheiten, da kam Talpa wieder mit seiner Grundsatzkritik, besser gesagt: seinen Lieblingsvorstellungen wie der Frage des Eigentums, der Erziehung der Novizen und anderen Bräuchen in Neapel. Die römische Kongregation ging erst gar nicht darauf ein, sondern drängte auf Fertigstellung, um dem Papst die Konstitutionen vorlegen zu können.

Dann kam Talpa allerdings mit einem Argument, das man nicht übergehen konnte. Er wies darauf hin, dass man zu pragmatisch vorgegangen sei, zwar Regeln für das Verhalten der Mitglieder in der Kongregation aufgestellt habe; aber man habe nicht nach außen hin klargemacht, was denn die Kongregation eigentlich sei. Es fehle die Idee des Ganzen, ihr Warum und Wozu. Dann lieferte er gleich seinen Vorschlag mit, wie man das Wesen des Oratoriums beschreiben könne. Für diese klare Formulierung, worin die Eigenart des Oratoriums besteht (s. S. 130f), müssen wir ihm heute noch dankbar sein.

Und auch die römische Kongregation stimmte ihm zu und versprach, an den Anfang der Konstitutionen eine Präambel zu setzen, die von der Idee des Oratoriums handeln sollte. Die spätere und noch heute gültige Formulierung dieser Präambel stammt von Baronius. Es gab noch andere Änderungen, die das demokratische Prinzip verstärkten: die Befugnisse des Praepositus und der Deputierten wurden eingeschränkt und mehr die Bedeutung der „Generalkongregation", der Versammlung aller Mitglieder, betont.

Nachdem nun alle der letzten Fassung zugestimmt hatten, ließ man alles auf Pergament schreiben, um es durch Kardinal della Rovere dem Papst zu einer ersten Stellungnahme zu übergeben. Das geschah Anfang 1589. Papst Sixtus V. hatte keine Einwände, machte nur einige Vorschläge, die den Stil betrafen. So froh die Kommunität über diesen Erfolg war, so hatte sie es doch nicht eilig, das Dokument nun formell einzureichen. Papst Sixtus V. starb, und es scheint, dass man sich im Oratorium wieder einmal Zeit nahm mit der Bitte um eine endgültige Approbation der Regel. Jedenfalls zeigen Briefe aus dem Jahre 1590, dass einige Punkte der Konstitutionen wieder zur Diskussion gestellt wurden. Doch der Vorschlag eines Gelübdes wurde nicht mehr erwähnt.

Erst mit dem Tod Philipps kam wieder Bewegung in die Arbeit an den Konstitutionen des Oratoriums. Man spürt die Sorge der Mitglieder, nach dem Tod ihres Gründers den damals bestehenden Formen des kirchlichen Gemeinschaftslebens angepasst zu werden und ihre Eigenart zu verlieren. Aber Philipp selbst hatte noch einmal die Entwicklung vorangetrieben. Bei seinem Tod fand man ein Dekret, das wohl wenige Tage vor seinem Tod verfasst worden war und das Baronius „das letzte Testament" und den „Grundstein" des Instituts nannte (PB 558). So wichtig erschien es der Kommunität nach einer sorgfältigen Prüfung, dass es noch am Todestag Philipps in einer Generalversammlung als „unabänderliches Dekret" veröffentlicht wurde: „Die Kongregation soll in der Form, wie sie bisher existierte, das heißt ohne Gelübde, weiter bestehen; so wie es immer die Absicht unseres Vaters seligen Angedenkens war" (PB 558, vgl. S. 194).

Papst Clemens VIII. war mit diesem Dekret einverstanden und erklärte in einem Brief an Baronius, diese Neuheit einer Kongregation aus Weltpriestern sollte von der Kirche anerkannt werden. Baronius, der Nachfolger Philipps als Praepositus, sorgte dafür, dass man sich täglich zusammensetzte, um den Text der Konstitutionen zügig zu überarbeiten. Als er fertig war, ging man dennoch nicht zum Papst, sondern im November 1595 holte man den Text wieder hervor, um ihn noch einmal zu bearbeiten. Es ist interessant festzustellen, dass bei den Diskussionen die Bemerkung, Philipp habe dies oder jenes nicht gewollt, genügte, um Klarheit zu schaffen. In dieser Beratung wurde eine für die Zukunft wichtige Entscheidung getroffen: Der Anschluss anderer Häuser an das römische Oratorium wurde verboten. (Da zur Zeit Philipps Neapel und San Severino zu Rom gehörten, blieb es vorerst dabei.) Hiermit wurde ein anderes Merkmal des Oratoriums freigelegt – die Autonomie der einzelnen Häuser. So hatte es Philipp gewollt. Germanico Fedeli hatte ihn oft sagen hören, es genüge eine einzige Einrichtung, die dann als Modell für andere Gründungen dienen könne, diese aber so frei lasse, dass sie selbst auf ihre Weise handeln könnten (PB 562). Deshalb war es nur konsequent, dass 1601 San Severino und 1602 das Haus in Neapel von Rom gelöst wurden. Damit war die Autonomie der Häuser verwirklicht.

Schließlich wurden am 24. Februar 1612 die Konstitutionen vom Papst approbiert. Sie enthalten ein eigenes Kapitel unter der Überschrift: „Über den unabänderlichen Status der Kongregation", in dem die Ablehnung von Gelübden und die Ablehnung der Leitung eines anderen Hauses festgelegt werden.

Erst am Ende eines langen Entwicklungsweges zeigen auch die Konstitutionen die unverwechselbare Eigenart des Oratoriums. Es ist eine demokratische Gemeinschaft. Alles, was die

Gemeinschaft betrifft, sollte von allen besprochen und entschieden werden. Alle Mitglieder waren gleich; der Praepositus war „primus inter pares“, und mehrfach wurden – zum Teil auf direkten Einfluss Philipps – Vorrechte des Rates der Deputierten an die Generalversammlung aller Mitglieder abgegeben (PB 488). Diese demokratische Grundverfassung war Philipps Idee. Baronius sagt: „Unser Heiliger wollte nicht, dass die Regierung in der Hand eines Einzelnen liege, sondern es sollte eine Art wohl geordneter Republik sein“ (Calenzio 395). Philipp hatte die demokratische Gleichheit aller Mitbrüder auch deshalb betont, weil er in seiner Menschenkenntnis damit die Harmonie untereinander fördern wollte.

Das Oratorium ist eine Gemeinschaft von Weltpriestern. Die einzelnen Mitglieder werden nicht durch Gelübde oder feierliche Versprechen zusammengehalten. Wie riskant ein solcher Zusammenschluss ist, zeigen die Geschichte des Oratoriums und die Versuchung, Berufungen wenigstens durch ein einziges Versprechen – das der Stabilität – zu binden. Philipp war anderer Ansicht und ertrug das Kommen und Gehen vieler Berufungen. Er hielt daran fest, dass nur die Bindung gegenseitiger Liebe der einzige Zusammenhalt sein sollte.

Wenn die gegenseitige Liebe das einzige Band ist, das alle zusammenhält, ist die Gemeinschaft der Zahl nach begrenzt. Sie ist ganz verschieden von den großen durchorganisierten Ordensgemeinschaften. Sie hat den Charakter einer Familie. Das sah man schon am Anfang. Baronius sagt 1602 in den Konstitutionen: „Die Mitglieder der Kongregation sollten zusammengehalten werden durch die Bindungen der Anhänglichkeit, die durch den täglichen Umgang miteinander entsteht. So kennt man einander und hat mehr Achtung voreinander“ (PB 563). Später hat Kardinal Newman dies besonders hervorgehoben. Er schreibt: „Ich habe nie ein großes Oratorium gewünscht: zwölf Priester, die arbeiten, so weit geht mein Ziel. Man kann nicht viele gleichzeitig lieben; man kann auch nicht viele wirkliche Freunde haben. Ein Oratorium ist eine Familie und ein Zuhause. Ein häuslicher Kreis ist, wie das Wort sagt, etwas Rundes und Gebundenes. Bei einer großen Körperschaft kann man kaum verhindern, dass sie unter ihrem eigenen Gewicht zusammenbricht“ (Murray 387).

Mit dem Familiencharakter ist aber dann auch schon die Autonomie der verschiedenen Häuser und Familien vorgegeben. So ist es nur logisch, dass die Autonomie als „unabänderliches Grundgesetz“ in den Konstitutionen verankert ist.

Es ist bezeichnend, dass Talpa, der sich so viele Gedanken um den Fortbestand des Oratoriums machte und es gerne bei den Orden verankert hätte, in einem Traktat über das Oratorium bekennt, „dass Philipps Apostolat seinen ungeheuren Erfolg der Tatsache verdankt, dass es Weltpriester waren, die er um sich versammelte“ (PB 559). Und obwohl Philipp zeitlebens Sorge hatte um den Zusammenhalt seiner Familie und ihr charakteristisches Apostolat – das Oratorium –, so ist es doch klar, dass diese Familie für ihn kein Selbstzweck war. Ziel und Aufgabe der Kongregation des Oratoriums war nicht so sehr die Heiligung ihrer Mitglieder durch ihre Regel und Lebensformen, sondern Ziel der Kongregation war das Apostolat für den Nächsten. Die Hingabe an seinen Nächsten sollte dem Oratorianer helfen, heilig zu werden. Die Konstitutionen haben wie das Oratorium nur eine dienende Funktion, sie sind nur Instrument.

Die Konstitutionen des Oratoriums zeigen, dass Philipp kein Systematiker und Gesetzgeber war. Aber sie lassen seine Gestalt sehen, seinem Geist begegnen. Zitieren wir zum Schluss noch einmal Faber: „Was Philipp seiner Kongregation hinterlassen hat … war nicht so sehr eine Regel, sondern ein bestimmter Geist. Deshalb muss ein Oratorium, das seine Frische verliert, aussterben, wie wenn es dem allgemeinen Naturgesetz der Verdunstung unterliege. Das Oratorium kann auch nicht das stereotype Abbild vergangener Verhältnisse sein, denn als etwas Geistiges, das sich zwar unterscheidet, passt es sich den gegebenen Verhältnissen an. Es ist eine Seele ohne

Leib; die gegebenen Verhältnisse sind sein Leib. Das ist seine Eigentümlichkeit. Die Wirksamkeit seiner Arbeit liegt genau hier" (Faber, Spirit 74).

Literatur

Addington, R., The Idea of the Oratory, London 1966.
Bacci, P. G., Vita di S. Filippo Neri, Brescia 1706.
–, The Life of St. Philip Neri (transl. by F. W. Faber) London 1849.
Baccini, G., Le Facezie del Piovano Arlotto, Firenze 1884.
Belcari, F., Vita del Beato Giovanni Colombini, Brescia 1505.
M. Birgitta zu Münster, Der heilige Philipp Neri, Freiburg 1953.
Bouyer, L., Un Socrate Romain: Saint Philippe Neri, Paris 1979.
Calenzio, G., Cesare Baronio, Roma 1907.
Capecelatro, A., La Vita di S. Filippo Neri, Roma 1889.
Cistellini, A., S. Filippo Neri e la Spiritualità dell'Oratorio, „Teresianum", Rom 1984.
– „Massime e Ricordi di S. Filippo Neri" (Memorie Oratoriane 14), Brescia 1984.
–, Filippo Neri Giovane Laico in Roma (Aevum, Acireale 1970).
–, Alle Origini dell'Oratorio, Roma 1973.
–, La Congregazione dell'Oratorio in un antico opusculo inedito, Brescia 1977.
DAL - GAL, Il Consolatore di Roma, Pinerolo 1974.
Dörfler, P., Philipp Neri, München 1952.
Faber, F., The Spirit and Genius of St. Philip Neri, London 1850.
Gallonio, A., Vita di San Filippo Neri, Roma 1843.
Gasbarri, C., L'Oratorio Romano dal Cinquecento al Novecento, Roma 1963.
–, Filippo Neri nella testimonianza dei contemporanei, Roma 1974.
–, Lo Spirito dell'Oratorio, Brescia 1949.
–, Filippo Neri, Roma 1974.
George, A., L'Oratoire, Paris 1928.
Gülden, J., Vom Geist und Leben des Oratoriums (Greinacher: Priestergemeinschaften), Mainz 1960.
–, Philipp Neri, Meister des geistlichen Lebens (Theolog. Jahrbuch), Leipzig 1959.
Incisa della Rocchetta, Primo Processo, ed. Nello Vian, Carlo Gasbarri, 4 Bde., Roma 1957-63.
Jacopone da Todi, Lauden, Köln 1967.
Jouhandeau, M., Philipp Neri, Köln 1960.

Libero de Giuseppe, Vita di S. Filippo Neri, Roma 1960.
Matthews, V. J., St. Philip Neri, London 1934; Rockford, Ill., 1984.
Maynard, Th., Il Buffone di Dio (Mystic in Motley), Milano 1984.
Merkle, S., Concilii Tridentini Diariorum, Freiburg 1901.
Moreau, A., Der Wanderer auf der Via Appia, Heidelberg 1964.
Murray, P., Newman the Oratorian, Dublin 1968.
Newman, J. H., Sermons on various occasions, London 1894.
Pastor, L. von, Geschichte der Päpste, Freiburg 1926.
Ponnelle-Bordet, St. Philipp Neri (transl. by Kerr, R. F.), London 1932.
Ricordi di San Filippo, Venezia 1851.
Ricci, G., Vita di San Filippo e dei Compagni, Roma 1703.
Strong, E., La Chiesa Nuova, Roma 1923.
Trevor, M., Apostle of Rome, London 1966.

Oratorien im deutschsprachigen Raum:

In Deutschland:

52047 Aachen
Ahornstr. 51

02625 Bautzen (Dresden)
Schmochtitz 1

31100 Celle
Kanonenstr. 1

60389 Frankfurt/M.
Gellerstr. 39

69115 Heidelberg
Blumenstr. 23

31241 Ilsede
Gerhardstr. 47

04229 Leipzig
Karl-Heine-Str. 110

80637 München
Nürnbergerstr. 54

In Österreich:

2326 Maria Lanzendorf
Hauptstr. 4

1030 Wien
Landstrasser-Hauptstr. 56

In der Schweiz:

8152 Opfikon-Glattbrugg (Zürich)
Wallisellerstr. 20